놀면서 자라고
살면서 배우는 아이들

공동육아 ❸

놀면서 자라고
살면서 배우는 아이들

이부미 지음

도서출판
또 하나의 문화

책머리에

길지 않았던 유치원 교사 시절, 교육의 영리화 속에서 겪어야만 했던 자괴감.

사회 제도적으로 확립된 유치원이라는 공간에서 어린이도 교사도 제대로 인간 대접을 받지 못한다는, 당사자들만이 아는, 은밀한 굴욕감.

유아 교육을 공부하는 사람으로서 연구 영역과 대상에서 어린이라는 존재가 사라지고 있다는 자각.

나의 공부 세계에서 어린이는 어디로 갔는지 없고 어린이에 대한 지식과 이론만 존재하는 관념 세계의 헛헛함.

그 관념의 세계라는 것이 교육의 실제와 연계된 것이거나 다양한 학문적 바탕에 근거해서 묻고 답하는 과정이기보다는 실증적인 학문 전통, 검증의 지식 체계에서 오는 숨막힘.

내가 만난 공동육아는 유치원 교사로서 느꼈던 자괴감과 연구자로서 느끼는 불안감을 씻어 줄 하나의 대안이었다.

그렇다고 처음부터 공동육아를 연구하려고 덤빈 것은 아니었다. 어떤 대안책을 선택해본 사람이면 알 것이다. 대안이란 뚜렷한 확신이 있어서 선택한 것이 아님을. 대안을 선택하는 것 자체가 또다른 불안임을. 나 역시 그랬다. 공동육아가 신선하고 뭔가 새로운 것 같기는 하지만, 그 이면에는 미덥지 않고 의심스러운 면이 있었다. 솔직히 말하자면, 내가 가지고 있던 자괴감과 불안감은 떨치고 싶은 것이었음에도 불구하고 다른 한편에서는 익숙한 것으로서 안주하고 싶은 것이기도 했다. 결국 나는 공동육아를 처음 보면서 벗어나고 싶음과 안주하고 싶음 그 두 가지를 다 원했던 것 같다. 그러나 그 두 가지가 내 눈에는 안 보였다. 보일 리가 없었다. 그것은 과욕이면서 그 자체로 이미 모순이기 때문이다. 비유가 적절할지 모르겠지만, 속담에 "새 술은 새 부대에"라는 말이 있다. 부대가 다른데 술이 같을 수가 있겠는가? 처음 내가 가진 의심의 정체는 그것이었다. 즉 공동육아라는 새 부대는 좋았는데 새 부대에서 나오는 내용이 어설퍼 보여서 불안했다. 그 어설픔이 불완전하기에 오히려 가능성이 많다는 것, 그리고 어설픔이라는 판단 자체가 나의 낡은 교육적 편견과 시각에 익숙하기 때문이라는 사실을 조금씩 깨달으면서 공동육아 연구는 시작되었다. 그리고 이 깨달음의 과정은 아직도 진행중이다. 어쩌면 공동육아의 구성원들 모두가 가보지 않은 길에 놓인 이 깨달음의 과정에 참여하고 있는 것인지도 모른다.

이렇게 볼 때, 나의 공동육아 연구는 연구자라는 외부자적 시선이 공동육아를 관찰한 것이 아니다. 오히려 참여를 통한 내부자적 관점으로 공동육아의 경험을 이해하고 해석하려는 교육학적 연구라고 할 수 있다. 이때, 공동육아의 실천에 대해 교육적으로 접근한다 함은 공동육아의 삶의 방식 안에 들어 있는 교육의 내용과 방식에 대해 상세하게 알고자 하는 의도를 넘어 그 접근 태도까지를 포함한다. 여기서 말하는 접근 태도란 이해의 방식으로서, 타자에 대하여 관심을 가지고 나와는 다른 타인의 삶의 세계를 통해서 나의 진정한 모습을 볼 수 있는 교육적 의미를 말한다.

나와 타인은 똑같지 않고 다르다는 것 때문에 관계가 형성되는 것이므로 그 다름을 이해하는 과정은 타인을 이해하는 것일 뿐만 아니라 나를 이해하게 되는 과정인 것이다.

나는 공동육아에 대한 교육적인 관심과 물음을 공동육아 구성원들의 일상적인 경험 안에서 찾아보고자 하였다. 삶이 이루어지는 상황 속에서 이 물음을 탐색하고자 하는 이유는 어린이가 살고 있는 생활 세계와 그 생활 세계에 대한 직접적 체험이 교육에서 갖는 의미의 중요성이 각별하기 때문이다. 생활 세계는 일상 생활이 자연스런 태도로 펼쳐지는 세계로서, 어린이의 일상적인 생활 세계의 본질을 세밀히 탐구할 때 교육의 의미를 해석하고 이해할 수 있다고 본 것이다.

나는 공동육아 어린이집 구성원들의 삶의 세계를 일상의 실존 속에서, 즉 생활 세계에서 겪는 그대로의 교육 현상을 해명하고 이해하고자 하였다. 이를 위해 공동육아의 한 어린이집에 장기 참여 관찰을 하면서 공동육아 구성원(어린이, 부모, 교사)들의 경험 속에서 형성되는 그들의 독특한 교육의 방식을 문화적인 차원에서 드러내고 그것의 교육적인 과정과 의미를 해석하고자 하였다. 한 사회의 문화적 현상을 해석한다는 것은 이해한다는 의미이므로, 공동육아의 삶과 교육을 이해하는 과정에서 공동육아 구성원들의 교육의 방식으로부터 우리 사회가 교육적으로 전달받을 수 있는 메시지는 무엇이며 이를 통해 우리는 어떤 교육적 이미지를 재구성할 수 있는지를 탐색해 보고자 하였다.

평소 마흔 전에는 책을 쓰는 것이 아니다, 라는 말에 고개를 끄덕였고 꼭 그래야겠다고 생각하고 있었다. 어떤 일에든 함부로 마음 먹는 게 아닌가 보다. 결심을 입 밖으로 내는 일은 더욱 조심해야 됨을 요즘 깨닫게 된다. 서두가 왜 이렇게 긴 것일까? 책이 세상에 나오는 것에 자신이 없고 겁이 나기 때문이다. 이 책은 나의 박사 논문인 「"공동육아" 문화의 교육적 해석」을 수정 보완한 것이다. "책으로 낼 만한가요?"라는 질문에 괜찮을 것 같다는 도서출판 또 하나의 문화의 유승희 사장님의 대답만 믿고 정리한 것이라고 할 수 있다.

부족한 내용을 논문과 책으로 엮기까지 여러분의 도움을 받았다.

먼저, 논문을 쓰는 데 스승의 도움은 결정적이다. 이 논문을 완성하기까지 오랜 기간 이연섭 교수님의 가르침이 있었다. 스승과 제자 사이에는 여러 관계가 있을 수 있다. 내가 이연섭 교수님께 제자로서 가장 감사 드리는 바는 그분이 나를 정신적으로 풀어 주셨다는 점이다. "너 하고 싶은 대로 다 해봐라"는 무언의 가르침은 나를 학문적으로 자유롭게 하였다고 할 수 있다. 한 번도 표현해 본 적이 없는데, 이 자리를 빌어 감사의 마음을 표현하게 되어 기쁘다.

그리고 이 책을 쓰게 해준 것이나 다름없는 공동육아의 많은 구성원들의 실천에 감사 드린다. 나는 그들이 존경스러웠던 적도 있었고, 노력하는 그들의 모습 앞에서 남몰래 죄스러운 적도 있었다. 나의 실천력이 단호하지 못해서인지 공동육아 구성원들에 대한 나의 심정은 늘 복잡하다. 그리고 나를 아주 단순하면서도 기쁘게 하는 공동육아 어린이들의 건강한 성장에도 감사 드린다.

표지와 본문 그림을 제공해 준 후배 한상미에게도 감사를 표하고 싶다.

지리하고 답답하게 진행되는 딸의 인생이 늘 잘되기를 기원하시는 어머니께 이 책이 작은 위안이라도 되길 바란다.

마지막으로 지난 겨울 끝자락, 자신이 그렇게 좋아하던 설악에서 영면한 내 친구가 이 책을 각별하게 반길 것이라 믿는다.

공동육아 ❸
놀면서 자라고 살면서 배우는 아이들

책머리에_____5

여는 글: 공동육아와의 만남_____13
　바위 어린이집과의 만남......17
　무엇을 어떻게 볼 것인가......19
　　페다고지스타...23 / 심층 면담...26 / 기록물 및 문서 분석...27

공동육아의 작은 역사_____31
　내용 있는 의식화 교육: 야간 학교 교과서 만들기......32
　제도 교육을 우회하는 대안 교육의 통로 만들기: 해송 보육 학교......33
　없는 집 아이들의 준비터: 난곡 해송 유아원......36
　아기들의 삶의 터전: 창신동 해송 아기둥지......38
　함께 자라는 열린 아이......40
　　공동육아연구회와 협동 조합...40 / 공동육아연구원...42 / 조합 협의회...43 /
　　교사 협의회...44
　바위 어린이집......47
　　한뼘이라도 밭을 일굴 수 있다면...47 / 호기심과 자발적인 움직임의
　　자연스런 시간 흐름...53 / 교육 프로그램...57 / 부모, 교사, 어린이...64

별명과 반말 문화_____73
　별명의 상징성......74
　　또 하나의 이름...74 / 똑같은 이름...78
　반말의 평등성......82
　　반말에 적응하는 과정...82 / 반말의 진지함과 자유로움...86
　말의 형식으로부터 자유로워지기......90

나들이 가는 아이들_____97

나들이의 형태......98

일상적인 나들이...98 / 특별한 나들이...102

나들이의 교육 과정......104

발산적 체험...104 / 침묵의 과정...112 / 시인이 된 아이들...115 /
세상 구경...118 / 사회적 규범과의 갈등...123 / 두 세계의 아이들...128

나들이의 교육적 의미......132

아침에 나들이를 하는 이유...133 / 삽질을 하면서도 정적일 수 있는 아이들...135/
나들이 교육 과정에 대한 제언...141

날적이를 쓰는 부모와 교사_____143

다양한 형태의 날적이......144

보고서 유형...144 / 일기 유형...146 / 공동 날적이...149

날적이의 기능......154

의사 소통...154 / 성장 일기...159 / 역사책...161/
아이를 기르고 가르치는 텍스트...165 / 자신을 비추어 보는 거울...169/
사유의 공간...171

현재 삶의 기록은 내일을 여는 길잡이......172

부모들의 공동체 의식과 마실_____179

육아 공동체와 생활 공동체의 갈등......180

공간의 중요성...183 / 공동체적 삶의 실천이란...187

육아 공동체와 생활 공동체의 결합......195

마실의 교육적 의미......202

공동육아 문화의 교육적 해석____209

공간의 교육적 의미......211
시간의 교육적 의미......222
관계의 교육적 의미......236

공동육아의 오늘과 내일____251

중산층의 또다른 과외 유아 교육인가?......252
공동육아 교육은 과연 바람직한가?......256
공동육아는 앞으로 어떤 방향으로 나아가야 하는가?......259

주____263
참고문헌____275
찾아보기____283

여는 글:
공동육아와의 만남

내가 공동육아를 알게 된 것은 1994년 신촌 어린이집이 문을 연다는 신문 기사를 통해서였다. 당시 나는 저소득층 지역에 어린이집을 지어 시나 국가에 헌납하고 운영을 지원하는 한 대기업의 복지 재단에서 교육·연구 분야의 일을 하고 있었다. 정병호 교수를 처음 만난 것은 이 재단에서 일할 때였다. 재단에서 국제 세미나에 정교수가 몇 차례 참여를 했는데 그는 당시 첫 공동육아 협동 조합인 신촌 어린이집 원장을 맡고 있기도 했다. 그 후 재단에서 만드는 소식지에 공동육아를 소개하기 위해 정교수의 소개로 신촌 어린이집을 방문한 적도 있다. 그로부터 약 2년 후인 1996년 10월 이탈리아 "레지오 에밀리아" 교육 여행에 공동육아연구원의 공동 대표인 정병호 교수와 동행을 하게 되었는데, 그때 정교수는 나에게 "우리 혹시 만난 적이 있지 않나요?"라고 말해 나를 조금은 섭섭하게 했지만, 워낙 바쁜 분이라 충분히 이해할 수 있었다. 여행이 끝나갈 즈음, 정교수가 나에게 공동육아 일을 함께 해보지 않겠냐는 제안을 했다. 나는 당장 답을 줄 수가 없어 얼버무렸고, 여행이 끝난 뒤에도 생각을 좀 해보았다. 당시 나는 박사 과정중에 있기도 했거니와, 무엇보다 먼저 내 나름대로 그려본 공동육아의 지도가 복잡하고 힘든 모양새를 하고 있었다. 여행이 끝난 뒤 우연히 이루어진 정교수와의 통화에서 나는 우회적으로 거절의 의사를 표명하였다. 그 해 12월 공동육아에서 정교수의 "레지오 에밀리아" 교육 연수 보고회가 한양대학교 박물관 강당에서 있었다. 인류학자인 정교수의 경우, 교육을 공부하는 나와는 어떻게 다르게 그 여행을 경험하였는지가 궁금해서 참석하였고, 그 자리에서 나는 같은 경험이지만 다른 시각을 가질 수 있다는 데 흥미를 느꼈다. 인류학자이지만 교육적인 내용을 예리하게 포착하는 정교수의 통찰이 내심 놀랍기도 했다. 이때 사실은 나만이 가지고 있는 작은 에피소드가 하나 있다. 그날 한양대학교에 일찍 도착해서 학교 커피숍에 있었는데 옆자리에 우연찮게도 공동육아 구성원들이 앉았다. 내 귀에 들려온 그들의 공동육아 얘기는 고통스럽고 힘든 얘기였다. 그 얘기를 듣고 나는 속으로 "거절한 게 참 다행이다"는 생각을 했다. 발표회가 끝난 뒤 나를 발견한 정교수는 반가워하면서 앞으로도 관심 갖고 도와달라는 말을 했고 나는 예라고 대답했지만 그때 예는 "예"가 아니었다.

그 가짜 예가 조금씩 진짜로 변하게 된 것은 다음부터이다. 1997년 5월 공동육아연구원에서 "레지오 에밀리아" 교육에 관한 논의를 하는 자리에 초청 받아 간 회의 장소는 바위 어린이집이었다. 이곳은 바로 그 다음 해부터 내가 연구를 하게 된 곳이다. 확 트인 자연 속에 자리잡은 바위 어린이집의 생태학적 조건은 나의 마음을 끌고도 남았다. 앞서 정교수의 공동육아 참여 제의를 거절하기는 했지만 사실 내 마음 안에는 공동육아에 대한 관심이 조금씩 커가고 있었던 것 같다. 그날 모인 사람들은 미술과 관련된 일을 하는 이들이 많았다. 딱히 나온 결론은 없었지만 다양하고 재미있는 얘기들을 많이 했고 해가 기울 무렵, 숲으로 둘러친 넓은 마당에서의 저녁 식사도 좋았다. 바위 어린이집을 방문하고 나서 얼마 지나지 않은 7월에, 공동육아연구원에서 이루어질 "레지오 에밀리아 유아 교육의 이론과 실제"라는 교사 재교육(15주) 프로그램을 맡아 달라는 정교수의 제안을 큰 부담감 느끼지 않고 받아들였다. 그리고 8월 15일 포천 산정호수에서 열린 공동육아 전체 교사 대회에서 지도 교수와 함께 "레지오 에밀리아의 유아 교육"을 소개하였고 공동육아의 독특한 교육 프로그램인 「"나들이"의 교육적 의미」라는 주제 토론에 토론자로 참여해서 교사들과 함께 하루를 보냈다.

그날 나는 토론에서 공동육아의 나들이가 안에서 바깥으로만 나가는 것이 아니라 안과 밖이 나가고 들어오는 순환적인 것이 되어야 한다는 말을 했다. 나의 그 말에 교사들의 눈이 반짝였던 기억이 난다. 그래서인지 몇몇 교사는 그 후에 이루어진 분임 토의에 나를 찾아 일부러 온 사람들도 있었다. 사실 그날의 나의 논평은 순간적인 것이었지 구체적인 대안을 제시하거나 책임 있는 발언은 아니었다. 그리고 밤새 마당에서 힘차게 놀아 대는 교사들을 뒤로 한 채 유난히 커 보였던 새벽 보름달을 보며 나는 집으로 돌아왔다.

그 후 8월 말부터 11월 말까지 "레지오 에밀리아 유아 교육의 이론과 실제"라는 교사 재교육 프로그램을 진행한 나는 공동육아 교사 25명을 매주 한 번씩 만나게 되었다.

공동육아 선생님들에 대한 첫 느낌은 무뚝뚝함이었다. 기존 유치원 선생님들의 상냥함에 비교하면 그 느낌은 더 커진다. 그런데 만나면 만날수록 깊은 인간미를 느낄 수 있는 것이 공동육아 선생님들의 매력이기도 하다. 약 3개월 간 이루어진 교육 과정에서 나는 교사들의 진솔함과 우직함 그리고 그들이 강한 교육적 욕구를 가지고 있음을 느꼈다.

"레지오 에밀리아" 교사 연수를 진행하는 과정에서 후반부 5주 정도는 교사들이 어린이집에서 아이들과 함께 프로젝트1)를 진행한 과정과 경과를 매번 모임에서 토론해야 했다. 그 과정에서 프로젝트 진행 상황을 좀

더 잘 알기 위해 나는 어린이집을 방문할 필요를 느끼게 되었고, 연수에 참여하는 모든 어린이집을 다 방문한다는 것이 어려운 현실적 상황에서 거리상 쉽게 갈 수 있는 바위 어린이집을 1997년 10~11월 사이에 1주에 1~2회씩 3주 정도 방문하게 되었다. 바위 어린이집은 교사 7명 중 4명이 재교육을 받고 있었고 까마귀라는 남자 교사가 "거미"를 주제로 프로젝트를 진행하였다.

때마침 그해 10월 경부터 공동육아연구원에서는 "터전(어린이집을 말함)에서의 페다고지스타 pedagogista 2) 적용" 문제가 공식적으로 논의되기 시작했고 나도 자연스럽게 그 논의 과정에 참여하게 되었다. 공동육아에서 페다고지스타 역할 도입이 논의된 이유는, 공동육아 어린이집마다 원장 역할을 수행하는 데 복잡한 사정과 어려움이 있어 이로 인한 문제가 반복적으로 발생하였기 때문이다. 그래서 공동육아에서 페다고지스타의 적용 가능성과 실천 가능성에 대한 긍정적인 검토가 이루어지기 시작했다. 이 논의는 그 후로도 지속되어 1998년 1월 공동육아 신년 사업 계획에서 실행하기로 결정이 되었다.

이러한 논의를 통해 나를 포함한 3명이 예비 페다고지스타 참여자로 결정되었다. 1주일에 어린이집에 이틀 반나절 나가고 반나절은 공동육아연구원에서 만나 서로 의견 교환을 하기로 하였다. 각각의 예비 페다고지스타들은 개인적인 경험과 특성에 따라 역할을 수행하기로 했다. 이에 따라, 공동육아에서의 경험(원장 경험 포함)이 3년 정도 된 두 사람은 새롭게 시작하는 어린이집의 총괄적 운영에 초점을 맞추어 일을 하기로 하였고 나는 공동육아의 경험이 없으므로 조직과 운영이 안정된 어린이집에서 교육 활동에 초점을 맞추어 일을 하기로 하였다. 내가 페다고지스타로 공동육아에 참여하기로 결정한 개인적 배경에는 약 6개월에 걸친 공동육아와의 관계 안에서 보게 된 공동육아 사람들의 성실한 모습, 새로운 생동감이 주는 매력, 그리고 공동육아의 교육 시스템이 내가 관심을 갖고 있던 레지오 에밀리아와 유사했다는 점이 작용했다. 이에 따라 새로운 교육 체제에서 요구되는 페다고지스타로서의 역할이 나에게 적절하다는 판단과 함께 공동육아와 레지오 에밀리아를 비교 연구해 보고 싶다는 욕구가 생겨났다. 이 결정을 한 때는 12월 중순이었는데 내가 바위 어린이집에 페다고지스타가 아닌 순수한 연구자로 들어가는 것은 3월이 되어서이다. 그리고 애초에 해보고 싶었던 비교 연구는 언제가 될지 모르지만 추후 연구 주제가 되었다.

바위 어린이집과의 만남

1997년 12월부터 내가 일할 현장으로 바위 어린이집이 잠정적인 대상으로 논의되기 시작했다. 바위 어린이집은 원장이 공석이었지만 3~4개월 이상 교사들의 협력적인 운영으로 긍정적인 평가를 받는 상황이었다. 레지오 에밀리아 교사 교육 때 방문하면서 생기게 된 개인적인 선호와 함께 연구 대상으로서 적절했기 때문에 나 개인적으로도 바위 어린이집을 연구 현장으로 마음에 두기 시작했다. 당시 바위 어린이집은 개원한 지 만 2년을 넘기면서 안정된 운영을 하고 있었고, 공동육아 전체의 역사에서 보더라도 세번째로 시작되어 공동육아의 초기적인 역사에 해당되는 편이었다. 따라서 공동육아라는 전체적인 맥락이 유지 발전되고 있다고 판단되었다. 그리고 공동육아 어린이집들의 규모는 지역에 따라 역사에 따라 다양한데 바위 어린이집의 규모는 그 당시 35명 정도로 안정된 상황이었다. 이런 모든 점에서 공동육아의 특성을 대변할 수 있는 전형성을 갖추고 있다고 판단되어 바위 어린이집을 연구 대상으로 선정하였다. 그러나 연구자인 내가 원해도 마지막 결정은 어린이집의 교사회와 이사회가 하는 것이었다.

공동육아 연구원에서는 이 사안을 어린이집 교사회와 이사회에 전달했다. 바위 어린이집 교사들은 교사 회의를 거쳐 페다고지스타의 필요성을 인정하고, 나의 활동 계획을 듣고자 1998년 1월 말 즈음 교사 회의에 나를 초청했다. 그런데 그 당시 교사들이 페다고지스타를 받아들이기로 결정한 것은 쉬운 일이 아니었다. 페다고지스타를 다른 시각으로 보자면, 교사들의 능력을 보완해 주는 역할이기도 한데, 교사들의 그런 결정에는 자신들의 부족한 점을 인정하는 개방적인 태도가 요구되기 때문이다. 나를 초청한 자리에서 교사들은 페다고지스타로서 어린이집에 와서 어떤 입장과 역할을 담당할 것이며 논문은 무엇에 대해 쓸 것인가를 질문했다. 교사들은 나의 역할에 대해 프로젝트 교육을 담당하는 것으로 인식하고 있었다. 그래서 나는 레지오 에밀리아의 프로젝트 접근법을 실시해서 그 변화 과정을 보고 싶은 생각도 있지만, 공동육아 자체에 대한 관심도 못지않게 크다고 밝혔다. 또한 교육이란 원래 프로젝트 접근법보다 훨씬 광범위한 것이므로 어린이집 페다고지스타로서의 역할을 처음부터 규정하지 말고, 상황이 변화되는 과정을 통해, 자연스럽게 규정하는 것이 서로에게 좋을 것으로 판단했던 것이다. 교사들은 나의 의견에 흔쾌히 동의를 하면서 최종 결정을 이사회가 해야 한다고 말해 주었다.

그러나 바위 어린이집의 여러 상황이 악화되면서 나의 페다고지스타 역할에 대한 이사회에서의 논의는 계속 연기되었다. 페다고지스타 역할을 하게 되면 그에 따른 일정 정도의 보수를 지급해야 하는데 IMF 영향으로 어린이집의 재정이 악화되었기 때문이다. 그래서 어린이집 입장에서는 선뜻 나를 유급으로 받아들이기가 어려운 상황이었던 것이다. 이를 짐작한 나는, 어린이집의 페다고지스타 역할을 하지 않고 순수하게 연구자 역할만 수행하겠다는 제의를 하게 되었고, 이사회로부터 허락받게 되었다. 이에 따라 1998년 3월부터 나는 순수한 연구자 입장으로 바위 어린이집을 나가게 되었다. 사전에 이러한 우여곡절이 있어서인지, 연구를 위해 어린이집에 나가기 시작하면서 어린이집 교사, 부모, 어린이들과는 쉽게 친숙해졌다. 그렇지만 공동육아연구원 차원에서의 페다고지스타 역할은 지속하여 한 달에 한 번은 다른 어린이집을 순회 방문하였고 일주일에 한 번 반나절 정도는 공동육아연구원에서 페다고지스타 회의 및 활동에 참여하였다. 정리를 하자면, 연구 기간 내내 나는 바위 어린이집에서의 연구자 역할과 공동육아연구원의 페다고지스타 역할을 병행했던 것이다.

무엇을 어떻게 볼 것인가

이 글은 공동육아 구성원들의 문화를 통해 삶의 세계에서 이루어지는 교육의 방식을 알아보고, 그 문화의 교육적인 과정과 의미를 탐색하려는 연구이다.

공동육아의 문화적 현상이란 공동육아 사회에서 드러나는 구성원들의 독특한 삶의 방식과 경험적인 행위 방식을 말한다. 특히 교육적인 측면에서 볼 때, 공동육아 구성원들의 경험이 교류되고 소통이 이루어지는 관계적인 맥락은 문화를 형성하는 중요한 요소가 된다. 그렇지만 아무리 작은 사회라 하더라도 그 사회에서 형성되는 관계적 맥락은 광범위하다. 한 교육 기관의 문화를 형성하는 관계적 맥락에는 여러 갈래가 있겠지만 그 중에서도 어린이와 교사의 관계, 교사와 부모의 관계, 어린이가 세계와 관계 맺는 교육 활동이 중요한 갈래에 해당되고 특히 그 교육 기관이 부모들의 참여가 적극적인 형태라면 부모들간의 관계 또한 그 교육 사회를 설명하고 이해하는 데 교육적 초점을 모아 주는 중요한 갈래가 된다고 하겠다. 나는 교육적인 관점에서 공동육아의 문화가 형성되는 관계적인 맥락을 이 네 범주로 한정하고 이 맥락에서 발견된 문화 주제cultural theme를 통해 공동육아의 문화적 현상들을 기술 분석하였다.[3]

이 글에서 탐색한 연구 문제를 구체적으로 제시하면 다음과 같다.

첫째, 공동육아 구성원들의 관계적인 맥락에서 드러나는 문화적 현상들의 특성과 교육적 의미는 무엇인가?

공동육아 어린이집에서 구성원들의 관계를 통해 이루어지는 경험의 방식에서 포착된 주제는 별명과 반말, "나들이", "날적이", "마실"이다. 어린이와 교사 사이에 쓰이는 별명과 반말은 어린이와 교사의 관계를 비추어 주는 공동육아의 문화적 현상이며, "나들이"는 어린이가 경험하는 세계와의 관계를 반영하는 교육 활동이다. 그리고 부모와 교사가 어린이의 생활을 함께 기록하는 "날적이"는 교사와 부모의 관계를 반영하고, "마실"은 부모들의 관계적 경험에서 일어나는 문화적 현상이다.

이러한 공동육아의 문화는 공동육아 안에서는 보편적인 행위 방식이지만 공동육아 바깥에서 보면 낯설고 특별한 방식이다. 따라서 공동육아의 이러한 네 가지 문화적 현상이 공동육아 안에서는 어떤 방식과 절차를 통해 형성되고 그것이 공동육아 내부에서 갖는 의미는 무엇인지를 알아보며, 이러한 문화적 현상이 갖는 각각의 교육적 의미는 무엇인지를 분석하였다. 특히 공동육아 사회의 문화적인 현상들에 대해 교육적 의미를 탐색하는 일은 각각의 문화적 현상들이 갖는 교육적 의도를 드러내면서 교육에 대한 깊이 있는 이해를 해석할 가능성이 있다.

둘째, 공동육아 구성원들의 생활 세계적 체험의 내적 구조는 무엇인가?

나는 첫번째 연구 문제에서 밝힌 네 가지의 문화적 현상들을 통해 공동육아 구성원들의 체험의 내적 구조를 밝혀 보려고 하였다. 이를 위해 생활 세계를 구성하는 시간, 공간, 관계라는 근본 규정들을 해석의 틀로 삼아, 네 가지 문화적 현상들에 대한 본래적인 교육적 의미를 현상학적으로 해석한 것이다. 이러한 교육적 해석은 공동육아 사회의 문화를 보편적인 교육과 삶의 양식으로 전환해서 이해할 수 있는 바탕을 제공해 준다.

이 글은 공동육아의 문화를 기술하고 이해하기 위해 한 어린이집 현장을 장기 참여 관찰하는 문화 기술적 연구이다. 공동육아 어린이집은 작은 규모의 사회이지만 어린이집이 운영되는 원리나 참여 구조로 보면 복잡한 사회이다. 이 복잡한 사회를 연구하기 위해 나는 문화 기술적 방법에서 주로 활용하는 참여 관찰과 심층 면담, 그리고 중요한 기록물들에 대한 텍스트 분석을 하였다. 공동육아의 독특한 체험적 삶과 교육의 방식을 드러내고 그것의 교육적 의미를 이해하기 위해서 나는 공동육아 구성원들의 일상적인 삶에 밀착된 참여와 관찰을 하면서 그들의 삶의 방식에 의문을 던지고 그들 삶의 심층을 파고들어 이해하는 연구 과정을 거쳐야 했다.

나는 연구 현장에서 문화 기술적인 방법인 참여와 관찰 그리고 면담 등을 실시해 나가면서 동시에 자료를 분석하고 해석하는 과정에 이르기까지, 공동육아 구성원들의 생생한 체험들이 갖는 심층의 의미를 해석하는 데 그들의 생활 세계적 토대를 상실할 수 없었다. 그리고 공동육아 구성원들의 체험적 삶과 문화 속에 스며 있는, 기존의 교육 방식과는 낯선 상황에서 교육의 본래적 의미를 발견하는 것 역시 그들의 생활 세계적 체험에 바탕해서 이루어졌다. 문화라는 개념이 접근 방식이나 관점에 따라 다양할 수 있는데 현상학적 접근에서의 문화란 일상적인 생활 세계적 체험으로 이루어지는 경험의 양상이라고 할 수 있다.

현상학적 접근은 구체적이고 생생한 일상 경험의 "사실성facticity"으로부터 출발하여 인간과 세계에 대한 이해에 도달하고자 하는 노력으로서, 인간 현상의 본질essence을 가장 구체적인 일상의 실존 existence적 모습 속에서 포착하고자 하는 입장을 취한다(Merleau-Ponty, 1962; 유혜령, 1999에서 재인용). 이러한 현상학적 접근 방법은 세 가지 조건을 제시하는데 첫째 우리가 실제 체험한 현상들을 우리의 의식 속에 나타난 그대로 직접 탐구하는 것으로부터 시작하는 것이고, 둘째 우리가 실제 체험한 현상들의 본질적인 구조와 상호 관계를 파악하려는 시도이며, 셋째 우리의 의식 속에 나타난 현상들의 구조, 즉 우리가 경험한 형태대로 현상들의 구조를 탐구하는 것이다(Barrit et al., 1983에서 재인용).

나에게 공동육아의 삶과 교육은 실존적이며 체험적이고 반성적인 방식으로 다가왔다. 그러나 표면에 떠오른 그들의 삶의 모습은 독특하고 낯설어서 나는 그들의 실생활 세계와 연계해서 묻고 또 묻는 성찰적 과정을 거쳐야 했다. 이 과정은 나에게 현상학적인 판단 중지를 요구하는 과정이기도 했다.

서란스키Suransky(1982)는 현상학적 과제가 첫째 경험의 중요성에 좌우되는 비판적 견해와 이것을 묘사하는 과정에 있고, 둘째 관찰 대상의 바탕이 되는 핵심 주제인 현상의 본질을 꿰뚫고 들어가려는 시도에 있다고 했다. 다시 말해 현상학의 첫번째 과제는 경험의 양상 및 의미에 대해 깊이와 풍부함을 갖춘 기술을 말하며, 이 두번째 과제는 그 체험의 내적 구조를 밝히는 것을 말한다. 첫번째 과제에 해당하는 것으로 나는 공동육아의 별명과 반말, "나들이", "날적이", "마실" 문화에서 드러나는 공동육아 구성원들의 체험의 과정과 의미를 기술하였다. 또한 그들이 삶의 경험 속에서 지각하는 자신들의 내부적인 문제점과 함께 연구자의 비판적 시각을 덧붙였다. 그러나 여기서 나는 내부자적 관점에서 공동육아 구성원들 스스로 판단하는 문제점을 더 중요하게 다루었다. 전체적으로 첫번째 과제에 해당하는 부분은 분석 과정이 포함됨으로써 어느 정도의 깊이를 갖춘 기술이 되었다고 할 수 있다.

체험의 내적 구조를 밝히는 두번째 과제는 곧 현상학적 접근이 체험의 구조, 체험의 내적 의미 구조를 드러내고 기술하려는 체계적인 시도임을 말한다. 현상학의 경우 체험의 내적 구조를 밝히는 데 체험적인 공간, 시간, 관계는 아주 중요한 근본 규정에 해당된다. 이 기본적 실존체 existentials는 모든 인간 존재가 세계를 경험하는 실존적 근거에 속한다고 볼 수 있다. 현상학적 문헌에서는 이 범주들을 생활 세계의 기본 구조에 속하는 것으로 보아 왔다(Merleau-Ponty, 1962; van Menan, 1990에서 재인용). 어떤 경험에 대해서 이 세 개의 생활 세계 실존체에 상응하는 기본적인 물음을 언제든지 던질 수 있기 때문이다. 이 실존체는 구분될 수는 있지만 분리될 수는 없는 것으로 생활 세계(체험적 세계)라고 부르는 복잡한 통일체를 형성한다.

나는 공동육아 체험의 내적 구조를 밝혀 그것이 갖는 의미를 이해하고자 시도했다. 이를 위해 생활 세계를 이루는 체험적인 공간, 시간, 관계라는 실존체를 통해 공동육아의 생활 세계를 해석하였다. 그리고 이 해석에 교육의 의미를 부여함으로써 교육에 대한 이해를 새롭게 하고자 하였다. 이러한 이해의 과정에서 나는 "이해한다는 것은 자신의 한계를 뛰어넘어 변화하는 것"임을 체험함으로써 나 자신의 삶의 지평을 확대했다고 볼 수 있다. 이는 문제와 방법 사이에 일어나는 변증법적 과정으로, 체험 현상의 본질적인 의미 구조를 해석하는 일은 내 존재 기반을 본질적인 바탕에서 통합적으로 이해하는 일이었다.

지금까지 기술한 대로 이 연구는 문화 기술적인 방법을 통해 공동육아 구성원들이 공유하는 문화적 현상들을 드러내고 생활 세계적인 체험의 구조와 의미를 드러내는 기술, 분석, 해석의 과정에서 현상학적 접근이 주요하게 개입된 상황이었다고 할 수 있다.

페다고지스타 – 참여 관찰자, 연구자로서의 나의 역할

내가 참여 관찰을 한 기간은 1998년 3월부터 1999년 7월까지이다.

참여 관찰은 현지 사람들의 삶과 활동에 어느 정도 개입하느냐에 따라 참여의 유형과 참여 관찰자의 역할이 달라진다. 나의 경우 능동적 참여에 해당한다.

우선 전체 공동육아 차원의 페다고지스타 역할을 수행하는 점에서 능동적 참여라고 할 수 있는데, 페다고지스타로서 나는 매달 다른 어린이집을 하루 동안 다른 페다고지스타들과 함께 방문하였다. 이때 하루의 일정을 살펴보면 아침 나들이부터 아이들이 잠자는 시간까지는 교사들과 아이들의 활동을 관찰하고 아이들이 잠든 시간 동안 어린이집 교사들과 대화의 시간을 가지며 부모들이 직장에서 돌아오는 오후 7시부터 9시 정도까지는 부모 이사들과 대화의 시간을 갖는다. 서로의 의견을 교환해서 어린이집에 도움이 될 만한 코멘트는 대화하는 자리에서 하고 시간을 요하거나 예민한 문제는 연구원에 와서 재검토를 한 다음 문제 해결 방안을 찾는다.

이러한 활동은 나에게는 전체 공동육아 어린이집들의 개별적인 특수문제들과 보편적인 문제들을 함께 보도록 하는 넓은 시야를 제공해 주었다. 이외에도 연구원 차원에서 이루어지고 결정해야 하는 많은 활동에 페다고지스타로서 개입하게 되는데 이러한 일도 나에게는 공동육아의 사회적 위치와 의미, 앞으로의 방향 등에 대한 감각을 일깨우는 데 많은 도움이 되었다.

어린이집에서의 참여 관찰은 초기 두세 달 관찰자의 역할이 집중적이었다면 갈수록 자연스럽게 상황적인 참여의 형태를 띠게 되었다. 어린이집은 연구자인 나에게 대단히 개방적인 편이어서 내가 원하는 관찰은 모두 허락을 쉽게 받았다. 참여 관찰 과정에서 부모나 교사들은 자신들의 활동이나 방향 등에 대한 생각과 의문 등에 대해 스스럼없이 나의 의견을 구하기도 했다. 그것은 아주 자연스러운 대화의 과정이었다고 나는 생각한다. 이는 내가, 연구 대상이 되는 사람들의 삶과 행위를 단순히 국외자로서 관찰할 뿐 아니라 그러한 행위에 참여한다는 뜻이기도 하다. 이 과정에서 나는 참여 관찰이 하나의 현지 조사 연구 기법technique이라기보다는 오히려 하나의 심적 상태state of mind이며 또한 현지에서의 삶을 위한 하나의 틀이라는 점을 이해하게 되었다.

나는 어린이집의 일상 생활을 참여 관찰할 뿐만 아니라 매주 화요일 오후에 있는 교사 회의, 매달 있는 교사 긴회의4) (총 12회 참석), 조합원 교육, 신입 조합원 교육, 총회, 어린이집 개원 행사, 어린이날 행사, 해 보내기 행사, 방모임 등 공식적이며 특별한 행사에 거의 참여하였으며 1998년 10월부터 시작되어 격주로 운영되는 교육 소위 모임은 1999년 6월까지 매번 참여하였다. 다른 활동들에는 관찰자로서의 역할에 비중이 주어졌다면 교사 긴회의나 교육 소위는 나의 참여에 조금 더 비중이 주어진 활동들이다. 또 어린이집 특별 행사에 참여할 때, 나는 사진이나 비디오 같은 기록을 담당해 주기도 하였다. 이 사진과 비디오 기록은 나 자신에게도 소중한 자료가 되었다. 특히 일상적으로 사진이라는 시각적인 기록 매체를 사용한 경험은 나에게 현장의 상황을 볼 수 있는 또다른 눈을 계발해 주었다. 그리고 매달 발행되는 어린이집 소식지에 내가 현장에서 느낀 이런 저런 글을 6회 정도 씀으로써 그들의 삶에 참여하기도 하였다. 이런 글쓰기는 공동육아연구원에서 발행되는 「공동육아」라는 계간지를 통해서도 이루어졌는데, 이는 외부자인 내가 내부자적인 시각을 갖는, 그리고 그들이 외부자인 나를 내부자로 받아들이는 하나의 소통 통로가 되기도 하였다.

이외 교사들과의 비공식적인 모임 예를 들면, 교사 회식, 교사 MT, 기타 개별적이고도 우연적인 자리를 가지기도 하였다. 부모들과는 터전에서의 일상적인 만남과 대화가 있었으며 몇몇 조합원 집에는 놀러 간 적도 있다. 이런 비공식적인 모임이나 일상적인 만남은 나와 연구 대상들이 더 가깝게 느끼고 그들의 내면을 내가 읽는 데 도움이 되었다. 나는 모임의 뒷자리에서 기록만 하고 앉아 있는 "객관적인" 보고자로서보다 참여자가 됨으로써 공동육아 사람들의 삶에 대해 더욱 편안하게 적응하면서 포괄적인 전체 상을 가질 수 있었다.

심층 면담

대개 질적 연구 분야에서 심층 면담은 정보 제공자와의 면담을 말한다. 그런데 나의 연구는 면담보다는 참여 관찰이 주된 방법이었고 정보 제공자를 통해 연구 현장의 생활과 삶의 의미를 추적할 만큼 연구 현장 규모가 크거나 낯선 곳이 아닌 관계로 엄밀한 의미에서의 주 정보 제공자와의 면담은 아니었다. 그러나 연구자인 나의 의문을 가장 심도 있게 대답해줄 것이라는 판단으로 면담자를 선택하는 조건과 과정은 있었다. 면담은 대개 2시간 이상이 걸렸는데 면담자에게 양해를 구하고 녹음을 기록과 병행했다.

어린이집의 바쁜 일정에 매여 있는 교사들과는 오히려 이런 심층 면담을 하기가 어려웠다. 그래서 교사들에게는 내가 준비한 개방형 질문지를 주고 충분한 기간을 주어 답을 받는 형식을 취하되 내가 이해가 안 되는 부분에 한해 개별적인 짧은 면담을 활용하였다. 그러나 우리에게 효과가 있는 면담은 한밤중의 전화 통화였다. 어린이집에서는 아이들을 돌보아야 하기 때문에 교사와 긴 시간 차분한 면담이 힘든데, 전화는 시간이나 대화의 매체로서도 좋은 역할을 했다. 교사들은 전화 면담을 하면서 재미있고 유익하다는 반응을 보였다.

이렇게 이루어진 심층 면담은 공식적 인터뷰의 형식과 체계적인 인터뷰의 유형 모두를 포함하고 있지만, 특히 비공식적이며 비체계적인 인터뷰에서 뜻밖의 행운이라고 할 수 있는 좋은 정보들을 많이 얻었다. 이는 나의 참여로 인한 연구 대상들간의 라포rapport와 관계 형성이 일상적이고 상호 호의적인 데서 가능했던 일이라고 생각된다. 또 바위 어린이집 교사들과 부모들에게 실시한 심층 면담 중 일부의 내용은 햇살, 강, 개구리 어린이집에도 각 어린이집 별로 교사 네 명 부모 네 명에게 질문지(교사:3장, 부모:3장)를 배포해서 20여 명으로부터(총 60여 장) 자료를 수집

하여 전체 공동육아 어린이집 문화의 일반성을 확인하는 데 활용하였다.

기록물 및 문서 분석

기록이 체험의 원천으로서의 자료의 가치와 반성적인 특성을 갖는다는 점에서, 경험적 기술이나 일기 분석은 경험을 겪은 대로 탐구하는 데 중요한 방식이다. 바위 어린이집에서는 자신들의 삶을 기록하는 작업이 두 가지 형태로 이루어진다. 하나는 공적 차원이고 다른 하나는 사적 차원이다. 공적 기록에 해당하는 것은 한 달에 한 번 발간되는 「함께 크는 우리 아이」라는 제호의 소식지이고 나머지 하나는 "날적이"라는 사적 기록이다. 말 그대로 소식지는 어린이집 구성원 모두가 함께 만들고 읽는 공동체적 삶의 기록물이고 날적이는 어린이에 대해 부모와 교사가 일기 형식으로 매일 써나가는 개별적 기록이다. 이러한 기록물들은 내가 참여하기 이전의 어린이집 상황에 대한 역사적인 정보를 상세하게 제공해 준다.

내가 수집 분석한 소식지는 1995년 12월 창간호부터 1999년 7월에 발행된 38호까지다. 소식지는 부모들이 매달 기획, 원고 수집, 편집, 인쇄, 배포 등의 일을 주관하여 협력해서 만들고 구성원들이 함께 글을 쓰고 읽는다는 점에서 공동 참여의 장이라고 할 수 있다. 이런 수고로움의 결과들이 매달 한 번씩 책자로 나온다는 사실만으로도 구성원들에겐 의미가 있다고 한다.

1995년 12월 발간된 창간호부터 1996년 12월까지의 소식지는 10~20쪽 정도의, 손으로 쓴 가제본 형태이다. 1997년 1월부터는 35쪽 분량에 해당하는 인쇄물로 다양한 내용과 구성을 갖추게 되었다. 내용은 크게 네 부분으로 구성되어 있다.

부모 참여 : 이사회 및 조합 소식

"오며 가며"; 신입 조합원 및 떠나는 조합원 인사

각 방 모임 보고

부모(개인적인) 참여 글

교사 참여: 한달 교육 평가 및 계획(각 방마다 한 달 교육 평가와 계획이 기술되는데 이는 소식지 전체 양의 2분의 1 정도 된다.)

교사의 특별 고민 및 교육 활동 보고

교사(개인적인) 참여 글

아이들 참여: "아이들 수다" 및 아이들 그림

아이들의 참여는, 교사들이 평소 생활이나 교육 활동 안에서 관찰한 아이들의 사고와 언어적 표현을 기록해서 제공하는 것으로 간접 참여라고 할 수 있다. '아이들 수다'는 교사들이 아이들의 생생한 언어 표현을 그대로 채록한 것이다. 아이들의 그림은 교사들이 모아 두었다가 편집진에게 제공하면 컷과 같은 디자인적 요소로 사용된다.

외부인 참여: "함께 읽어요" 코너로 어린이 교육과 관련된 좋은 책의 내용을 발췌해서 싣는다든가 공동육아 교육에 관한 외부인의 글 등을 싣는다. 나도 이 코너에 글을 실었었다.

소식지의 내용들 중에서 구성원들이 관심 있어 하는 코너의 순서는 "아이들 수다"→ "한달 교육 평가와 계획"→ "오며 가며" 순이었다. "아이들 수다"는 아이들의 천진한 모습을 그대로 볼 수 있어서 신문의 "4단만화"처럼 가장 재미있다고 한다.(예: **아이**__딸기 사세요, **교사**__얼마예요? **아이**__500원요. **교사**__너무 비싸요, 깎아주세요. **아이**__칼이 없어요.) 교육 평가와 계획은 한 달 생활을 정리하고 다음 달 교육의 방향을 잡고 부모가 아이들의 교육 내용을 공유할 수 있다는 점에서 유익하다고 했다. "오며 가며"는 신입 조합원의 글이나 떠나가는 조합원의 글로 특히, 신입 조합원이 소식지에 글을 싣는다는 행위의 근저에는 이 집단의 성원이 된다는 의미가 담겨 있다. 이는 쓰는 사람, 읽는 사람 모두에게 해당되는 것으로, 기존의 조합원들에게는 새로운 식구들에 대해 잘 알게 되는 계기가 된다.

나는 "날적이"라는 기록이 공동육아 그리고 어린이집의 생활을 알 수 있는 중요한 자료라는 판단하에 총 36권의 날적이를 수집, 분석하였다. 총 36권의 날적이는 세 어린이집으로부터 수집되었다.

바위 어린이집(개원 1996.10) - 9명의 어린이 22권
햇살 어린이집(개원 1994. 8) - 5명의 어린이 7권
강 어린이집 (개원 1997. 5) - 5명의 어린이 7권

바위 어린이집은 다음 장에서 따로 소개를 하기로 하고 햇살 어린이집과 강 어린이집에서 날적이를 수집한 이유는 다음과 같다.

햇살 어린이집은 공동육아의 기치 아래 1994년 8월에 처음으로 개원한 집으로 그 역사가 가장 길어 공동육아의 시작과 그 변화의 흐름을 알 수 있다는 점에서 선택하였다. 반면 강 어린이집은 1997년 5월에 개원한 곳으로 연구자의 주요 관찰 대상인 바위 어린이집보다 늦게 출발한 어린이집이 틀을 잡아나가는 과정과 변화를 알 수 있다는 점에서 선택하였다. 이 세 어린이집의 날적이를 읽어봄으로써 공동육아의 문화를 이해하는 데 많은 도움을 얻었다.

이외에도 교사 회의록, 공동육아연구원의 중요한 회의록 및 공동육아연구원에서 발행된 각종 출판물 등도 참고적인 분석 대상이 되었다.

공동육아의
작은 역사

공동육아가 우리 사회에 모습을 드러낸 것은 1994년이지만 그 배경에는 1970년대 말부터 빈민 탁아 운동을 해 온 대학생 집단이 중심이 되어 만들어진 "해송 어린이 걱정 모임"과 "공동육아연구회"라는 모체가 있었다. 현재의 공동육아라는 지향을 갖게 된 데는 이 역사적인 배경이 적지 않은 작용을 하였다. 이는 20년 전 대학생이었던 주체들이 현재에도 공동육아에서 상징적인 역할을 하고 있는 사실에서도 알 수가 있다. 그 대표적인 사람이 정병호 교수이다. 다음은 정병호 교수가 공동육아로 오기까지의 자신의 교육 운동 경험에 대한 글을 정리한 것이다.5) 그러나 기회가 된다면 그가 쓴 글을 직접 읽어 보기를 권한다. 그의 글을 통해 지난 30년 간의 탁아에 관한 복잡한 역사적 상황을 인식함으로 오늘의 공동육아의 어려움을 이해하는 데 도움이 되기도 할 뿐 아니라, 한 개인의 절박하고도 뼈아픈 경험이 녹아든 그의 글을 읽노라면 지금의 공동육아의 자화상과 오버랩되는 장면을 곳곳에서 만날 수 있기 때문이다.

내용 있는 의식화 교육 :
야간 학교 교과서 만들기

유신 시대의 권력에 의해 완전히 장악된 교육의 틈바구니에서 저항의 싹을 키울 최소한의 가능성이 있는 공간은 그나마 제도 교육 밖의 야간 학교(야학)였다. 계급에 대한 본질적 인식 없이 대학생들이 "자원 봉사"로 선생 노릇을 하고, 혹시 검정 고시를 통해 경쟁의 사다리를 올라갈 수 있다는 막연한 희망을 가진 십대 노동자들과 만남은 그 자체가 본질적으로는 정치적인 행위였고 서로를 의식화시키는 계기가 되었다.

노동 야학이란 이름으로 당시로선 생경한 급진적 방법론이 시도되기 시작했다. 그러나 막상 교육 활동을 시작해 보니 대학생들의 급진적인 교육 목적을 실현하기에는 교육 내용과 현실이 따로 돌아가는 구조였다. 이 문제를 해결하기 위한 대학생들의 논의를 통해 좀더 단기간에 노동 운동/민주화 운동의 전위를 양성하는 노동 야학의 의미와 필요성을 강조하게 되었다.

가장 암울했던 유신 말기의 야학 현장에 전해진 프레이리Paulo Freire의 『페다고지 : 억눌린 자들을 위한 교육』은 자선과 도구적 교육 사이에서 갈등하던 야학 교사들에게 새로운 모색의 필요성과 가능성을 보여 주었다. 1977년 겨울 방학 기간 중 서울 지역 야학 교사 40여 명이 모여서 두 달 동안 합숙하며 지적 경쟁력과 의식화를 동시에 이룰 수 있는 야학 교과서를 만드는 작업을 하였다. 즉, 검정 고시 야학과 노동 야학의 문제점을 동시에 극복할 길을 찾은 일이었다. 장소는 아직 입주하지 않은 압구정동 현대 아파트를 월세로 빌려 썼다(당시 대학생들이 의심받지 않고 모여 일할 수 있는 공간은 부동산 투기의 틈바구니에서 잠시 비어 있는 고급 아파트밖에는 없었다. 이 사실 또한 당시 야학 운동의 계급적 성격의 단면을 보여 준다).

교과서의 제목은「살아가는 이야기」시리즈로 각 과목별로 묶은 2년 과정의 야학 프로그램이었다. 신동엽의 시, 마해송의 분단 극복을 위한 동화와 석정남의 일기를 포함한 노동 현장과 야학 현장의 글들이 실린 국어, "I am a worker (labourer)"로 시작되어 기계와 도구의 이름과 상표와 일상 쓰이는 영어 단어로 만든 만화 영어, 환경과 생태계의 균형을 주로 다룬 생물, 수학의 역사를 통해 수학적 개념의 진화 과정을 익히게 하는 수학, 민중사를 담고자 하다가 국수적 민족 사관에 치우친 듯한 국사, 국악과 김민기의 노래와 유행가까지 포함한 음악, 공동 창작을 강조한 미술 등 전 과목에 걸친 진지한 시도가 있었다.

그러나 이 작업에 참여한 대학생들은 두 달에 걸친 매일 밤 토론과 자기 비판 과정을 통해 새삼 자신의 전공 분야에서의 실력의 한계, 제도 교육의 지식의 틀에서 벗어나지 못하는 자신의 한계, 더욱이 어떤 한 가지 지식의 필요성과 중요성을 가늠할 본질적 가치관의 흔들림을 뼈저리게 경험하게 되었다. 결국 다음해 봄 미완성인 채로 만들어진 내용을 야학에서 실험적으로 사용해 보았으나, 검정 고시나 노동 야학 양쪽 나름대로의 절박한 교육 목표에 걸맞지 않은 교재가 되고 말았다.

정병호 교수는 이 경험을 통해 하나의 교육 현장이 표준적 프로그램이나 교과서 개발로 일시에 바뀔 수 있다고 믿는 것은 엘리트 지식인의 오만과 조급함 때문이라는 점을 인식하게 되었다고 한다.

제도 교육을 우회하는 대안 교육의 통로 만들기:
해송 보육 학교

"해송 어린이 걱정 모임"은 유신 시대 때 대학생들이 권력에 대항하고자 선택했던 노동 현장 및 빈민 지역에서 좌절된 야학 운동 이후에 나온 대안이라고 할 수 있다. 가난한 지역의 어린이들이 보호받고 교육을 받을 수 있는 터전을 만들고 지키는 일을 하기 위해 1978년 "해송보육학교"라는 하나의 실험 야학이 설립되었다. 이 학교는 낮 시간 동안 비어 있는 철거민촌 야학의 천막 교실 안에서 놀고 있는 아이들을 가르칠 수 있는 교사를 양성하는 학교였다. 이른바 야학의 전문 과정이라 하겠다. 교육 운동을 지향하는 대학생들이 후원금을 모으러 간 유아 교육학자들과의 만남에서 들은 헤드 스타트Head-start는 당시 대학생들에게는 복음과 같은 이야기였다고 한다.6) 경주마가 뛸 때는 말머리를 나란히 놓아야 하는 것처럼, 가난한 집 아이들에게도 취학 전 교육을 시킨다면 공평한 기회를 주는 효과가 있겠다는 신화는 공교육과 법 규제의 통제가 없는 영·유아 교육의 영역에 대학생들을 뛰어들게 했다. 그러나 그 당시 운동 주체자들에게 급박했던 문제는 "누가 어디서" 아이들을 가르칠 수 있는가라는 일차적인 문제였지, "어떻게"가 더 큰 문제가 될 줄은 몰랐다고 한다. 그래서 가난을 아는 사람, 없는 집 부모와 아이들을 열등감에 빠지지 않도록 할 수 있는 사람, 그렇다면 바로 이전의 야학에서 배운 야간 학교 출신자들이 유아 교육의 전문 지식을 익힌다면 가장 이상적인 후보라고 생각하였다. 그래서 이를 위한 경제적 지원은 대학생들이 아르바이트를 조직화한 사설 학원 운영으로 충당했다. 이 일을 위해 교과서 작업을 했던 대학생들과 유아 교육학자들과 대학원 학생들이 가담하여 "어린이 걱정 모임"을 만들었다. 여기서 다시 누구를 유아 교사로 교육시킬 것인가에 대한 입장에 따른 분분한 논의가 있었다. 결국 있는 집안, 좋은 학벌의 여성들이 결혼 전 한 번 해보고 마는 일이 되어서는 곤란하다는 데 동의한 결과, 절충안으로 교육 기간 중에 교양 교육을 강화하여 고졸 수준의 실력을 갖추도록 대학생 교사들이 노력한다는 선에서 보육 학교 학생 모집을 둘러싼 갈등은 마무리되었다.

구로 공단이 가까운 신길동 주택가 한 옥상의 두칸 방이 학교 설립터로 정해졌고, 검정 고시와 노동 야학을 구분하지 않고 서울 지역의 야학에서 추천받은 20여 명의 야학 출신자 중 자기 소개를 하는 글쓰기와 적성 검사, 면접을 통해 12명을 선발하였다. 대학생을 포함한 여러 분야에 걸친 20여 명의 교사가 200여 명의 후원자의 도움으로 12명의 야학 출신 학생들을 미래의 보육 교사로 가르치게 되었다. 전공 과정과 기초 교양에 음악, 미술, 율동 등의 실기까지 포함된 2년 간의 교육 과정이 이루어지게 되었다. 다양한 집단으로 이루어진 교사진들 사이에서는 늘 유아 교육에 대한 개념, 유치원 교사상, 교육 과정에 대해 이견과 논란이 있어 왔다. 또한 교사진과 학생들 사이에 놓여 있는 "계층" 문제와 계층 정체감의 혼란은 숙연한 수업 분위기와 열기로는 해결할 수 없는 문제이기도 했다. 해송 보육 학교를 지키려는 노력이 끝내 유지되지 못한 데는 재정과 정치적 압박과 함께 이 교육 운동의 주체자였던 대학생 신분을 가진 지식인들의 생애 주기가 맞물려 문제를 지속적으로 극복해 내지 못했다고 한다. 이런 지식인의 한계는 곧 계층적인 것으로 내부적인 문제였다. 해송 보육 학교는 이러한 계층의 문제, 여성이 독립적 주체로 인식하고 행동하게 하는 여성 의식 교육면에서 모두 성공하지 못했다. 그 결과, 개교 1년 뒤에 2년 과정의 2기생들을 뽑아 필사적인 노력을 기울이다 2기생들이 졸업한 1981년 말 해송 보육 학교는 문을 닫게 된다. 이때가 제5공화국이 새마을 유아원법을 제정한 때였다. 사회적으로 어린이 보육이나 교육에 관심이 미치지 못하던 1970년대의 상황을 고려해 볼 때 교사를 자체적으로 양성하고 교과 과정을 생산해 내고, 학생들을 의식화시켜 내고, 연인원 40여 명의 교사와 200여 명에 달하는 후원자가 3년 간의 실험 끝에 20명의 졸업생을 낸 자급 자족적인 교육 체제를 실현했다는 점에서 해송 보육 학교는 평가받을 만하다. 특히나 1991년 "영유아 보육법"이 제정된 시점에서 44개소의 보육 종사자 훈련원에서 한 교실에 100명씩, 선발과 졸업에 대한 규정도 없이 6개월 과정, 1년 과정으로 매년 수천 명

이 합법적 자격증을 주었던 현실과 비교해 보면 해송 보육 학교는 너무 진지했다고 할 수 있다.[7]

없는 집 아이들의 준비터:
난곡 해송 유아원

1980년 여름 신림동 난곡의 철거민촌 맨꼭대기 산등성이에 커다란 푸른 천막의 해송 유아원이 섰다. 너무 높은 곳에 있다고 재철거되어 뜯겨 나간 집터를 다시 다지고 골라서 시유지 위에 세운 무허가 건물이었다. 8명의 해송 보육 학교 출신 교사들이 160명의 취학전 어린이들을 오전, 오후반으로 나누어 교육하였던 해송 유아원은 좀더 많은 가난한 집 아이들을, 빠른 시일 내에 있는 집 아이들과 동일한 출발점에 세우겠다는 미국의 헤드 스타트 방법론을 빌린 새로운 시도라고 할 수 있다.

1980년이라는 억압적인 시대 상황에서 이러한 작업들이 시작될 수 있었던 것은 유신 시대 때 야학으로 출발하였던 교육 운동이 사회적 분위기와 정치 운동의 스케줄로부터 독립하여 자기 일을 자기 속도로 해나갈 수 있게 되었다는 것을 의미한다. 이 일에 참여한 대학생들은 12·12 사태 직후의 삼엄한 계엄령 속에서 유아원 설립 자금을 마련하기 위한 문화 체육관에서의 자선 공연을 포스터 한 장 안 붙이고 해냈다. 비밀리에 6,000장의 티켓을 팔아, 단 하루의 2차 공연으로 수익금 350만 원(당시 구반포 아파트 24평형의 전세금 해당)을 얻어 난곡에 학교 규모의 시설을 설립하게 된다. 여기에는 교육만큼이나 긴 안목으로 사회 변화를 모색하고 있던 문화 운동의 선구자들의 도움이 결정적이었다.[8]

그러나 이러한 자생적 교육 운동 역시, 1980년 새마을 유아원으로 시작된 제도화라는 문턱을 주체적으로 넘지 못하고 패배적으로 제도에 편입되면서 1984년에 난곡 해송 유아원도 막을 내린다.9) 교육 게릴라전의 이미지 속에서 교육이 얼마나 장기적인 안목을 필요로 하는 작업인지 늘 비상 시기만을 상정하고 살았던 그때의 교육 운동가들은 실감하기 어려웠다. 이 실패를 반성해 보면 결과적으로 지역 주민의 삶과는 유리된, 밖에서 만들어진 교육 내용을 획일적으로 교육하는 학교 제도의 이미지에서 벗어나지 못한 인식의 한계가 있었던 것이 사실이다. 결국 대안적 교육의 최대 과제는 교육의 터전을 누가 장악하고 어떻게 운영하는가의 문제로, 설립을 위한 열정보다 중요한 것은 현장에 대한 자율적 통제력을 유지하려는 지속적인 노력이라 할 수 있다.

특별히, 해송 유아원 경험에 교육 운동 자체적인 의미를 부여하는 이유는, 해송 보육 학교가 정치적인 운동의 한 지류에서 시작된 교육 운동이라면 난곡 해송 유아원을 설립하기까지에는 독자적인 교육과 문화 운동의 결합 과정이 있었기 때문이다. 유아원 설립 재정을 마련하기 위해 당시의 문화 운동의 선구자들의 힘을 빌리게 된 계기가 그랬고, 교육에는 정치적 측면보다는 문화적인 측면이 지배적이라는 관심이 생기기 시작한 것도 같은 맥락이다. 이는 운동의 외적 강제에서 벗어나 교육이 교육 내적 스케줄로 움직일 수 있는 것으로 교육 본연의 문제를 교육적 시각에서 보기 시작한다는 뜻이기도 하다.

이는 교육이라는 이름을 달 때 더욱 강조되는 것으로, 교육이 교육이기 위해서는 외적 통제력을 견제할 수 있는 제도적인 지지와 노력도 중요하지만 그 못지않게 교육 내부적인 장기적인 안목과 자기 혁신이 뒷받침되지 않고는 제도화가 들이대는 가볍지만 단단한 유혹으로부터 교육 현장을 올곧게 지켜낼 수 없다는 말과 같다.

대안적 교육의 최대의 과제는 터전을 누가 장악하고 어떻게 운영하는가 하는 점이다. 해송 유아원의 실패는 스스로 만들어낸 교육 터전을 그대로 제도에 갖다 바친 셈이 되었다는 것이다. 더욱이 취학전 아동 교육을 강조함으로써 제도 교육의 폐해를 더 어린 연령층에게까지 낮춘 결과를 가져왔다. 영유아 교육의 가공할 위력을 오랜 공부와 실험을 통해 알게 된 해송 회원들은 5공 시절의 새마을 유아원의 확대를 유아 교육의 발전으로 보지는 않았다. 차라리 지배 권력이 유아의 영역까지 공식적 교육의 틀을 확대하여 본질적 세뇌의 가능성을 넓힌 것으로 인식하게 되었다. 따라서 스스로 앞장서서 불러들인 이러한 상황 변화에 대해 뼈아픈 책임감을 느꼈다고 한다.

아기들의 삶의 터전:
창신동 해송 아기둥지

난곡 해송 유아원을 잃은 지 1년 만에 재건된 어린이 걱정 모임에서는 난곡의 실패를 바로 눈에 띄는 공간 확보와 대량 교육에 대한 집착 때문에 학교 형태의 유아원을 세우게 되어 아주 쉽게 지배 권력에 흡수되어 버렸다는 인식을 하게 되었다.

　1984년에 설립된 해송 아기둥지는 문화적 이질감을 줄이기 위해 가난한 지역 아이들의 가정 환경과 비슷한 교육 환경을 만들고, 새마을 유아원이 회피하는 더 낮은 연령층의 아이들을 대상으로 하였고, 지역 주민들의 생활에 실질적으로 도움이 되는 종일 보육 형태의 생활 교육을 추구하였다. 이때부터 교육에 부모 참여가 중요하다는 인식과 실천이 시도되기 시작했다고 볼 수 있다. 낙산 성벽 밑의 무허가 주택 밀집 지역 안에 작은 마당이 있는 집을 전세로 얻었다. 연탄 아궁이에 재래식 변소, 작은 방들, 좁은 마당을 반 이상 덮는 넓은 마루 공간을 만들어 아이들이 뛰어놀게 하였고 마루 밑에서는 모래놀이를 할 수 있게 하였다. 건축시 버팀목으로 쓰는 긴 나무와 폐타이어로 그네를 만들었고, 큰 플라스틱 함지박

2개로 여름 물놀이가 가능했다. 이곳에서 2~3명의 교사와 5~6명의 일일 자원 봉사자가 15~20명의 어린이들과 함께 생활을 하였다. 척박한 대도시 그 중에서도 가혹한 생존 조건 속에 있는 달동네의 아기둥지였지만, 자연과의 접촉은 가장 중요한 활동이자 과제였다.

해송 아기둥지는 자연과 일과 놀이가 결합된 생활을 강조하는 교육관에서 출발한 것으로 프레이리의 교육 이론이 척박한 곳에서 지역의 삶의 조건과 밀착한 가난한 터전 마련을 가능하게 하였다면, 페스탈로치의 노작 교육의 철학과 방법론은 아기둥지의 생활을 구성하는 데 큰 힘이 되었다. 나이 어린 아기들이 낮 시간의 대부분을 보내는 아기둥지는 가장 본질적인 삶의 방식을 익히는 곳이었다. 이곳에서 아이들은 일과 놀이가 통합된 생활을 경험하고 어른들과의, 또한 어른들 사이의 인간 관계와 상호 작용을 관찰하고 경험하게 된다. 그 내용을 어떻게 구성하는가 하는 일은 이 일에 참여한 모든 어른들이 주로 만들어 내야 할 일로서 교사와 부모를 교육의 주체로 보는 인식이 바탕이 되었다. 아기둥지는 도시 빈민 지역 기혼 여성의 임금 노동 취업이 늘어나고 공동체적 연대 의식이 약화되어, 아이를 돌봐줄 이웃이 줄어든 사회 상황 변화에 대응하기 위해 80년대 후반부터 여러 곳에서 만들게 된 지역 사회 탁아소의 한 모델이 되었다. 해송 아기둥지는 10여 년에 걸친 노력으로 지역 사회의 대안적 교육의 출발점이 되었지만 외부 후원금에 의존하는 쪼들리는 재정, 운영을 맡은 대학생 집단들의 순수함 그 이면의 불안정함, 보육 종사자들의 격무와 저임금이라는 외부 개입형이 갖는 한계가 있었다. 그 결과, 1990년대 들어 운영이 어려워져 임시 휴원을 했다. 이후 해송 회원들이 주축이 되어 설립한 사단법인 공동육아연구원이 지역 내 실직자 가정 어린이들을 위해 1998년 8월 "해송 어린이 둥지 공동체"라는 지역 내 방과후 학교를 만들어서 저소득층 공동육아의 한 모델로 새로운 출발을 하였다. 휴원 기간의 단절을 극복하고 새롭게 방과후를 시작하는 데 재정과 공간적 어려움이 있었지만 2~3년 간에 걸친 공동육아연구원 및 해송 선생님들의 노력으로, 이제는 지역 사회와의 연계, 교육의 안정성을 확보해 나가고 있고 아이들 또한 건강하게 생활하고 있다. 이런 점에서 "해송 어린이 둥지 공동체"는 공동육아의 산 증인이자 역사적 가치를 갖고 있다.

함께 자라는 열린 아이

공동육아연구회와 협동 조합

우리 사회에서 영유아 보육법 제정에 대한 논의가 무성하던 1990년, 미래를 위한 장기적 전망을 가지고 탁아 제도를 도입하고 시행해야 한다고 믿는 다양한 분야의 전문가들의 참여로 해송 어린이 걱정 모임은 "탁아제도와 미래의 어린이 양육을 걱정하는 모임"으로 재발족하게 된다.[10] 1991년 1월, 걱정 모임이 가장 우려했던 계층 차별적인 보육 정책과 사회적 육아의 영리화, 관료화의 문제가 오히려 근간을 이루는 제도적 틀이 마련된 것이다. 더 이상 걱정만 하고 있을 수 없다는 뜻에서 긴 이름의 걱정 모임은 "공동육아연구회"로 이름을 바꾸고 구체적인 공동육아의 터전을 직접 만드는 작업을 시작하였다.

우리 사회의 절실한 보육의 필요성은 도시 빈민층에서 먼저 가시화되었지만, 그 해결 방식은 계급 통합적인 포괄적이고 보편적인 보육 comprehensive universal childcare 제도의 마련을 통해 찾아야 한다고 생각한 공동육아연구회는 더 이상 법, 정책, 제도가 먼저 변화되기만을 기다리지 않기로 했다. 이 사회에 이미 공동육아에 대한 절실한 필요성이 있으므로 자구적이고 자발적인 부모들의 힘을 모으면 스스로 재정적인 토대를 가진 압력 집단이 만들어지리라 생각했다. 이들은 함께 만드는 공동육아의 터전이 우리 아이들을 위한 사회적 육아 환경의 기준을 높이고 그곳에서 대안적 삶의 방식을 프로그램화하면 구체적이고 가시적인 공동육아 모델이 되리라고 전망하였다. 남들이 자선적, 관료적, 영리적 동기로 만든 제도에 자기 몸을 맞출 수밖에 없었던 부모들이 스스로의 힘으로 공동육아의 터전을 만들고, 서로의 기대와 가치관을 나누고 절충하며, 함께 주도적으로 운영할 수 있는 협동 조합 방식이 고안되었다. 그리하여 공동육아연구회는 공동육아의 첫 실험적 터전을 만드는 일에 착수하였다. 1994년 신촌 지역 공동육아 협동 조합 길잡이 모임이 만들어졌고 반 년 간의 준비 기간을 거쳐 9월에 개원을 하였다. 공동육아는 공식적 교육이라기보다는 매일의 생활이라는 개념으로 출발하였다. 자연과 살아 있는 사람과의 만남을 통해 아이들은 배우고 자란다고 본 것이다. 공동육아는 아이들 한 명, 한 명이 고유한 개성을 가진 생명이라고 본다. 공동육아의 공간은 부모들과 지역 사회에 늘 열려 있어야 하고, 생활 리듬과 템포는 어른이 아니라 아이들이 주도한다. 획일적 교육 방식을 배격하고 모든 것을 통합하는 교육 경험을 하고자 하며, 남자와 여자를 놀이, 활동, 옷 색깔로 구분하지 않겠다는 것이 출발 당시 공동육아의 교육 모토이다.

공동육아연구회는 1996년 6월 사단법인 공동육아연구원으로 정식 발족했고, 이를 중심으로 2001년 2월 현재 서울·경기 지역 21개, 지방 9개로 총 30개 어린이집이 운영되고 있다. 그외 현재 준비중에 있는 곳이 12군데이다. 방과후가 운영되는 어린이집이 14군데이며, 저소득층 어린이를 위한 지역 방과후를 네 곳의 지역에서 운영하고 있다.

방대해진 공동육아 규모를 공동육아라는 하나의 틀로 묶어 연대하고 어린이집간에 유기적 관계를 위해 공동육아연구원을 중심으로 조합 협의회와 교사 협의회라는 조직이 대표성을 갖고 활동한다. 그러나 각 어린이집은 독립적으로 운영된다.

공동육아연구원

1978년 해송 보육 학교로부터 출발한 공동육아연구회(1991년)는 1996년 6월 사단법인 공동육아연구원으로 정식 발족하게 된다.

공동육아연구원에서는 각 지역 공동육아 협동 조합의 설립과 각종 지원 사업, 공동육아 제도의 연구와 개발 및 공동육아 프로그램 개발 등의 연구 사업, 어린이집 교사와 조합원 그리고 유아 교육에 관심 있는 일반인을 대상으로 하는 현장 교육과 교사 재교육과 같은 교육 사업, 공동육아의 교육적 이념을 사회적으로 알리는 다양한 홍보 사업과 출판 사업, 공동육아 정책화를 위한 대 정부 활동 등을 하고 있다.

오늘날 현실적으로 공동육아를 대표하는 것은 각 어린이집의 실체라고 할 수 있다. 그러나 공동육아의 의미를 집약해서 사회적으로 표출해 주는 상징력은 각 어린이집의 실체보다는 공동육아연구원이 가지고 있다고 할 수가 있다. 공동육아연구원에서는 사회적으로 이미 잘 알려진 조합형 공동육아 외에, 직장형 공동육아, 저소득층을 위한 공동육아 어린이집 만들기 운동과 아울러 전업 주부가 중심이 되는 "품앗이 공동육아" 등의 폭넓은 공동육아 운동을 전개하고 있다. 또한 사회적 차원의 공동체 문화에 초점을 둔 다양한 교육과 활동도 전개하고 있다. 따라서 공동육아연구원은 공동육아 내부적으로, 외부적으로 사회적 연결망을 가지고 있는 기관으로 볼 수 있다.

공동육아연구원이 펼치고 있는 다양한 사업들 중에는 활동이 활발한 것도 있고 그렇지 못한 것도 있다. 각 지역 공동육아 협동 조합의 설립과 각종 지원 사업의 경우, 어린이집 설립 초기 단계까지는 연구원에 대한 어린이집의 의존도가 높고 연구원 또한 이에 대한 지원 활동이 풍부한 편이다. 그러나 그 이후의 지속적인 지원력은 약해서 기존의 어린이집들의 연구원에 대한 만족도는 신생 어린이집에 비해 저조한 편이다. 이는 연구원의 인력 부족과 함께 어린이집과 연구원 간의 유기적인 관계에 한계가 있음을 말해 준다. 각 어린이집의 부모나 교사들이 연구원에 요구하는 것은 일상적인 지원 사업이다. 그런데 공동육아연구원의 현재의 직제나 인력 형편으로는 급증한 공동육아의 규모에 따른 어린이집의 요구를 모두 수용하기란 불가능하다. 이러한 현실을 어느 정도 이해하고 해결할 수 있는 파트너가 조합 협의회와 교사 협의회이다.

조합 협의회

공동육아연구원과 각 조합 간의 관계는 1994년에서 1996년까지 막연한 협력 관계였다가 1996년 공식적인 조직 관계를 명문화하여 상호간의 권리와 의무를 규정하고 있다. 각 어린이집의 조합은 연구원의 조합 회원으로 가입이 되며 가구당 약 5천 원을 매월 연구원에 납부한다. 공동육아 조합 협의회는 각 조합의 체계적이고 효율적인 운영과 공동육아 교육 프로그램에 대한 상호 협의 체제를 유지하기 위해 월 1회 조합 협의회 회의를 주제하고 있다. 각 어린이집에서는 이사장이 대표성을 갖고 참여하며 연구원에서는 사무국장이나 차장이 참여해서 조합 운영 전반, 또는 전체 공동육아 차원의 조합과 관련된 사안을 논의, 결정한다.

조합 협의회의 참여는 지방의 어린이집은 현실적으로 어렵고 서울·경기 지역에 한하여 2분의 1 정도의 어린이집이 열심히 참여한다. 조합 협의회에 참여함으로써 공동육아가 조합들의 자발성이 요구됨을 인식하고 조합들끼리 서로 교류와 참여가 활발해졌다는 장점이 있다.

조합 협의회와 교사 협의회가 서로를 대등한 관계의 파트너로 받아들이는 실질적인 모습의 변화도 긍정적이다.

교사 협의회

공동육아 교사 협의회는 전체 공동육아 내에서 교사들의 주체적인 참여와 전문성을 스스로 강화하기 위해 2~3년에 걸친 실험과 논의 과정을 통해 1999년 7월 교사 대회에서 정식으로 발족되었다. 교사 협의회가 발족되기 전까지는 각 어린이집의 원장이나 교사 대표들이 매월 공동육아 연구원에서 만나 각 어린이집의 현황을 보고하고 주로 운영과 관련된 토의를 하는 모임이 있었다. 또한 각 어린이집에서 교사 한 명을 파견하여 만나는 교사 모임이 운영되기도 했다. 교사 모임은 주로 교육에 대한 논의를 진행시켜 오다가 이 모임이 "교사 협의회 준비 위원회"라는 과도기적 체제로 6개월 정도 기간을 거쳐 교사 협의회가 발족되었다.

교사 협의회가 발족된 가장 큰 이유는 공동육아 교사들의 정체성을 구성하고 교육의 방향을 짚어나가는 데 더욱 주체적인 역량을 확보하기 위해서이다. 그 동안 각 어린이집에서 이루어진 교육적 경험들이 제대로 축적되지 않고 검증되는 바 없이 이루어져 왔는데, 어린이집의 일상에 파묻히기 쉬운 교사들의 입장에서는 이러한 문제를 개별적으로 해결하기가 어려웠다. 그러자 전체 공동육아 교사가 회원이 되는 교사 협의회를 구성하였다. 교사들을 대표하는 교사 협의회는 공동육아연구원과의 공식적인 관계를 갖고 활동할 계획을 마련하였다. 발족 첫해, 교사 협의회는 음악, 문학, 놀이, 자연 탐사, 요리, 현장 연구 분과라는 연구 영역을 조직해서 이를 지역별 어린이집 교사들이 운영하도록 조직을 구성하였다. 이 연구 모임은 지역별로 3주에 한 번씩 이루어졌는데 교사들이 스스로 현장의 경험을 정리, 연구하는 교사 문화를 묶어 내는 데에 활동 목적이 있다고 할 수 있다. 그 후 교사들의 현장 연구 활동은 강제성보다는 자발적 소모임 형태가 현실적이라는 평가하에 목공 모임, 인형 만들기 모임, 바보 모임(나를 바라보는 모임) 등이 운영되고 있고 교사 성장 과정에 대한 자체 교육도 실시하고 있다.

공동육아 교사는 교사 협의회에 매달 1만 5천 원을 납부하는데 여기서 5천 원은 공동육아연구원의 교사 회원 회비가 된다. 공동육아 전체 교사는 150여 명이며 전체 교사 대회가 1년에 두 번 여름과 겨울에 교사 협의회 주관으로 열린다.

각 어린이집의 구성원들(부모들과 교사들)과 공동육아연구원 사이에 미묘한 갈등이 있기는 하지만 그들은 동반자적 관계를 인식하고 있다. 갈등의 근저에는 연구원이 앞에서 확실한 전망을 제시하면서 끌어가 주기를 바라는 기대가 충족되지 못한 점이 있는가 하면, 연구원 입장에서 보면 한정된 인원으로 그 기대를 충족시킬 여력이 없으며 또한 공동육아는 자발적으로 스스로 문제를 풀어가는 역량을 키우는 곳이라는 점을 각 구성원들에게 기대하는 점도 있다. 그러나 연구원 측은 어린이집과 더욱 유기적인 관계를 맺어야 할 필요성을 인정하고 있다. 공동육아의 구성원들은 공동육아를 이끌어 가는 데 이 세 주체로 구성된 조직인 공동육아연구원, 조합 협의회, 교사 협의회가 중요한 서로의 파트너라는 인식을 분명히 갖고 있다. 그래서 최근에는 연구원과 조합 협의회, 교사 협의회를 아우르는 총체적인 조직 재구성 논의가 활발하게 진행되고 있다. 다시 말해 공동육아의 양적 성장과 내실화 성과를 인정하지만 어린이집 내부의 관계, 어린이집간의 관계, 어린이집과 연구원과의 관계, 전체 조직과 사회와의 관계가 질적으로 성숙될 수 있는 틀이 마련되어야 공동육아의 정체성이 제대로 확립된다고 내다보는 것이다.

이것이 우리 사회에 가시화된 공동육아의 역사적 모습이다. 이후 공동육아의 성장 속도는 예상을 벗어날 정도로 빨라서, 신촌 어린이집을 3년 정도 성실하게 운영한 뒤 한두 개 정도 더 확산하겠다는 처음 계획과는 달리 7년째인 2001년 2월 현재 전국에서 30개 어린이집이 운영되고 있다. 그만큼 공동육아적인 방식이 사회적으로 절실했다고 할 수 있다. 공동육아 출발 5년을 정리하고 향후 5년을 전망하는 "1999년 공동육아 워크숍"에서, 지난 5년이 공동육아의 이념을 사회적으로 확산하는 기간이었다면 향후 5년은 스스로 속도를 조절하여 교육적 내실을 기하겠다는 계획을 논의하였다. 다시 말해, 지금까지는 우리 사회에 공동육아의 존재 이유를 정치적 사회적 운동 수준에서 정당화시켜 왔다면 앞으로는 좀더 교육 현장의 어린이들, 교사들, 부모들의 교육적 삶의 차원에서 공동육아 존재의 근거를 구축할 시점이라고 보는 것이다.

바위 어린이집

바위 어린이집은 1995년 10월 3일 강남 지역 부모들이 우면동에 설립하여 운영하였으나 터전 건축물의 위험 문제 때문에 과천으로 1996년 10월에 이사하였다. 이사 후 2년 동안 바위 어린이집은 다시 자리를 다지는 기간이었다. 교사들과 어린이들은 생활이나 교육적인 면에서 안정적인 적응을 해나가는 시기이면서 동시에 우면동의 초기 조합원들과 이사 후에 들어오기 시작한 과천의 후기 조합원들 간의 내부 분열로 어려웠던 시기이기도 하다. 이 두 집단의 의사 소통의 어려움은 결국 1998년 6월부터 9월 사이에 초기 조합원의 반인 8가구가 집단 탈퇴를 하게 되면서 IMF 위기와 함께 개원 이래 최대의 어려움을 맞는 시기이기도 하였다. 1998년 10월 이후 바위 어린이집은 조합원들의 열성으로 재정이나 운영 면에서 차분하게 안정을 찾아 1999년 6월 현재는 공동육아의 최대 규모인 40가구 50명의 어린이들을 8명의 교사가 교육하고 있다. 또한 교사들의 의사 소통과 부모 참여도 비교적 활발하게 이루어지고 있다. 바위 어린이집은 방과후 프로그램도 운영되는데 1999년 3월부터 방과후는 그 규모가 커져서 1999년 5월 어린이집에서 조금 떨어진 곳으로 독립해 나갔다. 방과후 아이들은 25명이고 교사는 두 명이다.11) 다음은 바위 어린이집의 생활 시간과 공간, 교육 프로그램, 어린이집 구성원인 부모, 교사, 어린이에 대해 알아 보고자 한다.

한뼘이라도 밭을 일굴 수 있다면

공동육아에서 생활 환경을 만드는 데 가장 중요하게 여기는 것은 일상 생활의 공간과 시간을 어떻게 구성하는가 하는 것이다.

공동육아가 생활 및 교육 공간을 확보하는 데 가장 먼저 고려하는 점은

어린이들은 어린이집과 자연에서 하루를 충만하게 살고
1년을 의미 있게 보낸다.
—놀이와 체험이 어우러진 교육

어떻게 "자연"을 아이들에게 늘상 접하게 할 수 있겠는가 하는 점이다. 어린이집 터전을 잡는 데는 자연을 어린이집 안에 끌어들일 수 있고 자연을 쉽게 찾아나갈 수 있는 곳인가의 여부가 주요하게 고려된다. 즉, 아이들에게 흙, 물, 바람, 햇볕이 늘 필요하다는 것을 인식할 수 있는 생활 공간을 만들고자 애쓴다. 그래서 한 뼘이라도 밭을 일굴 수 있고 동물을 키울 수 있는 공간을 확보한다. 어린이집은 아이들이 9시간 이상을 사는 공간이므로 가정과 같이 안정되고 편안함을 느낄 수 있어야 한다는 점에서 가옥을 선호한다.

바위 어린이집은 과천 시내에서 떨어진 조용한 주택가에 있다. 어린이집은 큰길가 전철역에서 도보로 15분 거리에 위치해 있다. 큰길가에서 어린이집으로 가는 길에 들어서면 바로 길 양쪽으로 있는 산의 풍광으로 자연 속에 들어온 느낌을 금방 갖게 된다. 길 초입에서부터 어린이집에 들어가기까지에는 사회 경제적 차이를 느낄 수 있을 만큼 주택들의 규모와 모습이 구분되어 있다. 길 초입에는 두어 개의 음식점이 있어 도시의 외곽임을 알 수가 있고 음식점을 지나는 사이에는 묘목 정원들도 있다. 여기를 통과하고 나면 뒷골이라는 이름에 걸맞게 평범하면서도 아기자기한 주택들이 나오고 집과 집 사이사이에 있는 텃밭들에는 주민들이 정성껏 가꾼 여러 가지 채소들이 자라고 있다. 어느 텃밭에는 "여기는 뒷골 주민들이 가꾸는 밭입니다"라는 푯말도 있어 동네 사람들이 옹기종기 모여 사는 모습을 느낄 수가 있다. 이런 평범한 주택들을 지나오면 규모가 큰 부유한 저택들이 나오기 시작하는데 이 경계 지점에는 그 지역의 삶의 역사를 드러내 주는 100년 된 느티나무가 서 있고 그 나무 뒤로 오래된 한옥 두세 채가 모습을 드러낸다. 두 집은 사람들이 살고 있다. 여기까지는 토착 주민과 유입된 사람들이 어울려 살아가는 풍경을 자아낸다. 그러나 여기서부터 이어지는 크고 멋있는 집들은 담도 높고 대문이 꽉꽉 닫힌 채로 소통 없이 각자 사는 느낌을 갖게 하는데 바위 어린이집은 이러한 주택들 사이에 있다.

전세로 얻은 어린이집은 700평이라는 넓은 공간인데다 바로 산에 인접해 있어 확 트인 풍광 때문에 시각적으로 느껴지는 공간은 더 넓다. 건물 사용 공간은 100여 평(지하, 1, 2층 포함)으로 오래된 낡은 건물이다. 지하, 1층, 2층 모두 3개 층을 사용한다.

지하에는 자료실 공간을 포함한 교사실과 미술방과 당실방, 끼리방, 조그마한 창고방이 있다. 그런데 아이들이 쓰는 방은 공간 구조상 반 지하의 형태라서 창문을 통해 햇볕과 바깥을 볼 수 있다. 지하에는 습기가 많아 아이들이 생활하는 데 어려움이 있는데 어린아이들을 배려하는 부모들의 합의로 가장 큰 아이들인 당실, 끼리방 어린이들이 이 공간을 사용하게 된 것이다.12)

1층에는 현관, 마루, 마루 한편을 막아서 사용하는 교사 사무실(컴퓨터, 팩스, 복사기 등이 있음), 부엌, 소근방, 도란방이 있다. 2층에는 까꿍방, 도글방이 있고 두 방 사이에는 3평 정도의 마루가 있다. 화장실은 지하와 1층 사이에 하나, 1층에 하나, 2층에 하나 총 3개가 있다. 각 방에는 천이나 가구를 활용한 가상 놀이 코너와 동화책이 꽂혀 있는 책장이 있다. 그리고 기본적인 매체 자료가 마련된 미술 코너가 있다. 교사들과 부모들이 만든 천 인형, 교사들이 직접 깎은 나무 블록과 작은 나무둥지, 종이 노끈으로 짠 둥구미, 솔방울, 색실, 보자기와 같은 자연적 놀이감이 있다. 벽은 아이들이 만든 작품이나 그림 등을 전시하는 공간으로 활용한다. 각 방에는 대개의 유아 교육 기관에서 볼 수 있는, 교사들이 제작한 교재 교구가 없다. 이는 성인들이 만든 구조화된 교재 교구보다, 또는 상업적인 교재 교구보다는 자연물 내지는 원재료(모래, 물, 흙)가 아이들에게 더 유익하다는 공동육아의 생각이 반영된 것이다.

실내 공간의 경우, 연령별 반 편성에 따른 방이 다 있지만 아이들은 수시로 서로의 방을 드나들 수 있어 보통의 유치원이나 어린이집보다 공간

까마귀와 어린이들이 함께 만드는 물웅덩이

을 개방적으로 사용한다. 공간 자체가 가정집의 구조여서 그 트임에 따른 넘나듦이 더 가능한 측면도 있고 공동육아가 지향하는 통합적인 교육의 방식이 작용을 하고 있다고도 볼 수 있다.

바위 어린이집의 마당은 아랫마당, 윗마당으로 구분되어 있고 아랫마당에는 100여 평에 달하는 텃밭과 농기구를 보관하는 창고와 개집이 있다. 아랫마당 옆으로 실개천이 흐르는데 까마귀(남자 교사)와 방과후 어린이들이 개천 물을 아랫마당으로 끌어올려 만든 물웅덩이에는 소금쟁이와 같은 생물들이 살고 있어서 5월부터 10월까지 아이들의 학습장과 놀이터가 된다. 실개천의 다리(목공일을 잘하는 까마귀와 아빠들이 만든 나무다리)를 건너면 곧장 산으로 올라가는 나들이 길이다. 가끔은 이 길로 산을 내려와 어린이집을 거쳐 나가는 동네 사람들도 있다. 윗마당에는 모래 놀이터, 까마귀가 직접 만든 그네와 미끄럼틀, 토끼장이 있다. 마당 전체에는 풍부한 유실수(감, 밤, 대추, 앵두)와 온갖 종류의 나무와 풀과 꽃이 있다.

호기심과 자발적인 움직임의 자연스런 시간 흐름

공동육아의 생활 시간에 대한 개념을 살펴보면 활동 시간이 기계적으로 구분된, 즉 산업 시간의 템포로 꽉 짜인 하루 생활이 아니라 자연의 시간 감각으로 하루 하루를 사는 것을 중요하게 고려하고 있다. 일사불란한 훈련과 규율의 집단 생활이 아니라 아이 하나하나의 호기심과 자발적인 움직임의 자연스런 시간 흐름을, 어른의 감각에서 혹은 형식적 교육이 단체 생활의 효율을 높이기 위해 조각조각 끊지 않도록 참을성 있는 노력을 기울여야 한다고 강조한다(정병호, 1994).

어린이집의 하루 생활의 흐름은 완만하다. 대략적인 하루 일과는 다음과 같다.

⟨표 1⟩ 하루 일과

08:00~09:00	등원	14:00~15:40	낮잠
09:00~10:00	오전 간식	15:40~16:00	잠깨기, 정리
10:00~10:20	간식상 정리, 나들이 준비	16:00~16:30	노래 부르기 (국악, 동요 통합 활동)
10:20~12:00	나들이	16:30~17:00	오후 간식
12:00~13:00	점심 식사	17:00~18:00	오후 교육 활동 (연령별, 또는 통합 활동)
13:00~13:30	정리, 씻기, 자유놀이	18:00~18:40	청소 및 정리, 하원 준비
13:30~14:00	낮잠 준비, 동화 듣기		

등원과 간식: 아침에 부모와 함께 어린이집에 오는 어린이도 있고 어린이집 봉고차를 타고 오는 어린이들도 있다. 아침 간식은 어린이집에 오는 대로 마루에서 다 같이 먹고, 간식 지도는 두 명의 선생님이 한다. 간식을 먹고 난 아이는 마당이나 방으로 가서 모래 놀이 및 자유 놀이를 한다. 간식 후

나들이를 가기 전에 방에 따라서는 차 마시는 시간을 20분 정도 갖기도 한다. 이 시간을 가짐으로써 하루를 차분하게 시작하는 데 도움이 된다고 한다. 교사들이 나들이를 가기 위해 가방에 비상 약품, 물과 간식(대개는 과일과 오이나 당근과 같은 야채를 썰어서 가져간다), 수건 등을 챙긴다. 아이들은 마당에서 갖고 놀던 여러 놀이 도구들을 정리하고 나들이 준비를 한다. 이때 아이들은 오늘 나들이는 어디로 가는지 물어보기도 한다. 제일 큰 끼리방 아이들은 월요일 아침 회의를 통해 1주일 동안 가고 싶은 나들이 장소를 스스로 정하기도 한다.

나들이: 어린이집에서 가는 일상적인 나들이 장소는 여우산과 뒷산 무덤가, 약수터, 놀이터 등이다. 나들이 코스에는 가다가 쉬었다 가는 곳, 물 한잔 먹고 가는 곳, 숨기 놀이를 하는 곳 등이 자연스럽게 정해져 있어 앞서 가는 아이들은 이런 장소에서 뒷사람들을 기다리기도 한다. 그리고 가는 길에는 그냥 지나치지 않는 특정한 장소들이 있다. 예를 들면 아이들이 이름붙인 티라노사우루스라는 죽은 나무가 있는 곳이라든지, 늘어진 칡넝쿨을 타잔처럼 탈 수 있는 장소, 크고 잘생긴 바위가 있는 곳 등이다. 목적지에 도착하면 대개는 자연스럽게 놀이판이 펼쳐지지만 산모기와 나무가 무성한 한여름에는 산 입구에서 멀지 않은 곳까지만 가서 모기향을 피워 놓고 돗자리를 깔고서 그림 그리기나 종이 접기와 같은 활동을 하기도 한다. 너무 더운 날은 나들이 시간에 터전(공동육아 사람들은 어린이집을 주로 터전이라고 부른다) 마당에서 물놀이를 한다.

점심 먹기: 나들이에서 돌아오는 대로 아이들은 손을 씻고 점심 먹을 준비를 한다. 상을 닦고 차리는 일은 교사와 아이들이 함께 준비를 하는데 아이들의 참여 정도는 연령에 따라 다르다. 까꿍방은 교사가 먹여 주는 데서 가능하면 아이 혼자 밥을 먹을 수 있도록 돕는 데 주력한다면 도글, 도란은

당번을 정해서 교사가 떠놓은 국과 반찬, 밥을 교사가 이름을 불러주는 친구에게 가져다 주는 일을 아이들이 한다. 연령이 높은 당실방부터는 당번을 정해 상 닦는 일부터 국, 밥, 반찬을 개인별로 담는 일까지 아이들이 직접 한다. 다 먹고 난 그릇은 까꿍방만 제외하고는 직접 부엌까지 가지고 와서 식기 종류별로 큰 통에 넣는다.

낮잠 : 어린이들이 과일을 한두 조각씩 먹고 나서 양치를 하고 옷을 벗어 사물함에 넣는 동안, 교사들은 방을 닦고 이불을 편다. 아이들이 모두 이불에 누워 교사가 들려주는 2~3편의 동화와 조용한 음악을 들으면서 잠이 든다. 5~6세 어린이들은 일주일에 하루 이 시간에 이야기 할머니의 이야기를 듣는다.13) 끼리방은 6세는 낮잠을 자고 7세는 종이 접기나 그림 그리

낮잠 자기 전에 듣는
할머니 이야기는
아이들, 교사, 할머니
모두가 즐기는 시간이다.

기, 또는 모래 놀이 등을 하다가 잠을 재우고 나온 교사와 함께 조용한 활동을 한다. 교사들은 아이들과 20~30분 정도 함께 자다가 일어나서 대개는 "날적이"(아이들의 생활에 대한 기록)를 쓰고 화요일에는 교사 회의를 1시간 30분 정도 한다.14)

노래 시간과 오후 간식: 낮잠에서 일어나면 조금 쉬다가 마루에 모두 모인다. 이 시간에는 전체 아이들이 다 모여 동요, 국악 동요를 배우고 반끼리 노래 자랑도 하며 어떨 때는 교사의 장고 장단 등을 감상하기도 한다. 아이들 동극이나 교사 동극도 이 시간에 한다. 교사들은 전체가 다 모여 노래 부르고 춤추며 맛있는 음식을 먹는 이 시간을 공동체적 생활을 유지시키는 중요한 시간으로 생각하고 있다. 아이들의 생일 잔치 또한 이 시간에 이루어진다. 생일날 간식은 수수경단이나 보리수단, 오미자차, 과일 화채, 식혜와 수정과 같은 음식들이 나온다. 생일의 주인공은 방 친구들이 만든 선물과 전체 아이들의 뽀뽀 세례를 받는다.

오후 활동: 간식이 끝나면 방별로 오후 활동 시간에 들어간다. 이 시간은 방별로 이루어지기도 하지만 연령이 비슷한 방들은 통합해서 활동을 하기도 한다. 대개는 찰흙, 밀가루 점토, 물감, 색종이와 같은 매체를 이용한 미술 활동이 이루어지고 매주 하루는 전체 어린이들과 함께 전통 놀이가 이루어진다. 이때는 줄다리기, 땅따먹기, "꼬마야 꼬마야, 줄을 넘어라" 줄넘기, 제기 차기, 팽이 돌리기, 방과후 형과 누나들의 택견(전통 무예) 감상하기와 같은 활동이 이루어진다.

귀가: 오후 활동이 끝나면 정리를 하고 부모가 올 때까지 아이들은 마당에서 모래 놀이, 자전거 타기, 소꿉놀이, 그네와 미끄럼 타기 등을 즐긴다. 아이들은 부모들과 함께 귀가하며 6시 40분이 넘으면 가능한 한 바깥 놀이를

정리하고 실내로 들어가 귀가 준비를 한다. 이 시간은 아이를 데리러 온 부모들끼리 만나서 이야기를 나누기도 하고, 어린이들은 부모가 오면 엄마와 함께 어린이집에서 더 놀다 가려고 조른다. 이런 이유들로 부모들은 어린이집에서 시간을 더 보내다가 교사들보다 늦게 뒷정리를 하고 가는 경우도 종종 있다.

하루의 완만한 흐름은 여기 제시된 일과표로는 표현이 불충분하다. 그 완만함은 한 활동에서 다른 활동으로 넘어가는 템포, 또 한 활동 내에서 이루어지는 아이와 교사의 상호 작용의 템포를 겪어야만 느낄 수 있는 "충분히 느린" 그런 템포이다.

일단 활동 시간 자체가 20분 단위가 없다. 한 활동에서 다른 활동으로 넘어가는 전이 시간을 빼고는 짧게는 30분 길게는 2시간 사이의 활동들이다. 따라서 모든 아이들이 일시에 시작해서 일시에 끝나는 활동이 없다. 아이들의 흥미에 따라 순차적으로 시작과 끝이 이루어진다. 특히 시작보다는 끝이 더 개별적이다. 여기서 개별적으로 활동을 끝낸 아이들은 자기들끼리 논다. 그래서 이 아이들한테는 자유 활동 시간이 따로 없다. 활동 틈틈이 어른들의 지도와 감독 없이 자기들이 알아서 노는 것이 자유 놀이이다. 이는 보통의 유아 교육 현장에서 성인이 구성한 구체적인 구조 안에서 선택해서 노는 자유 선택 놀이와는 많이 다르다.

교육 프로그램

전체적인 교육 목표는 자연과 교감할 수 있는 자연 친화 교육, 다양한 세계를 경험하는 체험 교육, 공동체적 삶을 위한 통합 교육, 자유로운 표현과 자율적인 아이로 성장할 수 있는 평등한 인간 관계 형성을 위한 교육을 하고자 한다.

자연 친화 및 체험 교육

공동육아에서 어린이들이 자연 친화와 체험을 구체적으로 활동하는 프로그램은 나들이와 텃밭 가꾸기, 동물 기르기, 요리 활동, 놀이를 통한 활동이라고 할 수 있다.

나들이 : 나들이에는 자연을 통한 자연 친화와 다양한 사회를 직접 찾아나감으로써 얻을 수 있는 생생한 체험을 중요한 교육의 내용으로 삼는다. 각 어린이집마다 주변의 자연과 지역 사회를 중심으로 나들이 코스를 다양하게 개발한다. 나들이 나가서 자연과 교감하는 상황 자체가 어린이들에게는 체험의 내용을 이루지만 자연 안에서 할 수 있는 다양한 활동들을 아이들의 놀이를 통해 교사들은 구성한다. 예를 들면, 자연물을 이용한 놀이 및 활동으로는 낙엽, 나뭇잎, 줄기, 풀잎, 꽃 등을 이용한 왕관, 목걸이 만들기, 화환 만들기, 그림 그리기, 구성하기(꼴라쥬), 꽃 말리기가 있다. 그리고 칡넝쿨, 인동넝쿨 등을 채취하여 둥구미 짜기 등도 한다. 또 이러한 자연물을 이용한 나뭇잎 떼기, 풀각시 만들기, 풀씨름과 같은 다양한 게임을 개발한다. 이외 자연물을 채취하여 염색하기와 식물 도감 만들기와 같은 장기적인 활동도 있다. 이러한 활동들은 나들이 안에서 이루어지기도 하지만 자연스럽게 어린이집의 오후 활동으로 연결되는 경우도 많다.

밭 고르고, 씨 뿌리고, 잡초 뽑고, 수확하는 즐거움까지 만끽하는 어린이들과 선생님들

텃밭 가꾸기 : 1년의 농사를 직접 짓는다. 농사는 부모들과 교사들이 함께 짓는다. 어린이집 교사들은 비교적 농사에 능숙한 편이다. 아이들은 농사의 모든 과정에 자기 흥미에 따라 참여한다. 텃밭을 가꾸며 아이들이 식물의 성장보다 더 관심을 갖는 대상은 텃밭에서 만나는 다양한 벌레들이다. 텃밭에서 아이들이 만나는 곤충은 28점무당벌레, 배추벌레, 배추흰나비, 개구리, 두꺼비, 벌, 잠자리, 하루살이, 귀뚜라미, 그리고 가장 좋아하는 지렁이와 달팽이와 거미가 있다. 아이들은 늘상 지렁이를 만지고 돌아다닌다. 이런 경험은 아이들이 키우는 채소나 곤충들의 성장 과정에 대한 학습 활동으로 연계되기도 한다.

아이들이 텃밭에 가장 관심을 보이는 시기는 씨 뿌릴 때와 싹이 나올 때, 그리고 다 자란 것을 수확해서 음식으로 먹을 때이다. 봄에 씨를 뿌린 상추나 치커리, 아욱 같은 채소는 늦봄에서부터 초여름까지 계속 뜯어먹고, 초여름에 감자를 수확하고, 여름에는 고추와 방울토마토를 따먹고, 가을에는 토란과 고구마를 수확하고, 배추와 무, 늙은 호박은 늦가을에 수확한다. 특히 아이들은 먹거리를 수확하는 체험과 그것을 갖고 직접 요리해서 먹는 즐거움을 누린다. 대표적인 것이 감자 요리(수확량이 두 박스 정도 됨)와 호박 요리(큰 늙은 호박 약 15개 정도 수확함)로 며칠 동안 그 재료를 갖고 할 수 있는 갖가지 요리 파티가 열린다. 가을, 겨울에 마당에서

불을 피워 밤과 고구마를 구워 먹는 것도 별미이다.

농사 일지를 교사와 아이들이 함께 쓰는데 특히 교사가 쓴 농사 일지는 다음해 농사에 참고 자료가 된다. 각 어린이집은 가능한 한 텃밭을 어린이집에 둔다. 공간이 넉넉지 못할 경우 쪽밭을 가꾸고 그것도 불가능할 때는 동네 가까운 곳에 땅을 조금 빌려 텃밭 가꾸기를 한다.

동물 기르기: 개와 토끼, 병아리 정도는 항상 키우려고 한다. 연구자가 현장에 나가 있는 1998년 3월 박재롱(아이들이 붙인 이름)이라는 개가 새끼를 세 마리 낳았다. 두 마리는 조합원에게 분양을 하고 새끼 한 마리만 키웠다. 매일 밤 어린이집을 지키는 재롱이는 나들이 갈 때마다 아이들을 따라나서 든든한 지킴이가 되어 주었고 새끼 박진돌은 아이들이 늘 끌어안고 귀여워해 줬다. 1998년 늦여름 어느 날 누군가가 진돌이를 데려갔고 얼마 후 어미인 재롱이마저 데려가 버렸다. 두 달 즈음 뒤 뒷집의 소영이 할머니네(전에 어린이집에 다녔던 아이의 할머니)가 사냥개 두 마리를 주었는데 아이들은 미니와 똘똘이라는 이름을 지어 주었다. 1999년 봄에 똘똘이를 또 누군가 데려갔다. 미니는 1999년 7월에 새끼를 아홉 마리나 낳았고 그 중 일곱 마리가 건강하게 살아서 아이들의 귀여움을 독차지하고 있다. 새끼가 태어난 날이면 아이들 모두 긴장된 흥분을 감추지 못한다.

이외 오리, 토끼 등을 많이 키우는데 개에 비해 잘 죽는다. 그래도 키우는 동안은 아이들 사랑을 받는다. 특히 아이들은 나들이 길에서 토끼가 먹을 칡잎, 민들레, 씀바귀 등을 챙겨 와서 동물들에게 먹이 주는 것을 아주 즐긴다. 각 어린이집마다 강아지를 거의 다 기른다. 한 어린이집에서 새끼를 많이 낳았을 때는 다른 어린이집으로 분양을 하기도 한다. 강아지 외에 토끼를 많이 기른다.

음식 만들기: 아이들이 직접 장을 봐서 요리를 하는 활동과 자연의 흐름에

지렁이와 친구하는 아이

나들이에서 토끼 먹이를
구해 오는 아이들

아이들의 귀여움을
독차지하는 재롱이 모자

따른 활동이 있다. 자연의 변화에 따른 음식 만들기로는 된장, 고추장 담그기가 있다. 터전에서는 고추장과 된장을 직접 만들어 먹으므로 영양 교사와 교사들이 담그는 과정에 큰 아이들이 참여한다. 또 터전의 텃밭에서 거두는 농산물로 만들어 먹는 활동들이 여기에 해당되고 가을이면 겨울 준비를 하는 무말랭이, 호박오가리, 곶감 만들기, 김장하기에 전체 아이들이 참여한다. 그리고 5월에는 터전의 감잎으로, 11월에는 산수유를 따서 차를 만들고, 각종 풀로 만든 효소를 담가서 차 마시는 시간에 마신다. 또 세시풍속에 따른 보름날의 오곡밥, 단오날의 수리취떡과 익모초, 유두날의 화전, 추석날 직접 딴 솔잎으로 만드는 송편, 동짓날의 팥죽 같은 절기 음식만들어 먹기도 중요한 활동이다. 이 곳의 요리 활동은 특별한 음식을 해먹어 보는 것보다는 일상적인 먹거리를 생활 속에서 직접 만들어 먹는 데 중점을 두고 있다.

자발적 놀이 및 전통 놀이 : 어린이들의 자발적 놀이에는 모래놀이, 물놀이, 신체 놀이(그네, 미끄럼틀, 방방이 : 아래 스프링이 있어 아이들이 뛰면 그 반동으로 몸이 튀어오르게 하는 놀이 기구), 모래밭에서의 다양한 가상 놀이, 드넓은 어린이집 마당을 어슬렁거리고 돌아다니는 일 등이 있다. 실내에서는 종이접기, 엄마 아빠 놀이, 블록 놀이, 책 읽기, 그림 그리기 등을 교사가 의도하지 않아도 어린이들은 스스로 즐긴다. 이런 놀이들은 주로 아침에 등원해서 간식 먹고 나들이 가기까지, 점심 먹고 잠깐, 오후 활동 끝나고 집에 갈 때까지 일어난다. 이런 놀이에 어린이들은 지치는 법이 없어서 교사들이 그만 하자고 할 때까지 계속한다. 어린이들이 교사들의 멀찍한 시선 내에는 있지만 타인의 방해를 거의 받지 않고 놀이 세계에 빠져드는 시간은 하루 일과 전체에서 보면 두 시간 이상이 된다.

절기에 따른 세시 풍속 놀이인 대보름날의 지신밟기와 달집 태우기, 단오날 부채 만들기와 같은 놀이를 즐기고, 일상적으로는 윷놀이, 고누, 실뜨기, 산가지, 칠교판, 투호, 딱지치기, 팽이치기, 땅따먹기, 비석치기, 고무줄 놀이 등을 의도적으로 강조하는 편이다.

표현 활동 및 프로젝트 교육

공동육아 어린이들은 어린이집 생활 속에서 자신의 마음과 생각을 자유롭게 펼칠 수 있도록 하려는 어른들의 배려 안에서 살고 있다. 친구나 부모 교사들과의 관계에서 거침없는 표현들이 이루어진다. 그리고 자신의 내면적인 생각을 표현할 수 있는 활동은 주로 다양한 매체를 활용하는 미술 활동과 동극 활동이다.

이런 활동들은 "일감 교육"이라고 부르는 프로젝트 활동 안에서 함께 이루어지기도 한다. 어린이집에서는 아이들의 흥미에 따라 활동이 진행되므로 얼마간 지속적으로 진행되는 활동들이 자연스럽게 생긴다. 동극 같은 경우 소품 만들기에서부터 연습에 이르기까지 아이들이 전 과정에 참여하므로 동극을 공연하기까지 장기간의 활동이라고 할 수 있다. 이러한 상황을 교사들이 좀더 집중적인 활동으로 연결하게 되면 프로젝트 활동이 이루어진다. 교사들은 프로젝트라는 새로운 방법을 점차 시도해 나가고 있다. 어린이집에서 이루어진 프로젝트 활동으로는 "거미" "나들이 가는 길에 핀 우리 들꽃" "끼리방 벽화" "겨울 나무" 등이 있다. 이러한 새로운 시도는 어린이집 소식지에 그 과정을 상세하게 기술하거나 공동육아 전체 소식지인 「공동육아」 등에 실어 구성원들이 함께 공유하도록 노력한다.

통합 교육, 공동체적 인간 관계

공동육아의 교육 활동 방식에서 통합 교육이라 함은 활동의 통합, 공간의 통합, 연령 통합, 장애우와 정상아 간의 통합을 말한다. 공동육아에서는 교사가 분절된 지식을 아이들에게 전달하는 것을 지양하며 방 이기주의와 개인주의를 경계한다. 내 아이가 아닌 우리 아이를 강조하기 때문에 부모들에게도 내 아이보다 남의 아이 먼저 안아 주기 등을 생활 속에서 실천하도록 하고 있다. 그래서 아마 활동도 가능하면 자기 아이가 없는 방에서 하도록 하고 있다.15)

통합 교육과 공동체적 인간 관계를 위한 교육 프로그램은 따로 활동으로 구조화되어 있는 것이 아니라 지금까지 언급한 교육 프로그램들을 운영하는 방식에 스며들도록 의도하고 있다. 다시 말해 교육 활동을 어디서 언제 누구와 같이 하느냐가 통합적이고 평등하고도 자유로운 인간 관계 형성에 영향을 미친다고 할 수 있다. 예를 들어 나들이를 여러 방이 같이 가면, 활동이 통합되면서 큰 아이들은 동생을 봐주고 동생은 형을 따라다닌다. 그래서 공동육아에서는 가능하면 방별 교육보다는 연령별 통합 교육 시간을 많이 갖고자 하며 하루 일과 중 어린이집 식구가 다같이 모이는 시간을 꼭 갖는다. 장애우와의 통합 교육도 이루어지고 있다. 바위 어린이집에도 1999년 3월부터 의사 자폐 어린이와 함께 하고 있는데 이 어린이는 현재 터전에서 만족한 생활을 하면서 많은 변화를 보여 주고 있다.16)

지금까지 살펴본 대략적인 교육 프로그램을 볼 때, 공동육아에서는 지식 중심보다는 생활 중심적인 교육을 강조하고 있음을 알 수 있다.

부모, 교사, 어린이

부모

부모들이 공동육아 어린이집에 아이를 보내는 배경에는 나름대로의 사연들이 있다. 아이가 생겼는데 직장은 그만둘 수가 없고 아이를 봐줄 사람이 없어서 아이를 교육 기관에 맡겨야만 했는데 기존의 교육 제도나 환경에 불신을 가지고 있거나, 실제로 이런저런 교육 기관에 아이를 보내고 실망을 경험한 사람들이다. 이들이 경험한 실망과 직접 경험은 안 했지만 기존 교육 제도에 대한 불신의 대표적인 내용은 아이가 하루종일 어린이집 안에 있어야 된다는 것, 교육이 영리 목적의 대상이 된다는 데서 오는 불신, 교사 한 명이 돌봐야 될 아이들의 수가 너무 많다는 점이다.

이런 경험은 공동육아 부모들만 겪는 것이라기보다는 대다수의 부모들도 겪는 문제이다. 그럼에도 대다수의 부모들은 어쩔 수 없이 현실을 수용하는 데 비해 공동육아 부모들이 그것을 수용하지 않고 적극적으로 대안을 찾아 공동육아를 선택하는 데는 이들의 특별한 사회 문화적 배경도 일익을 담당한다.

바위 어린이집 부모들은 연령대가 20대 후반에서 40대 초반까지로 30대가 가장 많다. 우리 사회에서 현재 30대 사람들은 특별한 사회 문화적 배경을 갖고 있다. 우리 사회에서는 이들을 일컬어 386세대라는 말을 쓴다. 다음은 386 세대의 특성을 반영해 주는 아버지들의 발언이다.

공동육아 하는 사람들에 대한 대안적인 믿음이 있었어요. 우리는 삶의 경험이 "함께"에 익숙해요. 80년대까지의 사회 운동 경험에서도 "함께" 경험이 오래 지속되어 왔죠. 그래서 공동육아는 우리에게 익숙합니다. 애들도 키우지만 어른들과의 관계에도 관심을 많이 두었어요. 우리의 믿음은 무엇인가 하면 현실 인간의 믿음도 있었지만 이것이 불충분하다면 우리가 만들자, 만들 수 있다, 즉 우리가 만들어야 하는 그 무엇에 대한 믿음이었죠.

우리가 마치 중산층이 돈 갖고 유난스럽게 우리 아이들 교육 잘 시키는 것으로만 부각되었는데 사실은 그게 아니잖아요.(얼마 전 한 방송사에서 어린이집을 취재해 간 내용을 두고 하는 말이다) 우리의 출발은 맞벌이 부부들의 교육의 애환이잖아요. 우리 집만 해도 그렇고. 그 다음이 어차피 맡겨서 교육을 시켜야 하는 상황이라면 정말 아이들을 사랑으로 키우는 교육을 하고 싶다는 소망의 결합이잖아요. 거기에 하나 더 보태자면 우리 386세대의 독특한 "공동" 의식이 있다고 봐야죠.

공동육아 부모들이 모두 과거에 학생 운동을 한 사람들은 아니지만 386세대가 경험한 정치적 저항과 "함께"라는 우리 의식을 정서적으로 공유하고 있다고 볼 수 있다. 부모들이 공동육아에 참여하면서 느끼는 만족은, 아이들이 밝게 자유롭게 자란다는 것과 "함께" 아이들을 기른다는 것, 서로 정을 주고받을 수 있다는 것이다. 그리고 자신들이 주체가 되어 아이들을 교육할 수 있다는 점을 꼽는다.

이들이 느끼는 공동육아의 한계점은 재정적인 문제로 인해 어느 정도 경제력이 있는 집단만 가능하다는 점인데 이들이 말하는 경제력이라는 말은 중산층이라기보다는 경제적 자립 능력이 있다는 뜻이다. 즉 자신들은 중산층이기보다는 의식이 경제력을 뛰어넘을 수 있는 자립 집단으로 본다.17) 그렇지만 경제적인 단위가(교육비와 조합 출자금을 말함) 높고 식자층이라는 한계가 있음을 인정하고는 있다. 이런 점 때문에 공동육아의 교육 방식이 사회에 보편화되지 못하는 데 대한 걱정을 부모들은 하고 있다. 또 공동육아 자체로도 부모들의 출자만으로는 좀더 나은 질의 교육, 교사에 대한 배려, 교육적 투자가 어렵고 항상 재정 적자에 대한 우려를 해야 하는 점이 있다고 말한다. 조합원들과의 관계에 있어서는 의사소통의 서투름을 호소하고 있다.

공동육아 부모들에게는 이런 어려움이 있지만 이들은 대체로 공동육아의 미래에 대해서는 희망적으로 생각하고 있다. 우리 사회에 공동육아적인 욕구를 가진 부모들이 충분히 많아서 자신들이 하고 있는 것 자체가 이런 부모들에 대한 하나의 대안적 보육 형태로 제시될 수 있다는 점에서 전망을 갖는다고 한다. 이처럼, 사회적으로도 공동육아에 대한 수요가 늘어나고 교육에 대한 요구의 내용이 변화하고 있어서 이제는 기존의 교육이 더 이상 사람들한테 실용적이지 못하기 때문에 사회적 분위기는 좋아지고 있다고 본다. 다만 아직은 객관적인 환경이 마련되어 있지 않아서 의식이 뚜렷한 사람들만 이런 교육을 하려고 노력하지만 앞으로 전체적인 교육 환경은 좋아질 것이라는 희망을 갖고 있다.

공동육아는 부모들의 적극적인 참여로 이루어진다. 어린이집 전세 비용 마련을 위한 출자금을 냄으로써 육아 협동 조합에 가입이 되며, 이 출자금은 탈퇴할 때 가져간다. 입회비를 내고 매달 교육비를 낸다.

이사장, 운영 이사, 교육 이사, 회계 이사, 시설 이사, 회계 감사를 총회에서 전체 조합원들이 선출하면 선출된 이사회를 중심으로 1년의 어린이집 운영과 활동이 이루어진다. 이사회는 한 달에 두 번 열리는데 이때는 교사 대표도 참여한다. 어린이집의 모든 일은 이사들만 하는 것이 아니고 부모들의 전문적인 역량 및 관심에 따라 분배되는데 이 모든 것을 총괄하는 책임을 이사들이 진다.[18]

이사장: 대외적으로 조합과 어린이집 전체를 대표한다. 1년에 두 번 총회를 주관한다.

운영 이사: 운영 이사는 어린이집 운영과 관련된 것을 총괄하기 위해 교사회와 밀접한 소통을 유지하고 있다. 신규 조합원 모집, 먹거리 시장 보기, 차량 운행 배치를 담당한다. 한달 아마 일정을 짜고 배치한다. 교사 충원 및 인사 문제를 담당한다.

교육 이사: 교육 이사는 신입 조합원 교육, 조합원 재교육을 총괄하고, 어린이집의 교육 내용과 방향 등을 논의하고 이끄는 역할을 하기 위해 교사 회의와 긴밀한 관계를 주고받으며 격주로 열리는 교육 소위원회 모임을 주최한다. 교육 소위원회 구성원은 어린이집 교육에 특별히 관심 있는 부모(5명 정도), 교사(3명 정도)들의 자발적인 참여 모임이다. 매달 발간되는 「함께 크는 우리 아이」라는 제호의 소식지 제작(원고 수집, 편집, 발간, 배포)을 총괄한다.

시설 이사 : 터전 대청소(1년에 2번), 시설 보수, 텃밭 가꾸기, 행사 계획, 어린이집 이사 문제 등을 총괄하여 담당한다.

회계 이사, 감사 : 회계 이사는 조합 출자금, 가입비, 매달 납입되는 교육비를 관리하고 재정적인 살림을 총괄한다. 매달 수입과 지출 내역을 상세히 소식지에 보고한다. 감사는 1년에 두 번 회계 감사를 실시하여 총회에서 보고한다.

각 방에는 방장이 있어서 한 달에 한 번 방모임을 주관하고 방 부모들의 소통을 원활하게 돕는다. 매달 방모임에서는 주로 그 방 어린이들과 관련된 독특한 사안 및 교육 상황을 방부모들과 교사가 토론하고 터전 전체와 관련된 사안에 대해 방의 입장 등을 정리하는 것이다. 방장은 이 내용을 정리해서 교육 이사에게 보고하면 그 내용이 소식지에 실린다.

교사

공동육아에서는 나이, 학력, 경력 차별을 없애고자 노력한다. 교사가 자격증에 의존하는 간판만의 전문가가 아니라 일생을 통해 공부하고, 실천하고, 연구하는 전문가 집단을 만들어 내야 한다고 보고 있다. 그래서 교사를 채용할 때 반드시 유아 교육 관련 전문 과정을 마칠 것을 요구하지는 않는다. 대신 공동육아연구원에서 실시하는 현장 학교 과정을 이수할 것을 요구한다.[19] 그리고 채용한 교사가 어린이와 관련한 전공 공부가 전혀 되어 있지 않은 경우에는 3년 안에 방송통신대학이나 보육 교사 양성 기관에서 유아 교육 및 보육을 전공하도록 권유한다. 교사 채용의 최종 결정은 3개월 간의 어린이집 현장 실습 후 교사들과 부모들의 평가를 통해 이루어진다.

바위 어린이집 교사는 방과후까지 모두 10명이다. 대학에서 유아 교육을 전공한 교사가 3명, 아동학을 전공한 교사는 3명, 보육 교사 1년 전문 과정을 마친 교사가 3명으로 이들은 각각 사학, 국문학을 전공했으며 나머지 한 명은 고등학교를 마쳤다. 남자 교사 한 명은 고등학교를 중퇴하였다. 이들 모두 공동육아의 현장 학교 과정을 마쳤다. 영양 교사가 어린이집에 1명, 방과후에 1명 있다.[20]

연령별 분포는 40대가 4명, 30대가 2명, 20대가 4명이다. 기혼자가 7명, 미혼이 3명이다. 성별로는 여자가 9명, 남자가 1명이다. 교사들이 어린이집에 오기 전 가졌던 사회적 경험은 가정 생활을 한 사람, 중등학교 교사 경험이 있는 사람, 국공립 어린이집의 교사 경험이 있는 사람, 시민 운동 단체에서 일한 경험이 있는 사람, 사회의 일반 직장 경험이 있는 사람, 7년 동안 산악인 생활을 한 사람, 대학 졸업 후 바로 온 사람들로 매우 다양하다.

바위 어린이집 교사들의 근무 경력은 개원부터 현재까지 있는 교사가 둘인데 그 중 한 명은 중간에 2년을 쉬다가 재취업한 경우이다. 만 3년이 넘은 교사가 2명, 2년에서 3년 사이가 4명, 1년 미만이 2명이다.

현재 바위 어린이집 교사들은 평교사 체제이며 교사 전체를 대표하는 대표 교사를 1년마다 뽑는다. 교사들은 어린이집 운영과 교육적 사안을 공동으로 처리하고 수행함으로써 팀워크과 협력을 존중한다. 어린이집에서는 교사회와 이사회가 공식적인 의사 소통 채널을 가짐으로써 상호 존재와 조직을 인정한다. 교사들은 1주일에 1회 어린이집 교육과 운영에 대한 회의를 낮잠 시간에 한다. 급하게 처리해야 할 사안이 있을 때는 임시 야간 회의를 하기도 한다. 한달에 한 번 이루어지는 긴회의에서는 교사들이 각자의 전달 교육 평가와 다음 달 교육 계획이 논의되며 이 내용은 교사가 정리해서 소식지에 싣는다. 바위 어린이집의 교사 체제는 자발적인 협력 시스템이라 할 수 있다.

바위 어린이집 교사들은 대부분 공동육아에 오기 전 아이를 키우는 과정에서 또는 유아 교육이나 보육 교사 양성 과정에서 기존의 교육 현장의 교육 현실에 대해 실망한 경험들이 있었다. 그리고 대안적인 교육 방식, 기존과는 다른 새로운 교육 방식에 대한 갈망들 때문에 공동육아를 선택해서 온 사람들이다.21)

교사들이 공동육아에서 만족해 하는 점으로는 어린이집을 부모와 교사가 함께 이끌어 간다는 점, 교육 내용에 대한 교사의 능동적·창의적·적극적 개입이 가능하다는 점, 아이들 하나하나에 최대의 관심을 가질 수 있다는 점, 권위적이고 복종적이지 않은 인간 관계 형성이 가능하다는 점, 자연 친화적인 환경, 먹거리, 활동을 누릴 수 있다는 점을 꼽는다.

공동육아 교사로서의 어려움과 한계에 대해서는 대개 다음과 같은 생각을 갖고 있다. 크게는 공동육아 구성원들이 주관적인 의지는 있는데 객관적인 조건의 한계(재정적 어려움, 전세로 인한 공간의 불안정)로 인해 한계 상황이 되풀이되는 점을 꼽고 있다. 교사의 열악한 근무 환경과 관련해서 교사 자신에게는 교사의 전문성을 키울 시간과 에너지 고갈, 건강 문제, 그로 인한 매너리즘에 빠질 위험에 대해 불안해 했다. 이런 불안은 장시간 어린이를 보육하는 어린이집 교사들의 일반적인 어려움과 비슷하다.

바위 어린이집 교사들은 아이들과 놀 줄 알고, 농사지을 줄 알고, 나무도 깍을 줄 알고 그것을 할 줄 모르는 사람은 배우려고 한다.22) 이들은 또한 자신의 전문적인 교사 역량을 키우는 데 대한 고민과 관심이 많다.

어린이

교사 대 아동의 비율이 낮아서 교사와 아이들이 서로 밀접한 관계를 맺는다. 아이들은 7~8명의 자기 방 또래 및 교사와 더 많은 관계를 맺으면서도 방과 방이 개방적이어서 관계의 범주는 넓다고 할 수 있다.

어린이집은 보통의 유아 교육 기관에 비해 작은 사회이지만 복잡한 사

〈표 2〉 연령별 방 구성(1999년 6월 말 기준)

방이름	월 령	아동 : 교사	비 고
까꿍방	18~27개월	5 : 2	영아는 생후 6개월부터 받는다.
도글방	31~33개월	7 : 1	
도란방	36~43개월	8 : 1	
소근방	44~52개월	9 : 1	소근방과 당실방에 연령이 서로 섞여 있는 것은 성비의 균형과 또래 관계를 감안한 것 때문이다.
당실방	45~60개월	10 : 1	
끼리방	60~74개월	11 : 1	

회이다. 아이들은 터전 전체 어린이에 대해 잘 안다. 예를 들면 자기 방은 물론이고 형과 동생들의 신발까지 다 안다. 전체 어린이와 시시콜콜한 것까지 관계를 맺을 가능성이 있다고 할 수 있다. 교사들과도 모두 관계하고 터전의 부모들과도 교제하며 터전에 오는 어른들과도 교류한다. 그리고 아이들은 교사를 별명으로 부르고 어른들에게 반말을 사용한다. 각 방의 아이들과 교사 비율은 〈표 2〉와 같다. 교사 대표는 방을 맡지 않는다.

방 구성과 교사는 1년에 한 번씩 순환된다. 그러나 방 구성은 상황에 따라 평소에 약간씩 이동이 있다. 전체적으로 작은 규모여서 교사가 방을 1년에 한 번 순회하는 것이 교사와 아이들 간의 안정적 관계 형성에 큰 무리가 없다고 보고 있다.

전체적으로 보았을 때, 바위 어린이집의 부모들과 교사들은 아이들이 건강하게 성장하고 있다는 점에 대해 만족해 하고 우리 사회에 새로운 육아 문화를 만든다는 자부심을 갖고 있지만 공동육아의 한계적 상황(특히 재정적 취약함)에 대해 걱정을 하고 있다. 하지만 이러한 공동육아 내부적 상황이 실망이나 절망은 아니라고 생각한다. 자신들이 진단하는 내부적인 어려움은 많지만 그들은 이 상황을 문제로 보기보다는 극복해 나가

야 할 중요한 사안으로 보고 있으며 극복할 수 있다는 자신감이 있다고
한다.

별명과 반말 문화

공동육아 어린이집 현장에서는 아이들이 교사를 선생님이라는 호칭 대신 별명으로 부르고 반말을 한다. 교사 또한 아이들에게 반말을 한다. 나이가 어린 아랫사람이 윗사람에게 존대말을 쓰는 우리 사회의 언어 규범에서 볼 때, 다른 곳도 아닌 교육 현장에서 그 규범을 지키지 않는 공동육아에서의 별명과 반말 사용은 낯선 현상이지만 동시에 그 현상 안에 공동육아 구성원들이 달리 지향하는 의도가 있을 수 있음을 상정해 볼 수 있다.

별명과 반말은 공동육아의 첫 어린이집인 햇살 어린이집이 문을 연 지 얼마 후, 서먹한 새 직장에서 나이, 경험, 학력의 차이를 일상의 언어에서부터 극복하자는 의도에서 교사들끼리 별명을 사용하기로 한 데서 시작되었다. 얼마 후 교사와 아이 간의 의례적인 존대말과 호칭의 벽을 없애고자 아이들하고도 사용하게 되었다. 이들이 아이와 어른 간에 별명과 반말을 쓰기 시작한 배경에는 가족 이외의 어른들과 밝고 평등한 관계를 일찍부터 경험한 새로운 세대를 키우는 데 좋은 밑바탕이 되길 바라는 의도가 있었다(정병호, 1995).

이처럼 어른과 아이 간의 자유롭고 평등한 관계를 맺고자 하는 의도를 갖고 시작된 별명과 반말은 이후 다른 공동육아 어린이집에서는 처음부터 쓰기 시작함으로써 이제는 공동육아 전체 어린이집의 고유한 말법처럼 사용되고 있다. 그래서 이 장에서는 어른과 아이 간의 자유롭고 평등한 관계를 지향하는 의도로 시작된 별명과 반말이 어린이집에서 지속적으로 쓰이면서 어린이집 구성원들의 세계, 특히 아이들과 교사들의 생활 속에서 어떻게 발현되고 그것의 의미는 무엇인지를 별명의 상징성과 반말의 평등성이라는 측면에서 알아보고자 한다.

별명의 상징성 23)

또 하나의 이름

어린이집에서 별명은 아이들이 선생님을 부르는 이름이다. 그리고 교사 이외에도 부모가 아닌 어른으로서 어린이집에 하루 잠깐 왔다 가고 마는 사람이 아니라면 그들 모두에게는 별명이 있다. 바위 어린이집에서 불리는 별명은 호랑이, 아침햇살, 싱글벙글, 항아리, 까마귀, 진달래, 무궁화, 민들레, 오뚜기, 소나무, 요술쟁이, 독수리, 돌고래이다.

교사나 다른 어른이 어린이집에 새로 오게 되면 별명 짓는 일이 아이, 어른(교사, 부모) 모두에게 큰일이다. 교사들의 별명이 탄생되는 경위는 대개 두 가지이다. 교사 자신이 짓거나 아이들이 지어 주는 것이다. 교사의 별명은 교사 자신이 짓는 경우가 많고 외부인은 주로 아이들이 지어준다. 교사들이 짓는 경우 별명 안에 교사로서의 소망이 담겨 있어 내면적이라면, 아이들이 짓는 별명은 즉흥적이면서 그 사람의 외형적 이미지와 걸맞다.

　결혼 후 항상 웃는 가정을 이루기 위해 써 붙인 싱글벙글이라는 가훈을 그대로 별명으로 지은 "싱글벙글", 겨울 산을 타다가 사경을 헤맬 때 하얀 눈 속에서 살려고 발버둥치는 까마귀를 보고 눈사태를 헤쳐 나오면서 자신의 삶을 채찍질한다는 의미의 "까마귀", 매사 자신 없어 하는 동료에게 힘을 주기 위해 싱글벙글이 지어 준 "오뚜기", 무엇이든지 담아 내고 삭여 준다는 뜻의 "항아리"처럼, 교사들이 직접 지은 별명에는 자신들의 삶의 내력과 관련된 교사로서의 의지가 들어 있다. 교사가 별명을 직접 짓는 다음의 과정을 통해 별명의 의미를 알 수 있다.

　교사 한 명이 새로 들어왔는데 아직 정식 출근을 하기 사흘 전 교사 긴회의에 참석하였다. 그때까지 그 교사는 별명이 없었으므로 한 교사가 별명 짓는 것에 대해 도움말을 주었다.

　진달래__ (새로 온 교사에게) 이 선생님, 별명 아직 없죠? 별명은 평생 갖고 다닐 거니까 자기 교육관이나 생각이 녹아 있으면 좋아요. "그대로", "괜찮아" 이런 것 참 좋잖아요.

　나__ 진달래는 누가 지은 건데요?

　진달래__ 아이들이요, 아이들이 좋아하니까 그것도 좋아요. 오늘 아침에는 별이가 오자마자 뭐 줄 게 있다면서 가방에서 진달래꽃을 꺼내는 거예요. 나 주려고 집에서 가져왔다면서.

　며칠 후 첫 출근을 한 그 교사는 별명을 결정하지 못해 하루를 보낸 그 다음날, 창밖에 있는 소나무를 보고 "소나무"라는 별명을 지었다.

　나__ 소나무, 별명을 어떻게 지었는지 얘기 좀 해 줘요.

　소나무__ 긴회의에 참석하고 나서 며칠 동안 사실은 별명을 뭘로 지을까 별거 별거 다 생각했거든요. 근데도 결정을 못 하겠더라구요. 그래서 출근한 그날은 그냥 보내고 이튿날 그냥 소나무로 지었는데요, 재미있었던 것은 다윤이 엄마가 별명을 뭘로 지었냐고 물어봐서 소나무라고 하니까 놀라시며 "어제 다윤이 데리고 집으로 가면서 다윤이 아빠와 새로 오신 선생님이 소나무로 별명을 지으면 좋겠다"는 애기를 했다면서 너무 좋다는 애기를 하시는 거예요.

— 참여 관찰, 1999. 2. 27, 1999. 3. 4

교사들이 짓는 별명에는 대개 자신이 추구하는 교사상이나 자신의 삶을 담아 내려는 바람이 들어 있다. 또 소나무의 경우처럼 별명에 특별한 의미를 부여하지 않았다 해도 이런저런 별명을 다 떠올려 보는 행위 자체가 일종의 의미 작업이라 할 수 있다. 부모가 자기 아이 선생님에 대한 느낌과 소망을 "소나무"라는 별명에 담았으면 하는 바람이 교사의 결정과 일치된 우연을 두고 기뻐할 때 "소나무"라는 별명은 교사나 부모 모두에게 같은 소망을 암시하는 이름이다. 또 아이들이 지어준 별명은 아이들이 좋아하니까 그것대로 교사에게 만족을 준다. 집 앞에 핀 진달래꽃을 따다 주는 아이의 마음에 기쁨을 느끼고 진달래꽃을 "진달래"에게 가져다 주는 아이의 행동에 대한 특별한 의미 부여가 선생님을 더 기쁘게 하기도 한다. 이런 일은 어린이집에서 종종 일어나는 것으로 봄날에 "민들레" 선생님을 향해 멀리서부터 큰 소리로 "'민들레', 이거 민들레야 받아" 하며 뛰어오는 아이도 있다. 이처럼 교사들의 별명에는 교사로서의 자신의 삶을 다지는 깊이 있는 의미 작용이 들어 있다는 점에서 별명은 곧 그 자신을 표현해 내는 이름 값을 한다. "진달래"처럼 아이들이 지어준 별명 역시, 교사가 아이들과의 생활 속에서 별명에 대한 애정을 갖게 되고 아이들이 좋아하는 이름의 주인이 된다는 점에서 교사의 정체성을 표현하는 이름을 대신한다. 이 특별한 이름은 어린이집과 관련된 인연 속에서는 평생 불린다. 교사들의 별명은 어린이집이 아닌 바깥에서도 또 교사 생활을 그만둔 뒤에도 언제나 불리는 이름이며 아이들 또한 그만둔 선생님을 별명으로 기억하고 있다.

어린이집에는 교사 외에 운전해 주는 분, 자원 봉사자, 실습 대학생들이 오고 가는데 이들의 별명은 대개 7세 아이들 또는 방과후 방 아이들이 지어 준다. 아이들은 즉흥적으로 그때의 기분을 갖고 별명을 떠올리거나 인상학적인 직관을 갖고 별명을 짓는 경향이 있다. 성이 호씨라서 "호랑이"라는 별명이 생겼는가 하면 "진달래"나 "민들레"처럼 그 사람의 이미지와 어울리는 별명도 있다. 내 별명 "복숭아"도 아이들이 순간적으로 지어준 것인데 내가 한 달에 한 번 다른 어린이집에 가서 복숭아라고 소개할 때면 아이들은 "진짜 복숭아같이 생겼지?"라든가 내 얼굴을 만지며 "복숭아는 왜 이렇게 복숭아같이 생겼어?"라는 반응을 자주 접하게 된다.

다음은 아이들이 별명을 짓는 과정과 외부인이 자신의 별명을 어떻게 느끼는지를 볼 수 있는 장면이다.

> 아이들이 별명을 지을 때는 서로 생각이 달라서 일정 시간 동안 두 가지가 같이 쓰이는 경우도 있다. 어린이집에 봉고차를 운전할 20대 젊은 청년이 별명을 얻는 과정이 그랬다. 방과후 아이들은 "안경테"라는 별명을 지었고 7세 아이들은 "돌고래"라는 별명을 지었다. 2~3일 정도 두 가지 별명이 같이 쓰이다가 "돌고래"라는 별명으로 결정되었다.
> 약 한 달 즈음 지나서 나는 돌고래에게 별명에 대한 질문을 하였다.
>
> **나**__돌고래, 별명 마음에 들어요?
> **돌고래**__괜찮아요.
> **나**__별명이 어떻게 생겨났어요?
> **돌고래**__처음에 애들을 데리러 갔는데 아이들이 나보고 누구냐고 그래요. 그런데 할 말이 없더라구요. 그래서 그냥 "운전해 주는 사람"이라고 했어요. 그랬더니 여자 애들은 "오빠"라고 하고 남자 애들은 "형, 아저씨" 그러더라구요. 그랬는데 오후에 방과후 아이들을 데리러 갔는데(초등학교로) 걔들은 나더러 "안경테"(돌고래는 안경을 썼음)라고 부르더라구요. 그런데 그날 저녁 때 아이들 데려가려고 좀 일찍 여기(어린이집)에 왔는데 지혜가 나한테 와서 내 별명이 돌고래라고 알려줬어요.
> **나**__지혜(당실방)가 알려줬군요. 끼리방에서 혜지는 독수리로 하자 하고 현준이는 돌고래로 하자고 했어요. 아마 그 얘기를 지혜가 들었나 보군요. 별명 부르고 하는 게 좀 낯설지는 않았나요?

돌고래__ 맨 처음엔 좀 그랬지만 괜찮죠. 애들도 편하고 나도 편하고 지내기도 좋아요. 자연스러워요.

— 참여 관찰 및 면담, 1998.5.22

돌고래의 말처럼 선생님이 아닌 외부 사람이 어린이집에 들어갔을 때 아이들이 누구냐고 물으면 대답할 말이 없다. 돌고래는 운전을 한다는 역할로 아이들에게 설명이 되었지만 아이들에게 그 사람의 역할이 기능적으로 분명하게 인식되지 않는 대부분의 외부 방문자의 경우 자신을 설명할 방법이 없으며 그 상태로는 아이들과의 관계 형성이 모호하고 어렵다. 그러나 일단 별명이 생기면 아이들과의 관계는 속도 있게 진행되어 아이들도 어른도 편하고 자연스러워진다. 그러나 아이들이 모든 어른에게 별명을 붙여 주지는 않는다. 자신들과 일정 기간 지속적으로 관계를 맺는 사람이거나 아니면 짧은 시간이라도 자신들과 의미 있는 활동을 같이 한 사람에게 별명을 붙여 준다. 아이들이 외부인에게 별명을 붙여 주는 것은 일정 정도 그들 사회를 넘나들어도 된다는 허락의 뜻으로 아이들이 별명을 지어 주거나 불러 준다는 것은 "의미 있는 타인"과의 관계의 시작이라 할 수 있다.

교사가 짓거나 아이들이 만들어 주어 사용되는 공동육아의 별명은 일반 사회에서의 이름과 등가적 가치를 가질 뿐만 아니라, 아이들에게는 선생님이라는 호칭을 대신하여 개개인의 상을 담을 수 있다는 점에서 아이들이 알고 있는 또는 교사가 표현하고 싶은 정체성을 압축해서 표현해 준다. 그리고 교사에게 별명은 선생님으로서의 정체성을 형성해 가는 또 하나의 이름이다.

똑같은 이름

이름이 사람이나 사물 자체가 아니라 그것을 가리키는 지시적 표상이라는 점에서 이름을 붙이는 행위 자체가 이미 상징적 표현이다. 그런데 어린이집에서 불리는 별명은 대개가 기존의 사물에 형성되어 있는 이미지를 갖고 지은 이름이기 때문에 사물과 사람이라는 본질적으로 다른 대상에 같은 이름이 붙여진 데서 오는 복합적인 상징성을 아이들은 경험하게 된다.

다음은 30개월 된 남자 아이가 내 별명 "복숭아" 때문에 겪는 경험이다.

> 말이 퍽 늦된 대준이는 28개월부터 말이 조금씩 터지기 시작했다. 교사들이 "대준아, 복숭아 어디 있어?" 하면 정확히 나를 가리킬 수는 있지만 한 번도 "복숭아"라고 말하지 못했던 대준이가 30개월쯤 된 어느 날 처음으로 "윽~숭아"라고 불렀다. 2주 후 어린이집 마루로 들어서던 나를 발견한 대준이가 나에게 뛰어와 안기면서 정확하게 "복숭아"라고 불렀다.
> 잠시 뒤 2층 대준이네 방에서 내가 싱글벙글에게 대준이가 복숭아를 부른 상황을 이야기하자,
>
> **싱글벙글**__ (나를 가리키며) 대준아, 누구야?
> **대준**__ 복숭아 아냐.(강경한 어조로)
> **싱글벙글**__ 왜 복숭아가 아냐.("복숭아 맞잖아"라는 뉘앙스로)
> **대준**__ 복숭아 집에 있잖아.(이 말을 약간 화난 표정과 강경한 어조로 세 번이나 반복한다).
> **싱글벙글**__ 대준아 집에서 복숭아 먹어 봤니?
> **대준**__ 아빠랑 나랑.
> **싱글벙글**__ 대준이가 아빠랑 집에서 복숭아를 먹어 봤구나.
>
> 그로부터 약 1달 뒤 내가 어린이집에 들어섰을 때 대준이는 친구와 마당에서 모래놀이를 하다가 나를 보고는 "복숭아, 일루 와. 이거 먹어 봐(모래를 그릇에 담아 밥이라고 하면서)." 나와 모래 놀이를 하고 나서 2층 마루에서 종이 오리기를 하다가 지나가는 오뚜기를 향해 "복숭아는 집에 있지(편안하게 즐기는 톤으로)." 영문을 모르는 오뚜기가 "응?" 하고 간 뒤에도 같은 말을 같은 억양으로 두 번을 더 혼자말로 한다.
>
> — 참여 관찰, 1999.6.29, 7.23

아직 30개월밖에 안된 대준이는 자기가 먹은 과일이 복숭아라는 사실 때문에 사람 복숭아를 단호하게 부정하고 있다고 할 수 있다. 이런 아이들의 상징 능력은 지속적으로 발달해 가는 것으로, 얼마 후에는 자기 앞에 서 있는 사람 복숭아를 보면서 복숭아는 집에도 있음을 편안하게 혼잣말로 되뇌는 것은 둘의 존재를 다 수용해 가는 과정이라고 해석해 볼 수 있다. 아이들이 상징의 다의미성을 이해하는 능력의 지속성이란 멀쩡하게 별명을 부르다가도 어느 날 불쑥 "소나무는 나문데…"라고 의문을 제기하는 모호성과의 연속선상에서 발달해 가는 과정이다. 이러한 과정이 시간적으로 충만해지면 그 모호성은 아이들에게 점점 더 확실해진다.

연구가 끝난 2000년 10월경 오랜만에 어린이집을 찾았다. 마루에서 오후 간식을 먹던 아이들은 나를 기억하지만 적당한 낯설음 때문인지 흥분하였다. 대준이도 마찬가지여서 지나가다 나를 툭 치고, 어깨에 올라타면서 친근감을 나타냈다. 잠시 후 마당에서 자전거를 타던 대준이는 열린 대문을 닫으러 가는 나를 보고 "복숭아, 갈려고?" "아니, 문 닫으러 가는 거야" 하자 안심하는 표정을 짓고는 나에게 알밤을 하나 내민다. "복숭아, 이거 집에 가서 까먹어. 선물이야." 조금 시간이 지나자 대준이는 나에게 다가와 "복숭아, 나 집에서 얼굴도 없고 코도 없고 입도 없고 팔도 없는 복숭아 먹어 봤다"고 말한다. 이 말을 듣는 순간 나의 몸에 전율이 흘렀다. 이 아이가 나와 기억된 관계를 이렇게 단단하게 학습해 가는구나를 확인하는 순간, 성장하는 아이의 모습에 희열이 감돈 것이다.

별명이 갖는 상징성에 관한 아이들의 발달 맥락에는 문화적인 변인도 작용해서 어린이집 별명 문화에 아직 익숙하지 않은 아이는 별명이 갖는 다의미성 때문에 어리둥절한 상황을 만나기도 한다. 다음은 이에 대한 사례이다.

자윤__(그림을 그리며) 이건 소영이가 고민하고 있는 모습이야.

싱글벙글__고민이 뭔데?

자윤__뭘할까 생각하고 있는 거야. (동그란 모양을 가리키며) 이건 해 같죠? 그런데 해 같지만 해바라기야. 24)

용주__싱글벙글, 해바라기는 왜 안 와? 항아리는 왜 안 와?

주용__해바라기 보고 싶다. 도토리도, 항아리도. 25)

자윤__해바라기 여기 있잖아. 이것 보면 되지.

용주__꽃 해바라기 말고 사람.

자윤__사람 해바라기도 있어?

—「함께 크는 우리 아이」 1998년 6월호, "아이들 수다" 중에서

자윤이는 어린이집에 온 지 한 달이 채 안 된 시점이었다. 아이들은 지나간 선생님을 별명으로 기억하고 있는데 선생님에 대한 기억을 공유할 수 없는 자윤이가 친구들의 말뜻을 못 알아듣고 자기 그림의 해바라기를 보라고 하자, 어려서부터 어린이집에 다녔던 6세 친구들은 해바라기라는 이름은 같지만 대상이 틀림을 분명히 말하고 자윤이는 "사람 해바라기"에 어리둥절해 하고 있다.

이제 막 언어를 통해 세상과 만나기 시작하는 아이나 어린이집 별명 문화에 아직 낯선 아이가 보여 주는 이런 경험은 별명이 주는 상징성 때문에 생겨난 것이다. 각각 사물에 해당하는 이름은 한 사회의 약속된 기호적 상징에 해당한다. 그런데 이 아이들은 보통의 아이들이 그 시기에 획득하거나 경험하는 기호적 상징 이외에 어린이집이라는 자신들의 사회만이 갖는 특별한 상징을 한층 더 경험한다. 그런데 이 특별한 기호는 대개가 일반적인 사물의 이름을 빌어온 것이기 때문에 아이들은 종종 이 두 가지가 함께 떠오르는 상황을 경험하게 된다. 별명에 얽힌 아이들의 이런 경험을 어린이집 교사나 부모들은 재미있게 이야기하며 즐긴다. 아이들의 혼돈을 놓고 어른들이 걱정 없이 즐길 수 있는 여유는 그 혼돈이 주는 상징의 복잡함과 풍부함 때문이다. 즉 외연은 같지만 그것이 내포하는 의미는 다르다는 것을 구분할 수 있는 인식 능력을 아이들이 충분히

발휘해야 하는 상징성의 힘이 여기에 있는 것이다. 게다가 별명의 상징성에 익숙한 아이들은 상징이 주는 특별한 재미를 알고 있다. 그래서 그들 나름대로의 언어 게임도 즐기게 된다. 바위 어린이집에는 1주일에 한 번 이야기 할머니가 와서 5~6세 아이들에게 옛날 이야기를 들려준다. 할머니 이야기 중에 "길가에 노란 민들레가 피었어요"라든가 "햇님이 싱글벙글 웃고 있었어요"라는 대목에서는 누군가는 꼭 "민들레?" 또는 "싱글벙글?"이라고 끝을 올리는 말과 동시에 이어지는 아이들의 독특한 억양, 눈빛, 표정은 자기들만의 은유에 대한 은밀한 뉘앙스를 띠는 그것으로 마치 비밀스러움을 공유하는 듯한 묘한 깔깔거림을 아이들은 꼭 하고 지나간다. 이 웃음은 아이들이 그 상황에 대한 은유적 해석을 해야만 가능한 것이다. 이때 그 은밀함의 정체를 모르는 사람은 할머니 한 분뿐이다.

이처럼 공동육아 어린이집에서 불리는 별명에는 특별한 이름을 부른다는 호칭과 상징의 의미가 있는데 선생님을 대신하는 별명에는 교사로서의 정체성을 구성하는 과정이 있고 상징력을 갖는 별명에는 아이들이 하나의 상징이 가질 수 있는 다의적인 의미를 인식하고 그런 상황을 은유적으로 해석하는 과정이 있다.

반말의 평등성

반말에 적응하는 과정

공동육아 어린이집 안에서 반말을 쓰는 가장 중요한 당사자는 아이들과 교사인데 그 중에서도 특히 아이들이라고 할 수 있다. 반말을 씀으로써, 아이들에게 자신의 의사를 자유롭게 표현하고 어른과의 평등한 관계를 맺는 경험을 제공하고자 하기 때문이다. 아주 어려서부터 어린이집에 다닌 아이는 자연스럽게 반말을 쓰지만 어린이집 바깥 사회에서 어른에게 존대말을 써 왔던 아이가 어린이집에 들어와서 반말 문화에 적응하는 데는 시간이 걸린다.

어린이집에 처음 들어오는 아이들을 관찰해 보면, 이미 성인과의 관계에서 선생님이라는 호칭과 존대말이 익숙한 아이들이 공동육아에 들어올 때, 연령이 어릴수록(4~5세) 별명과 반말로의 변화가 느리고 반말 존대말을 섞어서 쓰는 기간이 길다. 오히려 6~7세 아이들이 빨리 변화에 적응한다. 이는 연령이 높은 아이가 새로운 사회의 문화를 빨리 파악하고 자기 행동을 결정한다는 뜻이다. 그렇다고 새로운 문화를 무조건 받아들이지는 않는다. 충분히 나름대로 탐색을 하고 변화를 시도해본 다음 결정한다. 이 탐색 내용 중에는 "왜 공부는 안 해요?"라든가 교사는 아닌 것 같은데 일주일에 2~3일 나와서 방마다 돌아다니며 관찰하는 나를 보고 "복숭아가 원장 선생님이에요?"라며 자기가 경험한 사회와 연결해서 새로운 사회를 눈여겨본다. 이러한 다양한 탐색 내용 중에서 아이들을 가장 신중하게 변화시키는 것은 반말 사용이다. 아이가 새로 들어왔을 때 교사들은 "여기서는 반말을 쓰는 거야"라는 말을 굳이 하지 않는다. 내가 새로 들어 온 7세 여자 아이를 관찰했을 때, 별명은 2~3일 내로 사용했던 반면, 반말은 3주가 지나서야 쓰기 시작하였다. 그래서 반말을 쓴 지 1주가 지난 시점에서 다음과 같이 물어 보았다.

나__혜진아, 내가 여기 어린이집에 와서 보니까 선생님한테 별명을 부르고 반말을 하더라. 그게 재미있더라, 너는 어땠니?
혜진__나도 그랬어.
나__넌 여기 오니까 뭐가 좋아?
혜진__맨날 맨날, 공부 안 해도 되니까 그게 좋아.
나__너 여기 와서 처음부터 별명도 부르고 반말도 했니?
혜진__아니.

나__왜?

혜진__이상했어. 처음엔 그러는 게 아닌 것 같았어.

나__지금은 하잖아. 어떻게 했어?

혜진__한참 있다가 한번 써봤어, 그랬더니 그게 진짜였어.

— 참여 관찰 및 면담. 1998. 6. 3

이 어린이는 일반 유치원에 다니다 온 아이로 선생님한테 반말을 써본 적이 없는 아이다. 그런데 어린이집에서는 모두가 반말을 쓰고 있으니까 자기를 뺀 나머지 아이들에게만 반말이 허락된 것인지 아니면 자기한테도 허락이 되는 것인지가 명확하지 않았던 것이다. 즉 "이상했어. 처음엔 그러는 게 아닌 것 같았어"라는 말은 아이의 이전 경험상 왠지 반말이 맞지 않을 것 같다는 아이의 판단이다. 그래서 탐색만 하다가 어느 날 자기도 어떻게 되는지 한번 써보니까 말이 되더라는 것 즉, "한참 있다가 한번 써봤어, 그랬더니 그게 진짜였어"는 반말하는 자신을 아무도 이상하게 여기지 않았다는 것으로 자기도 다른 아이들처럼 반말을 써도 된다는 사실을 알게 되었다는 것이다. 이 과정은 기존의 존대말에 익숙한 어린이가 어린이집의 반말 문화에 적응하는 모습이다.

아이가 어린이집 바깥에서 들어올 때 어린이집의 반말 문화에 적응하는 과정이 있는 것처럼 어린이집의 반말 문화에 익숙한 아이들에게는 어린이집의 안과 밖을 구분해서 말을 가려 써야 한다는 것을 아는 과정도 있다.

17개월 때부터 어린이집에 오기 시작해서 반말 문화에 익숙한 4세 어린이가 초등학교 교장 선생님인 할아버지한테 "할아버지, 너 우리 아빠한테 혼나 볼래?"라고 말하는 경우도 있지만 아이들이 5~6세가 되면 어린이집 바깥에 나가서는 조금씩 존대말을 쓰기 시작한다. 그러나 종종 반말을 쓰기도 해서 어린이집 문화를 모르는 어른들을 당황스럽게 하고 이럴 때 부모들은 민망해진다고 한다. 이 아이들은 아직 상황에 따른 언어적 패턴 변환이 원활하지 못해서 적절하게 반말과 존대말을 가려서 쓰기 어려운 것이다.

다음은 6세 어린이가 모르는 외부인에게 걸려온 전화를 받는 상황으로 어른의 입장에서 보면 당황스럽게 여길 수 있는 장면이다.

진달래 신랑이 오후에 터전으로 전화를 했다

진달래 신랑__여보세요? 진달래 있어요?

지운__진달래 있어. 너 이름이 뭐니?

신랑__(터전에서 교사는 모두 별명으로 부른다는 이야기를 이미 알고 있는 진달래 신랑, 한참 생각하다) 으응, 꽃나비야.

지운__뭐라구? 꽃나비라구?

신랑__으응, 꽃·나·비

지운__너 그거 별명이니, 이름이니?

신랑__이름이야. 진짜 이름이야.

지운__너 남자니 여자니?

신랑__나 남자야.

지운__너 어떻게 생겼니?

신랑__(또 한참 생각하다) 응, 아주 예쁘게 생겼어.

지운__너 몇 살이니?

신랑__서른 살이야.

지운__(깜짝 놀라며 큰 목소리로) 뭐라구? 서른 살?

신랑__그래. 그런데 진달래 좀 바꿔 줄래?

지운__기다려. (진달래, 하며 큰 목소리로 부른다) 그런데 너 진짜 이름이 뭐야?

신랑__(당황하며) 어어~ 유종수야(진달래 신랑은 더 기다렸으나 진달래가 전화를 받지 않아 전화를 끊었다)

진달래__(헐레벌떡 뛰어오며) 지운아, 진달래 전화야?

지운__어어~ 그런데 끊어졌어.

　　　　　　　—「함께 크는 우리 아이」 1998년 4월호, "아이들 수다" 중에서

전화라는 통신 수단은 어린이가 직접 어린이집 밖으로 나가는 공간적 이동보다 어린이집의 안과 밖의 경계 구분을 정확하게 인식하는 데는 한계가 있고 또 서로를 볼 수 없다는 점 때문에 아이가 과감하게 반말을 쓸 수 있었는지도 모른다. 아이는 보이지 않는 외부인의 정체에 대해 자세히 묻고 있다. 그래서 상대의 이름, 용모, 성별, 나이에 대해 하나씩 알아간다. 그런데 상대가 어린이집 별명과 반말 문화를 알고 있어서 아이의 반말 대화에 응해 주고 이름을 묻는 말에 "꽃나비"라는 별명을 즉석에서 지어 대답하자 아이는 그것이 이름인지 별명인지 확인하고 끝내는 그의 진짜 이름을 알아내고 만다. 아이가 별명 말고 진짜 이름을 알아내는 점에서 볼 때, 비록 반말은 사용했지만 어린이집의 안과 밖의 상황을 구분하는 능력이 이 아이에게 있음을 알 수 있다.

그러나 7세 정도의 아이들은 어린이집에서는 반말을 써도 나가면 존대말을 쓴다. 보통 아이들이 집에서는 엄마, 아빠한테 반말 쓰다가 집밖의 다른 어른에게는 존대말을 쓰는 것과 비슷하다. 바깥 나들이의 한 예를 들어보면, 재활용 전시를 보러 간 7세 아이들은 자기들 관심 가는 대로 전시장을 돌아다니며 궁금한 것을 존대말로 물어보고 자신들의 생각을 말하고 어떤 경우는 순진한 아이디어까지 제시해서 어른들을 웃게 만든다. 어린이집 바깥 사회에서 아이들의 반말 문화는 별 충돌 없이 대화의 내용을 채우고 있다.

이처럼, 공동육아 어린이집의 반말 문화에 적응하는 과정에는 어린이집 안과 밖의 언어 규범 문화가 다름을 인식하고 이 두 가지 언어 패턴에 적응하는 경험이 모두 포함된다고 할 수 있다.

반말의 진지함과 자유로움

어린이집에서 교사와 아이가 서로 반말하는 모습을 보면 친밀해 보이는 데 이 친밀성은 교사와 아이의 관계의 질에 영향을 미칠 수 있는 가능성을 갖고 있다.

반말의 이러한 가능성은 어른과 아이가 별명과 반말을 자연스럽게 주고받는 일상 생활에서 이루어지는데 특히 진지한 대화의 장면이나 아이가 교사에게 화를 내는 상황은 교사와 아이의 관계를 볼 수 있는 장면이기도 하다.

다음은 교사와 여섯 살 난 아이가 나들이 길에서 나눈 대화로 두 사람의 대화 내용을 통해 둘의 관계를 볼 수 있는 장면이다.

"가을이 손이 참 따뜻하네. 아침햇살은 작은 손을 잡으면 기분이 참 좋아져."

"그래?" 가을이가 잘 쓰는 대답도 아니고 질문도 아닌 그 말투.

"근데 벌써 봄이 오고 있나 보네. 이거 봐 가을아, 나무에 싹이 나오나 봐." 진달래 나무에 나오는 싹을 가리키며 말했다.

"그럼 봄이 오고 있는 거지?" 가을이가 맞받아 넘겼다.

찔레나무 한 가지를 꺾어 연두빛으로 물이 오르는 모습을 보여 주었다. 가을이가 아무래도 오늘은 심드렁하다. 여진이(친한 친구인데 그 즈음 어린이집을 그만두었다)가 없어서인가 보다. 화제를 바꿔 보았다.

"아침햇살은 봄이 참 좋아. 아침햇살 딸 이름도 봄이라고 지으려고 했는데 겨울에 태어나서 못 지었어. 겨울이라는 이름은 너무 춥잖아."

"그럼, 딸 이름이 뭐야?"

"나래랑 다래야. 나래는 옛날 말로 날개라는 뜻이고 다래는 산에서 나는 열매지만 꽃이 참 예뻐. 둘 다 마음이 예쁘게 자라라고 그렇게 지었어."

"잠자리 날개, 나비 날개는 정말 예쁘더라. 근데 아침햇살은 누가 지은 거야?"

"아침햇살 맘에 들어?"

"응"

"아침햇살 딸들하고 같이 지었어. 근데 아침햇살이 뭔지 알어?"

"아침에 하늘에서 내려오는 거 아냐?"

"그래 맞아. 아침에 환하고 따뜻하게 비춰 주는 빛이 아침햇살이야. 본 적
있어?"
"있는 거 같은데. 근데 내 이름은 가을이지만 사실은 여름에 태어났어."
"그래? 여름이라고 짓지 않길 잘했네. 여름은 너무 덥잖아. 가을이라는
이름도 정말 맘에 들어."

— 1999. 2. 26 교사 기록 중에서

이름과 별명에 관한 이야기가 교사와 아이 사이에 왔다갔다 하는 대화
의 모습에서 아이, 어른 모두 진지하게 서로의 생각을 주고받고 있음을
알 수가 있다. 대화란 쌍방적이며 서로에게 공유된 의미가 전달되는 것
이다. 반말이 대화의 가능성을 어떻게 제공해 주는 것 같느냐는 질문에
"아이에게 충분한 대화의 분위기를 전제하는 듯한 느낌을 갖는다"고 교
사는 말하고 있다. 반말이 충분한 대화의 분위기를 전제하는 것이라면,
어린이와 교사 간에 대화가 가능한 평등한 관계가 형성되는 데 반말이
일정 정도 기능을 한다고 할 수 있다.

한편, 어린이집에서 아이들이 교사에게 화를 내거나 자신의 화를 삭이
며 교사를 때리는 장면이 가끔 발견되는데 이런 아이들을 교사들은 대체
로 받아 주되 그 받아 주는 선은 교사마다 다르다. 아이들이 교사를 때릴
때 마구 때리는 것이 아니라 나름대로 선을 넘지 않으려는 자기 조절의
모습이 보인다. 이때 교사의 반응은 아이가 자기를 조절하는 기준이 된다.

다음은 아이가 교사에게 짜증을 부리는 장면이다.

…… 그러나 얼굴을 쳐다보니 자윤이는 화가 나는 걸 참는 듯했다. 그리
고 결국은 조금 올라 가다가 화가 났을 때 특유의 그 목소리로 다시 불평
을 해대기 시작했다. 힘들게 산을 왜 올라 가느냐는 둥, 자기는 나들이 다
니는 게 정말 싫다는 둥.
"아침햇살, 난 정말 나들이가 싫어. 왜 맨날 약수터만 가야 하는 거야?
응?"

"손 좀 잡아달라니까"

그때 앞서가던 진달래가 거친 말투의 자윤이가 이야기하는 걸 들으며 조금 단호한 목소리로 이야기했다. "아침햇살에게 누가 그렇게 말하니? 그렇게 소리 지르면 안 되지."

자윤이는 아무 대꾸도 안 했다. 다만 내 손을 꼭 잡았다. 나는 자윤이를 잠시 세우고 귀에 속삭여 주었다. "자윤아, 아침햇살은 자윤이가 어제 잠이 부족해서 좀 짜증이 나나보다 생각하지만 다른 선생님들은 그렇게 생각하지 않아. 커다란 자윤이가 그렇게 말하면 버릇이 없다고 생각해. 친절하게 말할 수 있지? 조금 힘들면 손을 잡아 줄 수 있는 곳에서 잡아 줄게."

다행히 자윤이는 "알았어" 하고 말했다. 목소리가 많이 부드러워졌다. 그러면서도 자기도 좀 계면쩍었는지 "아침햇살, 어제 하느님의 눈물은 참 재미있었어. 이야기 들려줘서 고마워" 하고 말했다. 그러고 나서 가는 길에나 돌아오는 길에나 자윤이는 별다른 투정을 부리지 않았다. 다만 자기가 배가 좀 고프다는 얘기만 서너 차례 했다. 사탕 한 알, 시원한 물 한 모금, 유자차 조금, 그렇게 먹고 자윤이는 배가 고프다면서도 잘 참아 줬다. 그리고 터전에 돌아와서도 얼굴 표정이랑 기분은 썩 좋아 보이지 않았지만 더 이상 화를 내지는 않았다. 점심도 맛나게 먹었다. 읽어 주는 동화 두 편을 듣고는 다만 잠들 때에 "아침햇살, 나 먼저 재워 줘" 하고는 머리를 몇 번 만져 주자 이내 잠이 들었다.

오후 교사 회의 시간에 자윤이에 대해 잠깐 이야기를 했다. 요즘 자윤이의 짜증과 투덜거림과 그리고 토요일날 자윤이 엄마와 이야기했던 내용을 간단하게 이야기했다. 자윤이가 그런 행동을 보일 땐 같이 화를 내거나 야단을 치는 것보다는 한번 안아 주고 친절하게 지적해 주는 편이 낫다는 것도 이야기했다.

어른도 때로는 벌컥벌컥 화를 내는데 종일을 엄마와 떨어져 지내는 자윤이 마음이 오죽 힘들면 저럴까 싶은 생각이 드는 요즈음이다. 아이들에게보다는 교사인 나에게 더 화를 많이 내는 자윤이. 시간이 얼마쯤 흐르면 행복해질까?

— 1999. 6 교사 기록 중에서

위의 예에서도 아이의 화내는 태도를 교사들이 허용하는 정도가 다름을 알 수 있다. 어린이집 선생님들은 교사들마다 다른 이러한 태도가 아이들을 지도하는 데 긍정적이라고 보고 있으며 경우에 따라 일관된 태도가 필요할 때는 서로 의사 소통을 해서 조율을 한다. 아이가 교사에게 화를 낼 수 있다는 것, 그리고 화를 낸 것이 미안해서 우회적인 표현이기는 하지만 바로 사과를 할 수 있는 것은 반말이 주는 표현의 자유로움 때문이다. 여기에 관계의 평등성이 있다면 그것은 아이가 자기 마음을 자유롭게 표현할 수 있는 여지와 그 표현의 진짜 이유를 이해해 주는 교사와의 관계이다.

지금까지 살펴본 반말이 주는 관계의 평등성은 아이와 교사의 진지한 대화의 가능성, 아이가 자기의 마음을 자유롭게 표현할 수 있는 가능성 속에서 서로를 특히 교사가 아이를 이해할 수 있는 가능성에서 비롯된다고 할 수 있다.

말의 형식으로부터 자유로워지기

개개인이 다 다르고 특별한데 집단으로 묶어 "선생님"이라는 단 한가지 이름으로 부른다는 것과 각각의 선생님들의 느낌과 이미지가 살아 꿈틀거리는 특별한 이름으로 부르는 것 사이에는 차이가 있다. 아이와 교사의 관계에 있어 별명은 살아가는 삶의 재미를 색다르게 할 수도 있다.

기어츠 Geertz(1973)에 의하면, 호칭이란 표준화된 명칭으로 이러한 호칭에는 대면적 관계의 명칭과 분류를 위한 명칭이 있다고 하였는데 공동육아의 별명은 대면적 관계의 명칭에 해당된다고 할 수 있다. 선생님의 이름을 대신하는 별명에는 교사 개개인의 다양한 정체성이 담겨 있고 선생님이라는 호칭 대신 별명으로 교사를 부르는 행위에는 인간에 대한 개별적인 상을 그릴 수 있는 공간이 있다. 그래서 별명은 의미 있는 타자를 부르는 이름이며 대화 상대자를 부르는 이름이다.

별명이 갖는 복합적인 상징을 경험하고 즐기는 능력과 반말을 쓸 때 어린이집 안과 밖을 구분해서 쓸 줄 아는 능력은 아이가 자신의 언어적 표현을 전달하는 전체적인 내용 안에서 복잡스럽게 접혀 있는 상황적 의미를 해석하는 과정을 요구한다. 언어는 항상 그 말이 쓰이는 문맥과 상황까지 모두 관련을 맺고서만 확정되는 것이기 때문이다. 아이가 자신을 상황에 개입시키는 실험을 통해 복잡한 현실을 알아 가는 별명과 반말 문화의 적응 과정에는 언어와 사고가 뒤엉켜 분리할 수 없는 형태의 통합적인 교육 과정이 들어 있다.

우리 사회에서 보통 어려서는 부모와 아이 간에 반말을 쓴다. 그것에 대해 크게 가타부타 하지 않는다. 그러다 아이가 성장함에 따라 가정이 사회로 드러나는 상황이 빈번해지면서 반말은 존대말로 바뀐다. 여기에는 여러 이유가 있겠지만 우리 사회의 사적 영역과 공적 영역에서의 말의 패턴이 다르다는 점이 중요한 이유 중의 하나가 된다고 할 수 있다. 그렇지만 한 개인의 삶이 사적 영역과 공적 영역을 지속적으로 자연스럽게 넘나들 수 있도록 하는 것이 교육이기도 하다. 이런 점에서 교육은 엄밀히 말해 사적 영역도 공적 영역도 아닌 인간 관계로 형성되는 공동 영역이다. 이 공동 영역을 아이와 교사의 관계에서 보자면 어린이와 교사가 만나서 이루어지는 관계망이다. 이런 관계는 다양한 경험을 통해서 이루어지지만 중요하게는 대화를 통해서 구성된다고 할 수 있다.

공동육아의 반말 문화는 아이와 교사 간의 진정한 대화의 가능성과 상호간에 자유로운 관계의 가능성을 보여 준다는 점에서 교사와 아이가 공동 영역을 구성할 수 있는 관계적 토대를 마련해 준다고 할 수 있다. 그러나 표현된 언어에는 그 말의 내용을 둘러싸고 있는 형식이 있어서 어떤 경우에는 내용보다 형식에 더 관심을 집중하게 된다. 아마도 어린이가 어른에게 쓰는 반말이 여기에 해당될 것이다. 이 형식 때문에 특히 부모들은 아이가 커갈수록 반말 사용에 대한 걱정을 은근히 하게 된다.

다음은 방과후 교사인 무궁화가 새로 온 지 1주일이 되었을 때 교사 회의에서 반말 사용에 대해 문제 제기를 한 사례이다.

무궁화__ 아이들이 반말을 사용하는 것은 좀더 생각해 볼 수 있지 않나요? 특히 방과후 아이들의 경우, 학교에서는 존대말을 쓰는데 여기서는 반말을 사용하면 이중적이잖아요. 저도 아이들과의 평등한 관계에는 동의를 하는데 사람과 사람을 서로 존경하고 배려하는 데는 언어도 중요하잖아요. 나는 아이들에게 "안녕. 그래 잘 가" 하고 인사를 했는데 아이들은 나한테 제대로 인사도 안 하고 가는 것을 보고 언어에서 오는 것인가 하는 생각이 들었어요.

싱글벙글__ 그러면 인사는 가르치고 반말은 괜찮다고 생각하는데.

호랑이__ 존대말을 써도 사람은 무시할 수 있다고 봐요.

아침햇살__ 우리 요즘 차 타고 가다 중고등학생들의 얘기 좀 흘깃 들어보면 맨 우리가 상상하지 못할 정도의 선생님들 욕하는 걸 볼 수 있어요. 그런데 그 아이들 학교 가면 선생님 앞에서는 꼬박꼬박 존대말을 쓸 거예요. 그런 것 보면 말보다는 정말 인간 관계가 중요한 것 같아요. 나도 여기 와서 아이들하고 반말을 쓰기 시작했는데 점점 우리의 반말 사용이 아이와 나의 관계를 평등하게 해주고 좀더 아이 입장에서 아이를 이해하게 돼요. 공동육아의 교육을 위해서는 반말을 쓰는 것이 좋다고 생각해요.

호랑이__ 실제로 반말로 인해 무슨 문제가 있었어요, 무궁화?

무궁화__ 무슨 구체적인 문제보다는 지금 아이들의 시기가 자기 나름의 판단이 서가고 있는 상황인데 내가 어른이라서 권위 때문에 공동육아의 반말 문화가 문제가 되는 건지 혼란스러운데… 저도 전에 어린이집 일하면서 이 비슷한 경험이 있는데 그렇지만 기본적으로 완전 반말은 안 썼거든요.

까마귀__ 사실은 처음에 중연이가 무궁화한테 심하다 싶을 정도로 거칠게 반응했어요.

무궁화__ 중연이가 내 팔을 확 잡아당기더라구요. 교사라는 것이 아이들에게 동등한 입장에서 해줄 것이 아니라, 그러니까 친구가 아니라 교사로서 해줄 수 있어야 하는데 문제 행동이 발생했을 때 언어가 주는 한계가 있을 수 있잖아요.

진달래__ 저는 이런 경험이 있어요. 마당에서 중연이가 현준이를 쳐서 현준이가 울고 있었어요. 그래서 제가 형인 중연이를 야단을 쳤는데 중연이는 자기가 괜히 현준이를 때린 게 아니고 내가 오기 전에 현준이가 자기를 괴롭혔다는 주장을 계속하더라구요. 그때 내 생각이 혹 우리가 반말을 안 썼더라도 중연이가 자기 입장을 저렇게 강하게 나한테 주장할 수 있었을까? 아마도 나에게 곧 수긍하고 말았을 거라는 생각이 들었어요. 자기 변호를 하더라는 거죠. 우리 교사들이 아이가 자기 말을 할 수 있는 어른이라는 생각의 출발은 반말일 수 있는 것 같아요.

무궁화__ 아직 제가 여기 온 지 1주일밖에 안 됐으니까 어쩌면 저에게도 시간이 더 필요한 것 같은데 좀더 두고 생각해 보죠.

— 참여 관찰, 1998.12.15

무궁화는 아직 어린이집의 반말 문화가 낯선 상황으로 본인도 혼랍스럽기는 하지만, 반말로 인해 서로 배려하고 존경하는 데는 한계가 있지 않겠냐는 말과 아이의 문제 행동을 수정하는 데 반말은 교사로서의 역할 수행에 한계가 있다는 말을 하고 있다. 무궁화의 말에는 반말이라는 형식이 서로 존경하고 배려하는 관계에 미칠 부정성과 아이의 잘못된 행동을 제어할 수 있는 통제력의 관점에서 반말의 문제점을 지적하고 있다. 이에 대해 반말 문화에 익숙한 선생님들은 말의 형식보다는 아이와 교사와의 관계가 더 중요하고 아이와의 평등한 관계를 맺는 데 반말은 긍정적인 기능을 한다는 자신들의 경험을 이야기하고 있다. 그러나 반말이 주는 관계적인 체험을 통해 아이에게 자유롭게 다가갈 수 있어서 아이를 더 잘 이해할 수 있다는 선생님들도 반말을 사용하는 데서 생기는 문제점을 지적하고 있다.

우선 반말이 내가 편하고 좋다. 교사는 아이들 입장에서 다가가야 하는

데 기존의 어른의 권위로는 힘들지만 반말을 하면 나도 아이도 자유로워
져서 그것이 쉽다. 그럼에도 가끔가끔 어른의 권위를 부릴 때가 있다. 또
아이들은 우리를 함부로 대할 때도 있다. 그럴 때는 그러지 말라고 분명
하고 기분이 나쁘다는 것을 솔직하게 이야기한다. 그럴 때는 교사가 도덕
적인 것보다는 솔직한 것이 낫더라.

　교사들이 서로 지적하고 있는 점인데, 우리가 아이들에게 반말 쓰게 하
고 자유를 준다는 명목으로 아이들을 거칠게 대하고 그 속에서 또 권위를
부리는 분위기가 있다. 우리가 쓰는 말이 어떨 때는 우리 어른이 듣기도
민망할 정도의 강압적인 어투를 쓰기도 한다. 이런 것은 반말을 쓰지만
우리가 조심해야 할 점으로 지적한다.

— 면담, 1999.3.24

　반말의 자유로움이 지나쳐서 아이, 교사 모두 상대를 거칠고 함부로 대
하는 태도, 또 평등한 관계이지만 그 안에 숨어 있는 어쩔 수 없는 어른의
권위가 반말을 쓰면서 세심하게 극복해야 할 문제로 보고 있다. 어린이집
구성원들의 반말에 대한 문제 제기는 문제의 근원을 반말 사용 자체에
두기보다는 쓰는 방식에 두고 있다고 할 수 있다. 그래서 반말을 쓰는 본
질적인 의도인 관계적 평등성은 자신들의 체험을 통해 확인하고 있지만
거친 태도의 문제는 향후 조심해야 할 것으로 생각하고 있다.

　언어의 내용과 형식은 서로를 규정한다. 이 상호 규정력이 갖는 균형의
스펙트럼 속에는 우리 삶의 모습이 들어 있다. 그래서 언어의 형식과 패
턴을 통해 한 사회의 규범과 문화를 읽을 수가 있다. 우리 사회의 존대말
과 같은 언어 규범은 기본적으로는 아랫사람이 윗사람의 경륜과 통찰을
존중하고 따르며 윗사람은 아랫사람을 헤아리는 인간 관계의 품위를 갖
추게 하는 세련된 표현 형식이다. 언어의 내용과 형식은 삶과 언어 생활
이 밀착되어 이루어질 때 균형을 잡게 된다. 그런데 형식을 담지해 내는
삶의 내용이 빠질 때는 이 균형이 깨지게 되어 형식만이 생명력을 가지
게 되므로 부실한 내용에 대해 의문을 품기가 어렵게 된다. 그러나 아직

도 우리 내면에는 서로에게 인간적 품위를 발견하려는 관계적 지향이 남아 있다고 할 수 있다. 대개는 이 관계적 지향을 존대 형식을 통해 이루고자 한다면, 공동육아는 기존의 언어 형식으로는 차별로 일그러진 관계를 평등한 관계로 회복하기가 어렵다고 판단하여 다른 언어 형식을 선택한 것이다. 그런데 교육이란 이 형식만을 갖고는 불충분하다. 내용을 구축해야 한다. 그 내용이란 나와 다른 사람을 이해하고 배려하는 삶의 태도를 서로(교사—아이) 배워 나가는 것이다. 이런 학습 과정을 더 자유롭고 평등한 관계에서 실현하기 위해 선택한 공동육아의 언어 생활 양식은 종종 문제에 부딪치기도 한다. 이런 문제의 부딪침은 공동육아 구성원들이 실험하고 있는 언어의 형식과 내용의 불일치와 함께 어린이집 안과 밖의 형식의 충돌에서 표면화되고 갈등을 겪는다. 이런 갈등을 공동육아는 자신들의 언어 형식과 내용의 불일치에서 오는 문제가 무엇인가를 점검해가는 과정에서 풀어간다. 즉 이들이 반말을 쓴다 해서 모든 관계가 평등해지는 것은 아니다. 즉 반말을 써도 종종 어쩔 수 없이 어른의 권위를 부릴 때가 있고 아이들 또한 반말을 씀으로 자유로워지다 못해 거칠거나 상대를 함부로 대하는 모습도 보여 준다. 또 반말에도 나름의 예절이 있어야 하는데 이것이 흐트러지는 경우도 있다. 이것은 말의 형식을 무엇으로 선택했느냐보다는 언어의 형식과 내용과의 균형을 지속적으로 점검하는 것이 훨씬 더 중요하다는 뜻이기도 하다.

이처럼 공동육아는 자신들이 원하는 교육을 이루려고 선택한 언어 형식에 걸맞는 내용을 채워 가는 과정에서 생기는 갈등에 대해 왜 이 선택을 했는가를 본위에 두고 문제를 해결해 나가고 있다. 이 과정이 바로 공동육아에서 별명과 반말이 쓰이는 과정이다. 다만 그 현장이 교육 현장이기 때문에 존대말을 통해 서로 존중하는 관계를 기른다는 당연한 교육 방식에서 볼 때, 낯선 것은 사실이다. 그러나 이 문제를 보편적인 교육 현장에서 보면 서로 평등하면서도 존중하는 관계가 존대말이라 해서 불가능한 것은 아니다. 다만 거기에는 아이들 스스로 자유로우면서도 자발적으로 자신의 뜻을 드러내게 하는 분위기와 외적 권위에 상관없이 인간에 대한 품격을 서로(교사—아이)가 공동으로 형성하는 과정이 있어야 한다. 이를 언어의 형식과 관련해서 따져 보는 교육적 반성이 여전히 있어야 하는 것이다. 교육은 언어의 형식을 빌릴 수는 있지만 내용까지 빌릴 수는 없다. 이는 반말이냐, 존대말이냐는 언어 형식을 떠난 교육의 몫이다. 그래서 이런 고민과 성찰은 공동육아든, 일반적인 교육 현장이든 공히 다 있어야 한다. 특히 공동육아는 반말을 사용하는 상황 안에서 끊임없는 자기 긴장이 필요하다. 요즈음 들어 공동육아에서는 존대말을 자연스럽게 사용하기 시작하는 어린이집이 생겨나고 있다. 이는 공동육아 구성원들이 반말과 존대말이라는 말의 형식으로부터 좀더 자유로워져 간다는 것을 반영한다고 할 수 있다. 결론적으로 다른 사회와 달리 교육 현장에서 교사와 어린이 간에 사용되는 언어의 형식과 내용의 균형은 늘 진지하게 생각해 보아야 하는 교육적 주제이다.

나들이 가는 아이들

공동육아 어린이집에서는 어린이들의 자연 친화적인 체험과 놀이 그리고 생활 속에서 자연스럽게 이루어지는 교육 활동을 강조한다. 교육 활동이 진행되는 어린이들의 하루 일과를 여느 어린이집의 일과와 비교해볼 때 가장 크게 차이가 나는 활동은 매일 오전에 두 시간 정도 밖으로 나가는 "나들이" 활동이다. 매일 바깥으로 나가는 나들이를 공동육아 구성원들은 "밥"으로 비유한다. "밥"을 먹음으로 해서 에너지원을 공급받듯 나들이를 통해 자연에서의 체험과 놀이, 생활 모두를 경험할 수 있다. 공동육아의 대표적인 교육 활동 나들이는 공동육아가 출발할 때부터 가장 자신 있게 시작한 교육 활동이다. 자연이 턱없이 부족하고 아이들이 마음 놓고 뛰어 놀기에는 위험천만한 도시 공간에서 아이들을 집 밖으로 해방시킨 나들이를 과감하게 시도, 발전시켜 온 것에 대해 공동육아 구성원들은 자긍심을 갖고 있다. 여기서는 교육 활동으로서의 나들이가 언제 어디서 어떻게 이루어지는지를 개괄적으로 살펴보고 나들이가 이루어지는 과정 안에서 어린이가 세계와 맺는 관계와 교육적 가치를 알아보자.

나들이의 형태

나들이는 날씨가 아주 춥거나 덥지 않는 한, 그리고 비가 많이 오지 않으면 매일 오전 10시부터 12시까지 18개월 이상의 모든 어린이들이 어린이집 바깥으로 나가는 활동이다.

나들이는 시간과 장소 그리고 누구와 함께 가느냐에 따라 그 형태가 다양하다. 여기서 이 세 요소는 맞물리는 것으로 시간을 근거로 일상적인 나들이와 가끔 가는 나들이로 나눌 수 있고, 장소는 자연과 사회로 나눌 수 있으며, 집단 구성은 한 방만 가는 것과 여러 방이 같이 어울려 가는 것으로 나눌 수가 있다. 이 세 요소가 다양하게 혼합되는 양상이 곧 어린이집에서 이루어지는 나들이 형태라고 할 수 있다.

어린이집에서 이루어지는 나들이의 형태를 결정짓는 기본적인 두 요소는 시간과 공간이며 이 두 요소를 결합해서 볼 때, 일상적인 나들이와 특별한 나들이, 그리고 자연과 사회로의 나들이로 구분할 수 있다. 시간과 공간이라는 요소로 구분한 어린이집 나들이 형태는 다음의 〈표 3〉과 같다.

일상적인 나들이

일상적인 나들이는 크게 자연과 사회라는 공간으로 나뉘어진다. 일상적인 나들이는 계획을 특별하게 하기보다는 전날이나 당일 아침, 그날의 상황에 따라 결정된다. 그래서 어린이들은 아침에 나들이 갈 준비를 하면서 "오늘 어디로 가?" 하고 물어본다. 큰 아이들은 월요일 아침 모듬(모임)을 통해 일주일 나들이 장소를 스스로 정하기도 해서 미리 알고 있을 때가 많다.

주로 어린이집 가까이 있는 산이나 동네로 나가는 나들이는 일주일에

<표 3> 나들이의 형태

	일상적인 나들이	특별한 나들이
자 연	뒷산 무덤가 여우산 약수터 뒷산 무덤가→약수터→여우산 : 산행 동네 놀이터	긴 나들이 (1달에 1회 어린이집 전체 어린이 참여) 갯벌 탐사 들살이 (1년에 1-2회 / 4세 이상 참여) 메뚜기 들살이 (1년에 1회, 10월 / 3세 이상 참여) 과수원 나들이 (1년에 1-2회 / 5세 이상 참여) 여름 들살이 (1년에 1회, 2박 3일 / 3세 이상 참여) 방별 들살이 (1년에 3회 정도, 1박 2일 / 6세 이상)
사 회	경마장 놀이 공원* 중앙 공원 놀이터* 예술 공원(교육문화회관)* 서울 대공원 미술관* 예술의 전당* 어린이 도서관 미술관 / 전시관 인형극 (* 놀이와 문화적 경험을 같이 할 수 있는 장소이다)	재래시장 / 양재동 꽃시장 친구집 방문 지역 사회 유적지

3~4회 이루어진다. 뒷산 무덤가, 여우산, 약수터는 아이들이 이름 붙인 장소이다. 6세부터는 일주일에 하루(금요일) 이 세 곳을 완주하는 산행을 한다. 뒷산 무덤가와 여우산(앞산 무덤가라고도 부름)은 어린이집을 기준 으로 서로 반대편에 있으며 어린이집에서 가까운 곳이다. 그래서 이 두 장소로는 연령이 어린 도글방과 도란방 어린이들이 많이 다니고 무덤가 나 여우산을 거쳐야만 갈 수 있는 약수터까지는 소근방과 당실방, 끼리방 이 다니고 세 곳을 완주하는 데 두 시간이 걸리는 산행은 당실방과 끼리 방만 다닌다.

나들이는 대개 방끼리 따로 가기보다는 두 방 이상이 어울려 함께 간

지역 사회와
문화 유적지로의 나들이

다. 그래서 연령이 비슷한 방끼리 간다든지, 아예 어린 방과 큰방이 함께 가기도 하는데 방끼리의 결합은 아이들을 관리할 수 있는 조건과 장소의 선택에 따라 이루어진다. 그래서 몇 방이 함께 가느냐, 어떤 방들이 같이 가느냐에 따라 아이들의 오고가는 모습과 노는 모습, 활동에 있어 그 역동성이 다양하다. 특히 큰방부터 어린 연령까지 세 방 이상이 나가는 나들이는 대가족의 삶의 모습을 그려 낸다. 그래서 큰 아이가 동생의 손을 잡고 오가는 모습, 교사 없이도 형이나 언니, 누나의 손을 잡고 씩씩하게 걸어오는 작은아이의 모습, 자기 방에 상관없이 옆에 있는 교사와 오빠 동생들과 대화하고 어울려 노는 모습들을 볼 수가 있다.

이외에도 따로따로 갔다가 중간에 만나서 함께 오기도 하고 같이 갔다가 따로 오는 경우도 있다. 교사들은 이런 다양한 형태의 나들이에 대해 "어울려 가는 나들이는 윗반 형님들이 노는 모습을 보면서 어떻게 노는지를 동생들이 배울 수 있다는 점에서 필요하고 우리 방만의 결속력이 필요할 때는 가끔씩 우리 방만의 나들이를 통해 결속을 다지는 효과를 보기도 한다"고 말한다.

또다른 교사는 "우리 방만 따로 갔을 때는 교사와 아이들이 집중적으로 얘기를 많이 할 수가 있죠. 어제 같은 경우, 우리 방만 놀이터로 나들이를 갔는데 놀이 시설을 즐기는 것이 아니라 시설을 이용한 역할 놀이를 한 덩어리가 되어서 가족 놀이를 30분 이상을 하더라구요. 두 방이 같이 가면 관심이 분산되고 흩어져 노는데, 따로 가면 발산의 정도는 덜 활발하지만 뭉쳐서 놀아요. 두 방이 가면 15명이 넘게 되는데, 우리 방만 가게 되면 교사 한 명이 10명 이하를 더 안정적으로 데리고 오갈 수 있죠. 특별한 것에 오래 관심을 집중하게 돼요. 얼마 전에 보리가 났는데 그것에 대해 한참 얘기를 할 수 있었어요. 같이 가면 쫓아다니기 바쁘죠"라고 이야기해 주고 있다.

나들이의 준비 시간은 10~20분 정도이고 오고가는 시간은 40분 정도

이며 목적지에서 40~50분 정도 놀이 시간을 갖는다. 자연에서 이루어지는 아이들의 놀이는 교사가 특별히 유도하지 않아도 자발적이고 발산적인 특성을 갖는다.

일주일에 1~2회 정도 사회나 문화를 접촉할 수 있는 나들이를 나간다. 사회로 나가는 나들이는 걸어서 갈 수가 없으므로 교통 수단을 이용해야 한다. 어린이집에는 봉고 차가 있어서 이동이 비교적 수월한 편이다. 6세 이상 어린이들은 대중 교통 수단(지하철, 버스)을 자주 이용하는 편이다. 봉고 차만 이용할 수 있을 때는 두 방 정도가 같이 나가고 이보다 많은 어린이들이 갈 때는 부모들의 차량 아마(엄마, 아빠의 준말로 자원 봉사 활동을 말함) 도움을 받는다. 대중 교통을 이용하는 경우는 가능한 한, 한 방만 나간다. 함께 가는 경우, 어린 두 방은 봉고 차를 타고 가고 큰방 어린이들은 대중 교통 수단을 이용해서 목적지에서 만나기도 한다. 자주 가는 경마장 공원, 서울 대공원, 중앙 공원, 예술 공원, 예술의 전당은 동물원, 야외 미술 조각, 야외 무대와 같은 독특한 문화 시설들이 있어 문화적 경험을 할 수 있으면서도 마음껏 뛰어놀 수 있는 장소이다. 그 외의 미술관, 전시관, 도서관, 인형극, 시장 등과 같은 곳은 놀기보다는 그곳의 문화에 참여하는 활동 공간이다. 교사들은 아이들에게 다양한 사회·문화적 경험을 제공하기 위해 신문과 인터넷을 통해 정보를 알아내고 더러는 부모로부터 정보를 제공받기도 한다.

특별한 나들이

특별한 나들이는 대개 한달 교육 계획을 잡는 교사 긴회의 때 대략적인 계획이 미리 잡힌다.

긴 나들이는 한 달에 한 번 어린이집 전체가 한 장소로 점심을 준비해서 하루 종일 나들이를 나간다. 긴 나들이는 보통 유치원의 소풍과 비슷하기도 하면서 다르다. 한 달에 한 번이라는 빈번함이 다르고 도시락은 집에서 싸오는 것이 아니고 아침 일찍 영양 교사와 아마들이 만들어 준다. 제일 어린 아기 방은 점심 먹고 좀 놀다가 먼저 돌아온다. 그 외에 연중 행사로서 여름에는 3세 이상 어린이들 모두 2박 3일 들살이(캠프)를 가고 가을이면 메뚜기 들살이가 있다. 여름 들살이는 상업화된 캠프 프로그램에 참여하는 것이 아니라 약 30여 명이 즐길 수 있는 적절한 곳(대개는 자연 환경)에 가서 숙식 및 모든 프로그램을 전적으로 교사들이 담당한다. 이외 6세 이상일 경우 1년에 3~4번 정도 방별 들살이가 있는데 이는 교사의 집이나 교외로 나가는 것으로 1박 2일 프로그램이다. 가끔은 부모들까지 다 참여해서 단합 차원에서 가는 방 들살이도 있다. 특별한 나들이에 붙이는 "들살이"라는 이름에서 자연적인 경험에 비중을 두고 있음을 알 수가 있다.

한편, 매년 9월에 열리는 과천 인형극제를 해마다 관람하는데 이틀이나 사흘 정도 매일 인형극을 보러 나가는 행사가 사회·문화적인 특별한 나들이에 해당된다. 이외 친구집, 꽃시장, 재래 시장, 지역 사회 유적지 등은 간헐적으로 나가는 특별한 나들이가 있다.

이처럼, 어린이집에서 이루어지는 나들이 프로그램은 다양하다 할 수 있는데 1년에 몇 번 나가는 특별 나들이를 제외하면 일상적인 나들이가 전체 나들이의 상당한 비중을 차지한다고 할 수 있다. 교사들은 일상적인 나들이 안에서 다양성을 유지하기 위해 나들이의 활동 방식과 운영 방식을 풍부하게 개발하려고 한다. 어떤 활동이나 현상의 내밀한 의미를 알아내는 데 그것의 반복성은 중요한 단서이다. 그러면 일상적인 나들이를 통해 이루어지는 어린이들의 경험 안에서 교육 과정을 살펴보도록 하자.

나들이의 교육 과정

일상적인 나들이의 활동을 크게 분류를 하면 자연으로의 나들이와 사회로의 나들이이다. 자연이라는 공간과 사회라는 공간에서 이루어지는 나들이는 그 만남의 세계가 확연히 다르다. 그런데 자연으로의 나들이가 사회·문화적인 나들이보다 실제 이루어지는 횟수나 비중이 큰 것으로 보아 자연이 좀더 강조되고 있음을 알 수 있다. 하지만 나들이 장면을 자세히 들여다보면 자연으로의 나들이에도 사회적 공간이 부분적으로 포함되고 사회적인 나들이에도 자연적 공간의 경험이 부분적으로 포함되어서 엄밀하게 가를 수 있는 구조는 아니지만 만남의 경험은 다르다.

공동육아 어린이들이 일상적인 나들이를 통해 가장 빈번하게 만나는 세계는 자연이고 자연과 아이들이 만날 때 발산적 체험과 침묵의 과정, 그리고 감성적 표현이 펼쳐진다.

발산적 체험

자연으로의 나들이는 아이들의 오감의 체험과 함께 온몸을 놀리는 활동이다. 자연은 인간의 온몸과 관계하기 때문이다. 그런 면에서 나들이는 아이들의 발산적이면서도 역동적인 활동이다. 이 발산을 호흡으로 말하자면 날숨이다. 그러나 이 날숨에도 발산의 정도가 있는데 이는 아이의 신체적인 발달 정도와 상황에 따라 다양하다. 아이가 어릴수록 감각적으로 더 민감하게 자연을 대하는 경향이 있다.

다음은 만 2세가 채 안 된 어린이가 나들이를 다니기 시작한 초기에 자신의 감각으로 자연을 포착하는 모습이다.

오전에 동네에 있는 무덤가 동산에 다녀왔습니다. 날씨가 포근해서 겉옷

무덤가에서
노는 아이들

도 안 입었는데 땀을 흘렸어요. 나뭇잎이 많은 곳을 지나가다가 "어, 이게 무슨 소리지? 까꿍엄마 잘 들어봐. 이게 무슨 소릴까?" 그래요. "글쎄, 무슨 소리가 나니? 재연이가 말해 볼래?" "바스락, 바스락 소리가 나네." 사실은 나뭇잎이 젖어 있어서 소리가 조금밖에 안 났었거든요. "까꿍엄마는 바스락 소리가 잘 안 나네. 이것 봐 젖어 있어. 밤새 이슬이 내렸나, 아니면 비가 왔나?" "비가 왔어."

지난번에 갔을 때 꽤 소리가(나뭇잎 밟는 소리) 크게 났었거든요. 그걸 기억하고 하는 소리인데, 다시 밟으며 잘 들어보라는 얘기에도 재연이는 계속 바스락 바스락 소리가 난다는 거예요. 어느새 사고가 정형화되어 가는 건 아닐까 조심스러워지기도 하지만 한편으로는 학습된 것에 대한 확인이라는 측면에서 볼 수도 있겠지요. 기차 소리는 "칙칙폭폭", 물소리는 "졸졸" 식으로 학습시키는 것은 상당히 경계해야 할 부분임을 요즘 교육에서는 지적하고 있거든요. 오는 길엔 포클레인이 땅 파는 걸 보고 또 꼴찌가 됐어요…

— 1997.11. 24 날적이 중에서

교사들은 아이의 연령이 어릴수록 나들이 경험을 세세히 관찰 기술하는 경향이 있는데 이는 아이가 포착하는 자연에 대한 미세한 감각 경험을 교사 또한 감지하기 때문이다. 나뭇잎을 밟은 경험과 "바스락 바스락"

소리의 연결 그리고 과거의 경험에 대한 기억으로 인해 바스락 소리가 나지 않는 현상을 무시하는 아이. 이에 대한 교사의 은근한 언어적 상호 작용과 그리고 아이의 행동에 대한 교사의 복합적이고도 신중한 판단 유보는 상황적인 교육 과정으로, 계획되어 있고 구조화된 교육 과정으로는 나들이의 역동성을 따라잡는 데는 한계가 있다.

나들이는 거창한 목적을 두고 떠나는 여행이 아닌 매일의 짧은 여행이라서 일상의 평이함과 함께 그 안에는 지속적인 자연의 변화가 펼쳐진다. 아이들은 계절의 변화에 민감해서 첫눈이 온 다음날 나들이 길에서 6세 남자 아이가 "복숭아, 지금이 겨울이야?", "글쎄", "우리 엄마가 겨울이라던데?", "그래, 가을이 가고 있지" "아하, 지금 차가운 바람이 가을을 막 밀어내고 있는 거지?"와 같은 표현을 한다. 어찌 보면 자연의 변화란 삶과 죽음으로 연결되는 것이기도 하다. 아이들은 삶과 죽음을 거창하게는 아니지만 오고가는 나들이 길에서 만나게 되고 그 속에서 아이들 나름의 삶의 미학도 생겨난다.

> 아침부터 유리를 만나서 나들이를 함께 갔다. 먼 한강으로 갔다. 누워서 하늘도 보고 달리기도 하고 연도 날리고 비둘기가 차에 치어 죽은 것도 보고 죽은 비둘기가 들어 있는 휴지통에 둘러서서 묵념도 해보았다…
> 산에 가는 길은 처참한 지렁이 조각들이 발 밑에 수두룩해 땅을(아니 시멘트 바닥을) 안 쳐다보게 된다. 지렁이가 살 수 없도록 만들어낸 인간들의 편리함은 너무 즉흥적이다. 우린 요새 시멘트 바닥에서 지렁이를 흙속에 묻어 주는 일을 하고 있는데 ― 그 지렁이가 잘 자라기를 바라면서 ― 유리는 잘 잡지도 못하면서 그 일을 도맡아하는 도희가 지렁이를 잡으려 하면 소리부터 지른다. 그러다가 오늘은 유리가 양손에 지렁이를 한 마리씩 들고 왔다. 묻어 달라고…
>
> ― 1997.7.25 날적이 중에서

아이들에게는 지렁이와 같은 작은 동물도 그냥 지나칠 수 있는 하찮은 미물이 아니라 삶과 죽음을 경험하는 생명체인 것이다. 어린이집 아이들은 살아 있는 지렁이도 덥석덥석 손으로 잘 잡는다.

나들이 길에서 아이들은 토끼 먹이를 위한 칡잎, 그림을 그리기 위한 망개잎, 들꽃, 나뭇가지, 돌멩이 등등을 필요한 만큼 꺾거나 주워 온다. 자연으로부터 채취해 오는 것에 대해 교사들은 욕심을 부리지 않고 필요한 만큼만 취하는 것은 자연을 훼손하는 것이 아니라 인간과 자연의 적절한 관계 맺음을 배우는 과정이라고 정리하고 있다. 자연 세계와의 관계를 형성하고자 하는 어린이들의 욕구는 자연 세계에서 흔히 발견되는 물건을 사용하거나, 자신의 상상 속에 남겨 둘 자신만의 작은 세상을 만드는 것을 통해 만족될 수 있다.

나들이에서 아이들은 걷고 뛰고 미끄러지고 넘어지고 보고 만지고(아이들은 나무 결을 쓰다듬고 만지고, 뾰족한 밤 가시에도 찔려 보고 그리고 교사들은 아이들의 코를 닦을 때나 똥을 닦을 때 6월 전에는 부드러운 어린 잎으로 닦아준다) 냄새 맡고 먹고(자연이 선사하는 먹거리는 의외로 많아서 봄이면 찔레 순, 앵두, 오디, 여름에는 솔잎을 씹고 가을에는 온 산에 지천인 감과 밤을 주워 먹느라고 신이 난다) 마시고 타고(칡넝쿨, 나무) 노래 부르고 풀피리도 불고 소리 지르고 떠들고 말하고 웃고 울고 논다. 이는 나들이가 배우고 가르쳐야 할 무엇이기보다는 자연 속에서의 생생한 발산이며 감각적 체험에 가깝다고 할 수가 있다.

다음은 연령이 서로 다른 어린이들이 각자 발산의 기를 유감없이 발휘하는 나들이 장면이다.

…재연이는 산길로 접어든 후 "앞산 호랑이 어흥, 뒷산 호랑이 어흥" 하는 「호랑 장군」 노랫말을 소리치는데 특히 "어흥"을 아주 크게 해서 산이 쩌렁쩌렁 울리자 그 울림소리에 신이 나서는 20분 이상을 "어흥"만 하면서 올라온다. 간간이 다른 아이들도 "어흥" 하고 화답하기도 한다. 용주는 아직도 "태종태세문단세… 역사는 흐른다"는 장보고 노래를 부르고 있

나들이 풍경
봄, 여름, 가을, 겨울

었다.

이때 맨 뒤에서 따라가던 내 귀에 뒤쪽에서 아기들 소리가 들리는 듯했는데 별 신경을 쓰지 않고 스쳐 지나갔다. 앞서 가던 항아리와 인재가 다시 돌아와서 아주까리씨를 털면서 "애들이 나보다 더 유식해서 아주까리씨가 있다는 거야"라며 씨를 털고 나서는 왕관같이 생긴 아주까리 열매가지를 따서 인재에게 선물로 준다. 이때 아무래도 뒤에서 들려오는 아기들 소리가 예사롭지 않아서 돌아다보니 대준이가 종종종종 뛰어오는 모습이 나뭇가지 사이로 바람같이 보이면서 그 뒤를 싱글벙글과 도글이들이 오종오종 올라오는 것이 아닌가! 내가 뒤돌아 뛰어가서 "싱글벙글 지금 오는 거예요?" "애들이 마당에 오뚜기랑 있다가 난리가 났어. 지네들 안 델고 간다고…" 잠시 뒤 동생들을 본 하진이가 "왜 애기들만 왔어?" "동생들도 나들이 왔어"라고 싱글벙글이 대답해 준다.

아니 세상에 뒤늦게 출발한 이 꼬맹이들이 훨씬 먼저 출발한 대열의 끝과 만날 정도면 이 아이들의 능력은 대단한 거다. 산 속에서 예기치 않게 만난 것이 더 반갑고 이 존재들이 더 신기하다는 생각을 하며 도글이들을 유심히 보니 넘어져도 벌떡벌떡 일어나는 것이 바위 어린이집 식구가 다 되어 있었다. 또 큰 아이들과는 달리 산길을 쭉 가는 것이 아니라 올라간 길을 도로 내려오고 또 올라가고 반복하는 것이 특히 그것을 즐기는 대준이는 영락없이 바지런한 다람쥐 그 모습이다.

…

싱글벙글이 도글이들을 한 명씩 들어올려 옆으로 벌어진 아름다운 나무를 손으로 만져보게 한다. 그래 사람은 자연과 이렇게 교감하는가? 뒷산 무덤가 가는 길에는 내가 작년 가을에 점 찍어 놓은 아름다운 자태의 참나무 두 그루가 10미터 거리를 사이에 두고 있다. 그래서 이 두 나무를 프레임으로 삼아 아이들 노는 모습을 사진으로 많이 찍었었다. 그런데 그 첫번째 나무에서 싱글벙글이 아이들과 나무를 접촉해 주고 있는 것이 아닌가! 뭔가 오묘함을 느끼며 고개 들어 멀리 보니 이번에는 그 두번째 나무에다 칡넝쿨로 그네를 매다는 항아리와 아침햇살, 그네가 매어지길 기다리는 아이들의 모습, 이미 그 아름다운 나무에 올라가 있는 민재와 가연이의 모습이 보이지 않은가? 단박에 렌즈를 들고 그곳으로 뛰어갔다. 칡넝쿨 그네를 타고 난 원조가 아침햇살에게 자기도 나무에 올라가고 싶다고 한다. 아침햇살이 원조를 안아 올린다. 원조가 아침햇살이 잡고 있는 다리에만 힘을 줄 뿐 상체를 전혀 조절하지 못해서 첫번째는 실패! 두번째는 아침햇살이 "다리는 아침햇살이 잡고 있을 테니까 팔로 나무를 잡아야 함"을 일러주고 다시 도전! 원조는 아침햇살 말대로 팔로 나무를 잡기는 했는데 이번에는 하체가 전혀 작동을 안 해서 또 실패… 아침햇살도 힘이 빠지고 원조도 약간 머쓱하기는 했지만 "아, 다시 나 한번 기회를 줘." 그래서 또다시 시도를 해보는데 여러 사람의 훈수와 응원에도 불구하고 발 하나가 나무를 짚기는 했는데 그 상태에서 상체가 안 움직여서 결국 실패! 이번에는 자윤이가 해보고 싶다고 도전을 한다. 자윤이도 실패하고 땅으로 떨어지며 "나는 무거워서 탈이야"라는 자윤의 말에 모두가 한바탕 웃는다. 원조와 자윤이가 올라가고 싶어하던 그 나무를 지혜는 아침햇살의 도움을 받아 사뿐이 오른다. 이때 나무 위에서 민재가 하는 말 "언니들이 못하는 것 봤냐?" 의기양양하다. 원조의 "나도 올라가고 싶어"라는 말에는 지혜와 민재에게 좀 약이 올라 있다.

이때 다른 아이들은 뭘 하나 하고 여기저기 쳐다보니 아이들은 위에 있는 무덤가 편편한 잔디밭에서 놀고 있다. 혼자 뛰어 노는 아이, 엉덩이로 구릉을 내려오는 아이, 상석 위에 셋이서 머리를 맞대고 앉아 무덤을 막대기로 찔러보는 아이들… 사과로 간식도 먹고 민들레와 함께 아주 긴 기차놀이도 하고 칡넝쿨 그네도 타고… 저쪽 끝에서는 나무 타기에 실패한 원조가 봄 햇살을 받으며 싱글벙글과 깊은 대화를 나누는 듯한 평화로운 모습도 들어오고… 나무 위의 두 여자 아이는 무엇이 그리도 즐거운지 아직도 지즐대고… 여간해서 끝날 것 같지 않은 이 놀이판…

— 참여 관찰(비디오 기록), 1999.3.4

아이들은 자기 나름대로 자연에 흠뻑 빠져서 활동하고 논다. 자연적 놀잇감은 잠시도 아이들을 지루하게 하지 않는다. 나무 꼭대기에 오르고 싶어하는 아이, 처음 타 본 칡넝쿨 그네를 40분 내내 연습해서 내려올 때는 선수가 다 된 다섯 살배기 여자 아이도 있다. 이처럼 아이들은 자신의 욕구를 자연 안에서 유감 없이 펼쳐 본다. 그래서 자연은 아이들을 초대하고 아이들은 그 초대에 기분 좋게 응하는 것이 나들이이다.

어느 학자는 자연을 소중히 할 것을 교육받으면서 자란 아이들에게 있어서 자연적 세계는, 무엇보다도 거기에서 좋아하는 것을 할 수 있는 "자유의 왕국"이며 "과업에서 해방된 장소"라고 하였다.

한편, 아이들과 함께 나들이를 다니는 교사들에게도 나들이는 "가는 것"이지 "가르치는 그 무엇"이 아니다. 큰 연령의 아이들을 맡다가 제일 어린 아기 방을 맡은 지 두 달쯤 된 교사는 "까꿍이들 맡아서 가장 아쉬운 것은 나들이를 못 가는 거야"라고 했다. 또 대표 교사를 맡아 아이들을 직접 가르치지 않게 된 교사는 "나는 나들이 안 가고는 못 사니까 끼리방 나들이 갈 때 같이 가서 도와줄게"라고 동료 교사에게 말한다. 이처럼 나들이는 교사나 아이들 모두에게 사는 것과 관련된 체험이다.

나들이의 교육적 가치가 무엇인지에 대해 교사들은 다음과 같이 대답했다.

아침햇살__ 작은애들은 교사 방향대로 따라가는 경향이 있는 반면, 큰아이들은 계절의 변화들을 먼저 알아차리고, 방향을 스스로 찾아가요. 책 10번 읽는 것보다 한 번 보는 게 교육이라고 생각해요.

진달래__요즘 산에 진달래가 무척 많이 펴서 산에만 가면 아이들이 진달래를 불러 대서 행복한데 진달래 색이 아이마다 다 다르더라구요. 어떤 아이는 보라색, 어떤 아이는 분홍색, 또 누구는 두 가지가 섞여 있다고 말하고… 아이들이 직접 보았으니까 다 색이 다르게 표현되는 것 아닌가 싶어요. 교사한테도 좋아요, 나들이는.

진달래__5~6세가 되면 발산 욕구가 아주 커지는 것 같은데 마당놀이나 자유 놀이의 발산과 나들이의 발산은 다른 것 같아요. 마당놀이나 자유 놀이가 좁은 공간, 목적한 바대로 놀 때의 발산이라면 나들이는 의도함이 없는 발산으로 나들이 갔다올 때 아이들의 표정은 생기가 넘치고 개운한 표정이에요.

아침햇살__ 진달래 말대로 의도되지 않은 교육이 뜻하지 않게 일어나요. 나들이 갈 때 교사로서 이번에는 이런 걸 좀 해볼까 하고 생각하고 가 보면 계획하지 않은 것이 일어나고 그럴 때 교사가 아이 관심대로 자연스럽게 이동할 수 있게 되는 점이 있어요. 커서 아이들한테 좋은 영향을 줄 거예요.

민들레__ 보통의 교육 기관에서는 봄, 여름, 가을, 겨울 주제가 나오면 이를 그림이나 사진으로 간접 경험을 하는데 나들이는 직접 경험으로 느끼고 오감으로 느끼는 살아 있는 교육이라 할 수 있죠.

— 면담, 1999.4.8

교사들의 평가 속에는 직접 체험, 경계가 없는 발산, 사물을 본 대로 느낀 대로 표현하는 능력, 교사가 아이의 관심을 따라 이동할 수 있는 가능성 등이 포함되어 있다. 교육은 성장의 가능성을 깨닫는 과정이라고 할 때 사계절의 흐름과 변화 속에서 아이들이 스스로 방향을 찾는다는 것도 교사들이 판단하는 교육적 가치이다. 어떤 교육 활동을 평가한다고 할 때 수량적이거나 아니면 적어도 객관적인 평가가 보편적인 데 비해, "생생하고 개운한 아이들의 표정에서 살아 있는 교육임을 확인한다"는 언표는 나들이가 객관화할 수 있는 경험 이전의 체험인 까닭이다.[26]

침묵의 과정

자연으로의 나들이에 발산이라는 날숨의 과정이 있다면, 이 날숨은 들숨을 필요로 하고 날숨에 동적인 몸놀림이 있다면 들숨에는 정적인 몸놀림이 있다.

다음의 예는 나들이에서 나이가 많은 아이가 자기보다 어린 동생을 손잡고 내려오는 장면으로 여기에서 들숨의 몸놀림을 볼 수가 있다.

싱글벙글이 자리에서 일어서며 "우리, 가자" 한다. 그래도 갈 사람은 가고 놀 사람은 논다. 싱글벙글이 소원이를 먼저 무덤가 흙 계단으로 손을 잡아 내려주는데 옆에서 내려오던 가연이가 자연스레 소원이 손을 잡고 내려간다. 그 뒤를 씩씩한 대준이가 혼자 따라가고 싱글벙글은 차현이와 현민이를 각각 두리와 민재에게 짝을 지어 주는 모습이 들어온다. 얼마 있다 먼저 출발한 이 아이들을 따라 내려와 보니 싱글벙글과 도글방은 벌써 내려가서 모습이 안 보이고 두리와 차현이가 손을 잡고 내려가는 모습만이 보인다. 나들이를 여러 방이 같이 갈 경우, 걸음이 느린 어린아이들이 먼저 출발한다. 두리(만 6세)와 차현이(만 3세)는 친 남매간이 아니고 어린이집에서 만난 오빠—동생이다.

두 아이는 아무 말 없이 손만 잡은 채 내려간다. 우리 세 사람의 발자국 소리만 들릴 뿐이다. 오히려 침묵 속에서 두리가 차현이를 어떻게 배려하는지가 확연하게 내 눈에 들어온다. 차현이는 신발이 커서 자꾸 넘어진다. 그때마다 손을 놓지 않고 꼭 잡은 채 차현이가 일어나기를 기다리는 적절한 시간 동안, 두리가 차현이를 향해 서 있는 각도, 눈빛, 무표정한 듯한 표정은 마치 아닌 것 같으면서 차현이를 배려하는 섬세함이었다.

이런 배려가 두리도 쉽지만은 않은 듯 급하게 꼬부라진 길이 나타날 때면 무의식적으로 흔들어 대며 방향을 잡는 손사래짓에 나는 배시시 웃음이 나왔다. 산길이 끝나갈 즈음, 뒤에서 원조와 동렬이가 뛰어와 앞질러 가자 공들여 걸어온 자기 길이 방해를 받는다고 느꼈는지 두리는 두 친구에게 줄 서서 가라고 말한다. 그러나 그 소리를 들었는지, 못 들었는지 두 놈은 벌써 뛰어가고 없다. 마을 골목에 접어들자 이번에는 정원이 엄마와 현민이가 손을 잡고 뒤따라오자 두리는 또 차례대로 뒤에 따라오라는 주문을 한다. 정원이 어머니가 "우리가 먼저 가면 안돼?" 하자 두리는 별 대답이 없다. 이에 정원 어머니와 현민이가 앞서간다. 어린이집 골목 어귀에 들어서자 두리가 현민이를 부르는데 대답이 없자 "쟤는 지소리밖에 안 들리나봐" 하며 차현이와 대문 안으로 들어간다. 그리고 이 두 짝꿍은 터전의 현관 앞에 있는 백일홍 나무 앞에 와서야 손을 놓는다. 손을 놓고 차현이는 대준이가 타고 있는 장난감 차가 타고 싶어서 그 주위를 맴맴 도는데 두리는 여기저기를 두리번거리다가 안으로 들어가는 것이 싱글벙글을 찾는 듯한 눈치였다. 잠시 뒤 두리가 나오면서 "차현아, 싱글벙글 안에 있어"라고 말하지만 차현이는 어떡하면 이 차를 차지하나가 관심이어서 오빠의 말은 들은 척도 안 한다. 두리는 다시 들어가 창문 밖으로 차현이를 부르며 싱글벙글이 오란다는 이야기를 해준다. 그래도 차현이는 차가 더 좋다. 잠시 후, 뒤늦게 출발한 아이들이 나들이에서 들이닥친다. 그리고 호랑이가 나와서 대준이와 차현이한테 밥 먹으러 들어가자고 해서 오늘의 나들이는 끝을 내린다.

— 참여 관찰, 비디오 기록, 1999. 3. 4

산에서 어린이집으로 오기까지 이 두 꼬마 사이에는 한마디 말도 오가지 않았다. 말없는 침묵 속에서 처음 잡은 손을 한 번도 놓지 않았을 뿐이다. 침묵의 공간 안에서도 인간의 대화는 얼마든지 가능하다. 잡을 수 있는 손이 있고, 너를 보고 있다는 각도가 있고, 기다려 주는 눈빛이 있고, 안심을 주는 표정이 있고, 우리 둘이 같이 가는 거야 하는 발걸음이 있고 이제 다 왔어 하고 말하지 않아도 백일홍 나무 앞에 서면 누가 먼저랄 것도 없이 손을 놓을 수 있는 교감이 있다. 그리고 침묵이 끝나는 자리에 "차현아, 싱글벙글 안에 있어. 들어오래"라는 말이 들어선다. 이 말은 이 아이들의 침묵의 과정을 모르는 이한테는 단순한 말에 지나지 않지만 이 과정의 소유자들한테는 의미 있는 언어이다. 동생을 책임지고 선생님한테 인도하고 싶은 일곱 살 난 꼬마의 진실한 마음인 것이다. 이 말의 의미는 침묵과 연결되어 있고 이 침묵은 그저 텅 비어 있는 공간이 아니라, 두 아이의 신체를 통한 교감으로 꽉 채워진 공간이므로 말이란 체험적인 신체를 통해 그 의미를 더 한층 표현해 낸다고 할 수 있다.

말은 본질적으로 침묵과 연관되어 있고 진정한 말은 침묵의 반향 反響이라고 한 피카르트 Picard(1985)의 "어느 말 속에든, 그 말이 어디서 왔는가를 보여 주는 한 표시로서 어떤 침묵하는 것 erwas schweigendes이 들어 있고, 또한 어떤 침묵 속에든 침묵으로부터 이야기가 생긴다는 한 표시로서 어떤 이야기하는 것 etwas Reidendes이 들어 있다"는 표현에서 침묵의 교육적 면모를 볼 수가 있다. 나들이에서의 침묵의 경험은 어린이가 세계를 인식하는 또 하나의 방식일 수 있다.

시인이 된 아이들

오랫동안 일상적으로 이루어진 나들이의 긴 과정에서 아이들의 몸과 정신에 접혀 들어간 자연에서의 체험은 아이들의 몸과 정신을 통해 드러나고 표현된다. 아이들에게 자연에 대한 감성적 표현이 나올 때 교사들은 아이들을 시인이라 부른다.

다음은 첫눈을 맞은 하루 동안 아이들이 토해 낸 싱싱한 시어들이다.

점심을 먹으려고 마루에 앉아 있는데 갑자기 느껴지는 눈발…순간 눈이다! 혜지를 선두로 베란다로 달려나가는 아이들…일렬로 서서 손뼉치며 발을 동동 뛰는 아이들…밥 먹고 눈 보러 나가자는 말에 다시 들어와 밥을 먹었는데… 첫눈은 맞으면 안 좋다는 까마귀 말에…모두들 우산을 펼치고 마당으로 나갔지요. 우산은 손에 들었지만 하늘을 쳐다보며 입을 쩍 벌리고 있는 지운(눈 맛을 아는 지운). 끼리방에서 창 밖을 바라보던 나는 너무나 하얗게 변해 버린 나무를 보며… "이야, 나무가 하얀 옷을 입었다, 너무 멋있다." 그러자 지한이 하는 말, "저거 소나무지… 나 어디서 읽었는데… 소나무는 겨울에도 계속 초록색이다." 그렇게 말하면서 잠시 창 밖을 바라본 지한이 하는 말, "아프겠다." 놀란 난 "응? 아프다고?" "눈이 소나무 때문에 따갑겠다…" 후후 소나무에 내려앉는 눈을 보며 하는 말이었다. 내리는 눈을 보며 지한이(만 7세)가 느끼는 걸 과연 어른들은 느낄 수 있을까?…

간식 시간에 아름이 창 밖을 바라보며 거북이에게 귓속말로

아름(만6세)__거북이 배추에 눈이 쌓여 있어서 배추가 춥겠다. 나가서 눈 털어 주자.

● **시인이 된 소근이들** (만 4세 어린이들)

주용__눈이 바람처럼 내린다.

소영__눈이 길을 막았다.

수영__눈이 꽃이다.

한결__눈이 하늘까지 막았다.

— 「함께 크는 우리 아이」 1998년 1월호, "아이들 수다" 중에서

자연의 사물과 현상을 사람의 정신 생활과의 유비 Analogy에 의하여 이해하고, 사람과 자연 사이의 내적 관련성을 나타내는 것이 의인화라고 할 때, 의인화적인 표현은 어린이의 물활론적 사고로 인하여 아이들 세계에서는 더욱 두드러진다. 이 아이들도 눈이 오는 자연적 현상에서의 사물들을 의인화함으로써 사람과 자연을 정신적으로 관련짓고 감성적으로 이해하고 있음을 그들의 시적 언어에서 알 수 있다.

아이들이 생산해낸 시어 안에는 감성적인 인지적 과정이 충분히 들어 있다는 점에 대해 콥 Cobb(1975)은 "유아기에 가지고 있는 우리와 자연 간의 선천적인 연결과 시적인 목소리는 우리가 성인이 되어 발휘하는 창의력의 근원이다. 유아기 때는 인지적 과정이 감성적이고, 운율이 있고, 발생의 측면에서 볼 때 막 형성되고 있기 때문에, 필연적으로 시적일 수밖에 없다. 즉, 인지적 과정은 언어적 표현을 기다리면서 자신과 환경 간의 감각적 통합을 이루는 것이다"라고 말했다.

시인에게는 사물에 대한 예리한 통찰력이 있는 것처럼, 아이들이 자연에서 발견하는 의심과 질문은 통찰력이 있어서 오히려 어른들의 사물에 대한 인식을 깊이 있게 해주기도 한다.

아이__왜 쑥은 뜯어?
교사__그러면 뭐라고 해?
아이__냉이는 캐잖아.

아이의 질문을 받고 곰곰이 생각해 보게 되었다. 일상적으로 생활화하고 있던 것들도 다시 한번 생각해 보면 고개를 끄덕이게 하는 지혜를 발견하게 된다. 냉이는 뿌리까지 캐서 먹으니 호미를 들고 "캐러" 가고 쑥은 칼을 들고 땅 밖으로 나온 잎들만 "뜯는" 거구나. 지금 아이에게 알려 주지

여름 나들이에서
개망초를 만나는 아이들

않아도 몇 해 동안 나물을 뜯고 캐면서 스스로 터득할 수 있는 기쁨을 줄
수 있을 것이다.

……

아이들이 나들이 길에 만나는 무수한 식물들은 어른들이 이름을 알고 있
어 알려 주는 것도 있고 그 이름과 관련된 이야기도 들려주고 잘 모르는
풀이나 꽃, 나무는 책에서 찾아보기도 하지만 찾지 못하는 것도 많다. 그
렇지만 아이들의 느낌으로 만난 식물에 이름을 붙여 주어 주변에서 만나
는 식물들과 친구가 되기도 한다. 아이와 풀이 만났을 때 간지러운 느낌
을 받아서 이름 붙인 "간지러운 풀"은 이 다음에 어른들이 붙여준 무슨
과의 무엇이라는 것을 알 때까지 아이의 감각 속에 살아 있을 것이다.

— 『코뿔소~ 나들이 가자』, 237쪽

"간지러운 풀"과 같은 감각이 살아 있는 사물에 대한 인식 과정에서 중
요한 것은 사물의 추상적 기호를 인식하기 전에 자연과의 구체적인 관계
를 통해 사물에 대해 감각적으로 통합된 인식을 함으로써 개념을 풍부하

게 형성한다는 점이다.27)

콥 Cobb(1975)은 "아이가 '안다는 것' 또는 인식한다는 것은 아이가 자신의 세계를 만들고 그리고 그의 몸이 독특한 도구가 되는 순간에서 그리고 자연과 인간 본성이 만나는 자리에서 발생하는 것이다"라고 말했다. 이는 인간의 구체적 경험이 사물과 연결될 때 그에 대한 개념과 지식이 의미가 있다는 뜻이다.

지금까지 살펴본 대로 아이들과 교사는 나들이를 다니면서 자연과 일상적인 관계를 맺게 되고 또 친숙해진다. 나들이가 공동육아의 중요한 교육 활동이기는 하지만 그것은 명시적인 교육 의도를 띤 활동이기보다는 발산적이고 신체적인 체험 그 자체인 만큼 교육적 의도는 암묵적이다. 즉 나들이는 언어로 서술하는 나열적인 지식을 축적하고 형성하는 과정이라기보다는 손이나 발, 감각과 같은 우리의 몸에서 이루어지는 또다른 형태의 지식을 구성하는 암묵적인 교육 과정으로, 물론 이 안에는 언어의 과정도 포함되어 있음을 알 수 있다.28)

자연으로의 나들이가 일상적이면서도 어린이나 교사 모두에게 생생한 감각적 체험과 발산적 활동을 허용하는 시공간이라면 사회 · 문화적인 공간으로의 나들이는 또다른 경험을 제공해 주는 동시에 사회의 규칙과 절차를 수용하거나 충돌하는 지점과 만나게 된다. 여기서는 사회와의 만남에서 오는 다양한 경험과 갈등에 초점을 두고 이 바깥 나들이를 탐색해 보도록 하자.

세상 구경

아이들이 어린이집 바깥으로 나갔을 때 가장 먼저 사람들을 만나게 된다. 이때, 아이들을 대하는 사람들의 표정과 반응은 크게 세 가지이다. 아이들에게 웃어 주는 사람과 대부분의 무표정한 사람들 그리고 아이들을 귀찮아하거나 경계하는 사람들이다. 예를 들어 아이들은 버스에 타고 내릴 때 "아저씨 안녕하세요"라고 인사를 건네는데 이때 일일이 인사를 받아 주는 아저씨가 있는가 하면 조금 받아 주다 마는 사람, 그리고 아예 눈길을 안 주는 아저씨가 있다. 대개 아저씨들의 이런 표정은 처음 차를 태워 주는 데서부터 차이가 난다. 기꺼이 태워 주는 사람, 마지못해 태워 주는 사람, 더러는 이 공짜 손님들을 태우지 않고 지나치는 사람도 있다.

아이들과 함께 모란시장에 갔을 때는 "꼬마들도 세상 구경 나왔구나"라며 반기는 사람이 있는가 하면 "애들을 왜 여기까지 끌고 나와서 복잡하게 해"라고 투덜대는 사람도 있다.

이처럼 아이들은 바깥 나들이를 오가는 과정에서 만나는 사람들의 표정과 접하게 되고 또 아이들에게 말을 건네는 사람들과는 이야기도 나누며 사회와 접촉하는 것을 배우게 된다.

다음은 나들이에서 돌아오는 길에 만난 젊은 스님과의 대화 장면이다.

선바위 역에서 전철을 내려 어린이집으로 걸어들어 오는 길에 스님을 만났고 아이들이(7세 아이들) 스님을 자꾸 쳐다보자

스님__ 너희들 어디 갔다 오니?

이때 교사가 아이들한테 스님께 인사드리자고 말을 하자 아이들은 "안녕하세요"라고 인사한다.

아이들__ 나들이요.

스님__ 유치원 다녀?

아이들__ 아니오, 바위 어린이집요.

스님__ (교사에게) 이 동네에 어린이집이 있어요?

교사__ 예.

아이1__ 스님은 어디 가세요?

스님__ 선생님 집에.

아이1__(친구에게) 스님은 옛날 글씨(한문을 말함)로만 공부해. 나 잘 알아.

스님__옛날 글씨로도 하지만 요새 글씨로도 해.

아이1__가방 안에 뭐 들었어요?

아이3__나 알아. 목탁 들었어. 나, 절에 가서 봤어.

스님__절에 가봤니?

아이3__나는 절도 해봤어, 그거 부처님한테요. (아이들 서로 절을 해봤다고 자랑을 한다)

스님__나는 이제 이쪽 길로 가야 돼.

아이들__선생님 집이 저쪽이에요? 안녕히 가세요.

— 참여 관찰, 1998.4.10

아이들은 이러한 대화를 통해 세상 면면과 접촉하게 되고 관계 맺음 또한 배우게 된다.

사람들과의 만남 이외에도 아이들은 새로운 문화적 경험을 접하게 된다. 국립 미술관 야외 전시장의 작품 중에서 아이들이 가장 좋아하는 미술품은 「말하는 로봇」으로서 아이들은 그 조각품을 가장 잘 감상할 수 있는 위치를 찾아서 오랫동안 즐기고 소리를 흉내를 내서 따라해 본다. 실내 미술관으로 들어가서는 나름대로 조용하게 작품들을 보려고 상당히 애쓰는 모습을 볼 수가 있다(줄을 서서 보게 하지 않고 보고 싶은 대로 보도록 하였다). 그리고 나올 때 모든 아이들이 원형 계단을 몸으로 굴러서 내려오는 모습을 본 안내원이 나를 교사로 잘못 알고 "아이들이 무척 자유롭군요, 저게 바로 미술이죠"라고 말했다. 종합 전시관 견학을 마치고 분수대에 쉬러 갔을 때, 분수를 보자마자 하나같이 양말을 벗고 분수대 안으로 뛰어들어가 넓은 대리석 바닥 위에서 맨발로 뛰고 춤추는 아이들을 바라보는 어른들의 시선은 즐거워하는 여러 사람과 무표정한 몇몇 사람과 잠시 뒤 경비 아저씨의 호각 소리가 있었다. 무표정한 얼굴 뒤에는 삶의 무게가 있을 수도 있고 행동을 중지하라는 호각 소리에는 사회 구조의 질서가 아이들이라고 해서 예외는 아니라는 엄격한 메시지가 배어 있는 것이라고 볼 수도 있다.

그러나 조용한 미술관을 몸을 굴려 내려오는 아이들의 모습과 도시 한복판에서 이루어진 아이들의 즉흥적인 군무를 신선하게 보는 어른들의 눈길, 무관심한 눈길, 제지하는 반응을 접하는 아이들의 경험은 세상과 다면적으로 관계 맺는 과정이기도 하다.

교사들은 아이들의 이런 복합적인 경험이 교육적으로 가치가 있다고 판단하고 있음을 다음의 면담에서 알 수가 있다.

> 큰아이들과의 나들이가 좋은 것은 여러 사회 면면을 보여 줄 수가 있다는 거예요. 우리는 보통 고등학교 때까지 경험하는 사회가 아주 제한적이다가 그것이 대학 가면 봇물이 터지잖아요. 그래서 사회 현실이나 모습들을 다방면으로 보는 것이 적죠. 끼리방(7세)이나 방과후의 나들이는 견학 가는 것이 아니에요. 자동차에 관심 있으면 카 센터도 가고 버스 타서 버스 기사와도 얘기 나누고 다양한 사람을 만나요. 이런 접촉을 통해 사람들과도 부딪쳐도 보고 그들이 또 뭐라 하면(싫은 소리) 듣기도 하고 그러는 거죠. 어느 추운 겨울날, 걷기에는 모호해서 아이들과 택시를 탔는데 거리가 한 정거장이라며 기사 아저씨가 돈을 안 받은 적이 있었어요. 애들이 그 아저씨한테 너무 감동을 받아서 며칠을 두고두고 얘기한 적이 있어요. 그런 경험이 좋다고 생각해요.
>
> — 면담, 1999.4.9

이렇게 아이들은 자기들을 대하는 사회와 세상 사람들의 다양한 표정과 반응을 통해 세상에 적응하면서 또다른 세계를 배워 나간다.

아이가 세상에 대해 아는 것은 직접적인 경험을 통해서이기도 하지만 간접적인 경험을 통해서도 가능하다. 다음은 나들이 가는 길에 아이가 어른들의 얘기를 듣게 되는 모습이다.

국립묘지로 나들이 가는 날

봉고 차 앞좌석에는 운전을 하는 독수리, 가은(6세), 내가 앉아 있었다.
사당 4거리에서 신호를 기다리던 중

독수리__(나를 보고)사람 시야가 얼마나 좁을 수 있는지를 본 적이 있어요. 예전에 저기(손가락으로 골목 어귀를 가리키며) 고시원이 있는데 거기서 고시 공부 한 적이 있거든요. 하루는 저녁에 잠깐 쉬려고 옥상엘 올라갔어요. 근데 건너편 건물 위에서 한 남자가 담배를 피면서 물뿌리개 있잖아요. 그걸로 화분에 물을 주고 있더라구요. 근데 그 물이 길에 있던 두 남녀에게 뿌려진 거예요. 그때 남자는 여자한테 차를 타라고 하면서 막 걸음을 움직이려던 차였거든요. 그러면서 남자가 하는 말이 "어, 비 오네?" 그러더라구요. 그러더니 몇 발자국 걷더니 "어? 여기는 안 오네. 나 살면서 이런 일은 처음 보네" 하는데 맨 위에서 그걸 본 내가 얼마나 웃었는지 "사람이 이럴 수도 있구나" 하면서요.

나__으하하하!

(바로 그때 우리 사이에 앉아 있던)

가은__으흑! (마치 그 의미를 알아차린 듯한 크지도 작지도 않은 웃음소리였다)

나__(너무 놀라고 신기해서) 가은아, 너 알아들었어?

가은이가 고개를 두 번 끄덕이면서 "으흑" 하고 똑같은 웃음소리를 낸다.

나__우습니?

가은이가 고개를 두 번 끄덕인다.

— 참여 관찰, 1999. 6. 15

아이가 어른들 세계를 엿듣는다는 것은 다른 세계에 대해 경청하는 것이다. 즉 어른들의 말을 통해 세상을 경험하는 것이다. 가은이가 자기 머리 위로 오가는 어른들의 대화를 얼마나 알아들었는지는 정확히 알 수는 없지만 그 "으흑" 하는 웃음소리만큼은 알아들었다고 추측할 수는 있다. 가은이의 웃음소리는 귀로 들은 대로의 순간적, 직접적, 지각적 표출이기 때문이다. 자연스럽게 터져 나오는 느낌과 감정을 있는 그대로 표출한다는 점에서 웃음소리는 체험된 신체이다. 그런 점에서 웃음소리는 단순한 소리가 아니고 의미의 뉘앙스를 갖고 있는 복잡한 기호이기도 하다. 어른들의 대화 내용이 상당히 깊은 의미를 갖고 있는데 그것을 이해한 우리 모두의 공통된 표현은 웃음소리였다. 독수리도 웃었고 나도 웃었고 가은이도 웃었다. 그러나 웃음소리는 다 달랐다. 내 웃음소리는 "으하하하", 가은이는 "으흑", 독수리는 "기가 막혀서 웃는, 소리 없는 웃음 있잖아요"라고 했다. 이는 그 이야기의 상황을 접촉한 개개인의 맥락이 달랐기 때문일 것이다. 따라서 가은이의 "으흑" 하는 웃음소리에는 가은이의 맥락에 따른 상황에 대한 인식이 있었으며 나의 물음에 같은 웃음소리를 내면서 고개를 두 번 끄덕임의 반복은 "나도 알아"라는 가은이 나름대로의 말없는 말이며 아이의 문법이다. 즉 가은이와 이야기 상황 사이에는 "의미 작용"이 성립해 있는 것이며, 이 의미 작용은 정신적인 "상징의 세계로의 돌입"이 명료해지는 것이기도 하다. 아이들에게는 언어와 상징 세계의 성립으로 "대화"의 가능성이 열리고 그것은 세계를 향한 열린 가능성이기도 하다.

바깥 세상으로의 나들이는 세상을 보고 듣고 접하는 과정으로 여기에는 다양한 사람들과의 만남, 어린이집의 경험과는 다른 새로운 삶의 경험들로 채워져 있다.

사회적 규범과의 갈등

사회로의 나들이는 어린이집 문화와 사회의 문화가 만나는 지점이다. 아이들이 바깥 사회로 나갈 때 어린이집 습관이나 문화를 갖고 나가기 때문에 어디에선가는 이 습관이 드러나게 된다. 이것이 사회의 규범과 불일치할 때 아이들이나 바깥 사람들은 갈등을 맞게 된다. 여기에는 그 부딪침이 외현으로 드러나는 경우와 어린이집 내부에서 갈등으로 나타나는 경우가 있다.

아이들이 길에서 소변을 보는 장면은 낯익은 현상이 아니다. 아이들을 따라 바깥 나들이를 가면서 나에게 맨 처음 새롭고 낯설다는 기분을 준 장면은 동네 골목길 나무가 있는 곳에 가서 아이들이(남자, 여자 아이 할 것 없이) 아무렇지도 않게 소변을 보는 장면이었다. 그때는 요즘 세상에도 저런 아이들이 다 있구나 하는 신선함을 느꼈다. 그런데 시내에 나가서도 화단 옆에서 오줌을 누는 것을 본 나는 사람들이 어떻게 생각할까라는 조바심에 오가는 사람들의 눈치를 살펴보았고 비교적 귀엽다는 듯 허용적인 사람들의 낯빛을 보고서 다소 안도를 하였다. 또 버스나 전철을 탔을 때 아이들은 차 안에서 시끄러운 편이다. 그런 상황이 몹시도 불안했던 내가 만든 행동 전략은 아이들과 거리를 어중간하게 떼어 놓고 45도 각도로 비스듬히 서서 관찰하는 것이다. 여차하면 방향만 사람들한테로 틀면 나는 아이들과는 관계가 없는 타인이 될 수 있기 때문이다. 그러나 얼마 후 아이들이 나들이에서 정말로 무엇을 하나를 관찰하게 되면서부터는 일부러 거리를 떼어 놓거나 각도를 조정하지 않게 되었으며 그 시간은 그다지 오래 걸리지 않았다.

나들이 길에서 내가 느낀 불안의 정체는 아이들의 눈치 보지 않는 행동과 사회적 규범 사이의 거리였다고 할 수 있다. 즉 어린이집 문화와 바깥 사회의 문화와의 차이인 것이다. 이런 차이가 심할 때는 사회 문화는 어린이집 어린이들에게 경고적인 발언을 하게 된다. 다음이 이에 해당하는 예이다.

목욕탕으로 나들이를 갔는데 아이들이 너무 심하게 물장난을 해서 아이들은 물론, 교사인 까마귀까지 혼난 사건이다. 대중 목욕탕에서 아이들이 물을 퍼 쓰고 장난하는 행동은 사회에서는 기다려줄 수도 허용될 수도 없는 것으로, 목욕하러 왔다가 방해를 받은 한 아저씨가 까마귀에게 "당신이 인솔 교사야, 선진국은 말이야 아이들을 이렇게 교육시키지 않아. 장

차 아이들이 커서 어떻게 되겠어?"라고 혼을 냈다. 이 일은 내가 어린이집에 들어오기 전에 있었던 일로 약 1년이 지난 시점에 까마귀한테 물어보게 되었다.

나__그때 아이들이 목욕탕 주인한테 혼났을 때 기분 나빴어요?

까마귀__아니오, 기분 안 나빴어요. 당연히 혼날 짓을 했는데 혼나야지요. 우리 애들이 노는 것도 좋지만 공중 도덕이라는 게 있는데 우리가 너무했어요. 가기 전에 분명히 약속했지만 잘 안 됐어요. 사람들은 쉬러 왔는데 우리 애들이 옆사람들한테 물 튀기고 불안 불안하더라구요. 그래서 나는 애들하고 상관없는 양 멀찍이 떨어져 있었어요.

나__까마귀도 그랬어요? 나도 그런 적 있어요.

까마귀__주인 할아버지가 화가 나서 긴 막대기를 들고 들어와서 고함을 치고 야단치는데 야단 맞는 아이들 모습을 잊을 수가 없어요.

나__왜요?

까마귀__(아직도 너무도 재미있다는 듯한 표정으로) 원조가 있잖아요, 무서워서 어쩔 줄을 모르고 바가지를 얼굴에 썼다 벗었다만 계속 하는 거예요. 잔뜩 겁 먹은 아이들의 눈빛을 잊을 수가 없어요. 그런데 그 아저씨 말은 기분 나빴어요. 선진국에서는 이렇게 안 가르쳐 하는 말요. 차라리 고함을 확 지르면 되는데… 자기는 선진국을 얼마나 안다고.

— 면담, 1999. 4. 2

경험 있는 어린이집 교사라 하더라도 상황에 따라서는 내가 앞서 경험한 불안을 느끼는 것을 알 수 있다. 이 교사는 아이들하고 목욕탕에 가서 지켜야 할 것에 대해 사전에 약속했지만 아이들이 지키지 않아 불안했고 결국 주인 할아버지한테 혼난 것은 당연하다고 했다. 면담을 하는 과정에서 나는 혼날 짓을 했으면 혼도 나는 것이 세상 이치라는 느낌을 까마귀로부터 받았다. 그런데 선진국 운운한 아저씨는 기분이 나쁘다고 했다. 그 아저씨 말을 면밀히 들여다보면, 아이들 장래 걱정 속에 교사를 반말로 혼내는 행위는 대수롭지 않게 은폐되는 면이 있으며 우리 교육의 목적이 어디에 있는가가 보통 사람의 상식적인 수준에서 잘 드러나고 있다.

이처럼 안과 밖의 문화가 적나라하게 부딪치는 장면이 있는가 하면, 이러한 상황이 어린이집 교사들 내부에서 문제가 되어 토론거리가 되기도 한다. 사회 질서는 무조건 지킨다는 타율적 태도라면 논란이 될 이유가 없지만 자율적 태도에서는 논란이 된다. 예를 들면 아이들이 잘 노는 무덤가의 경우, 남의 무덤에 함부로 올라가는 것이 아이들한테는 즐겁지만 그 주인한테는 너무 예의가 아닌 것 같아서 교사들은 고민을 한다.

다음은 헌인능으로 긴 나들이 가서 아이들이 동물 석상을 타고 논 일을 두고 교사 회의 시간에 문제 제기를 한 내용이다.

민들레__이야기를 생활과 교육으로 나누어서 해보죠.[29)]

까마귀__예를 들어 화장실도 쓰고 나서 남이 쓸 수 있게 배려해 주고 나왔는가 하는 거예요. 밥 먹을 때 숟가락도 내 것말고 친구 것도 챙겨 주는가? 우리는 서로 도와주고 배려해 주기를 어떤 식으로 하는가를 짚어 봐야 할 것 같아요.

싱글벙글__나들이 때 사회 질서 지키는 것도 생각해 봐야 해요. 저번에 헌인능 가서 동물 석상을 타고 신나게 놀았다고 했는데 그것은 문제가 있지 않아요?

진달래__그런 문제에 대해 토론을 해보죠. 결국 공중 도덕과 우리의 자유 간의 갈등인데요…

민들레__그런데 그 지켜야 되는 선이 어디까지냐는 거죠. 그것조차 교사들간에도 다 생각이 다를 거예요.

싱글벙글__다르다는 것이 나는 이해가 안 돼요. 예를 들어 예술 공원은 괜찮잖아요. 그렇지만 헌인능은 안 돼죠. 그런 면에서 우리 자신이 공공성이 부족하다고 봐요.

호랑이__교사 개인 개인이 좀더 생각해볼 문제이기는 해요.

진달래__아이들과 놀면서 순간 문제가 된다고는 생각했죠. 그래서 올라탄 것은 자책하지만 아이들이 보고 느끼게 환경이 안 되어 있는 것도 문제라고 생각해요.

싱글벙글__그런 사회적 조건을 떠나 먼저 우리가 고려할 점은 있다고 봐요. 사회적 환경은 그 다음 문제예요.

민들레__일단 원칙을 우리가 고민을 하기로 하고 다음 주제로 넘어가죠.

— 참여 관찰, 1998.11.10

동물 석상을 타고 논 일을 두고 어느 누가 뭐라 한 것은 아니지만 교사들 스스로 생각해 볼 때 문제가 있다고 본 것이다. 이는 아이들의 자유와 사회적 규범 사이의 균형을 자율적으로 짚어 내고자 하는 의도라고 할 수 있다. 이처럼, 어린이집에서는 자유와 공중 도덕 간의 갈등으로 나타나는 안과 밖의 부딪침을 경험하게 되고 이것의 타협 지점을 어디서 찾아야 할지가 교육적 고민의 하나이기도 하다.

동물 석상을 타고 논 사건이 있고 난 후 7개월이 지난 어느 날, 교사들과 사진을 정리하다 우연히 그 장면들의 사진들이 나왔다. 내 눈에 사진의 그림이 참 좋아 보였다. 그래서 "그림이 참 좋아요." 그러자 교사 한 명이 "이게 그 난리가 났던 거잖아요." 내가 모른 척하며 "무슨 난리요?" "석상을 타도 되느냐, 말아야 되느냐" 이처럼 결정적인 판단을 유보했던 사건은 교사들의 기억 속에 남아 있어서, 앞으로 만날 상황에 대해 예측하게 해주며 조금은 선명해진 유보적인 판단을 내릴 수 있도록 해준다.

이 사건을 계기로 나에게는 기억 한 자락이 떠올랐다. 아주 오래전 이야기이다. 내가 대학 다닐 때 가두 시위라는 것이 있었다. 고속 터미널에서 그 지역 여러 대학의 학생들이 모여 가두 시위를 하였는데 선두 시위자의 구호와 함께 학생들이 유일한 무기인 보도 블록을 깨뜨리기 시작했다. 주변 어른들은 불안한 시선으로 그 장면을 바라보고 있었다. 그때 한 아주머니가 학생들에게 "학생, 이러면 안 돼. 이거 다 나라 재산이잖아" 라고 말렸다. 그러나 학생들은 그 아주머니의 말을 못 들은 척하고, 블록을 계속 깨고 아주머니 또한 계속 학생들을 말렸다. 그러자 한 남학생이 상기된 얼굴로 "그러는 아주머니는 이 나라를 위해 무얼 하셨어요?" 하고 냅다 소리를 질렀다. 순간 그 장소에는 얼음장 같은 정적이 잠시 흘렀다. 정말 오래전 일인데 왜 생각이 났을까? 정치적 상황에서의 자유에 대한 판단은 일상 생활에서보다 훨씬 더 다의적인 의미를 내포하고 있다고 할 수 있다. 그러나 자유에 대한 판단에 있어 정치적 상황과 일상 생활 간의 긴장 관계는 우리가 언제나 상황적으로 풀어야 하는 딜레마이다. 이 사이에 교육적 상황 또한 위치하고 있다고 볼 수 있다. 교육적 상황에서의 자유의 판단은 일상 생활에 더 가깝다고 할 수 있다.

이런 점에서 볼 때, 아이들의 자유는 절대적으로 확보되어 있는 것이 아니라 구체적인 상황과의 만남에서 확보하고 형성해 가는 것이다. 이것은 어린이집에 주어진 자유에 해당된 나름대로의 바깥과의 대화 양식이다. 따라서 어떤 결정이 나건 그 갈등 과정 자체가 자유의 과정이라고 할 수 있다. 나는 한때 정치적 의미의 자유를 비교적 큰 목소리로 주장해 본 경험이 있다. 그러나 그 이후로, 내 삶의 언저리에서 자유와 규범 간의 갈등을 겪은 경험에 대해 깊이 생각을 해본 기억은 별로 없다. 내가 도덕적이어서일까? 아니다. 내 일상의 작은 영역에서 그런 상황 자체를 무의식적으로 피해 왔을 뿐이다. 나에게 오래된 에피소드가 떠올랐던 것은 아마도 일상의 자유에 대해 조근조근 작은 목소리로 얘기해본 적이 없는 내 삶의 공백에서 온 것일 게다. 메를로 퐁티의 말처럼 자유는 언제나 안팎의 만남인 것이다. 이를 동물 석상을 타고 논 사건이 나에게 깨우쳐 준 것이다.

두 세계의 아이들

휴일에 공원 같은 데를 가보면 아이를 데리고 나온 부모들이 많을 때가 있다. 그 모습을 보고 있으면 꼬마들끼리 무언의 주고받음도 보이고 부모들끼리 자연스럽게 말을 거는 장면도 볼 수가 있다. 어린이집 바깥 나들이에서도 유치원이나 어린이집에서 그 또래 집단들을 데리고 나온 나들이를 종종 만난다. 그런데 이 만남은 뭔가 대비되는 풍경에 시선이 멈추면서 충격으로 다가올 때가 있다.

다음의 예는 한 어린방 교사가 까마귀를 따라 큰반 아이들과는 처음 같이 나간 바깥 나들이에서 경험한 충격이다.

…아이들의 행동을 바라보는 어른의 입장은 아이들을 어떤 눈으로 바라보느냐에 따라 엄청나게 달라질 수 있다는 생각이 들었다. 당장 나들이를 처음 오는 나나 늘 아이들을 그림자처럼 따라다녔던 까마귀의 시각도 엄청나게 다르다는 생각이 들었다. 1년 정도 따라다닌다면 아이들에 대해 나는 어떤 시각을 갖게 될까, 자못 궁금해졌다.

어느 사이 당실이들은 아주 자연스럽게 그들의 길을 따라서 뛰어갔다. 연못을 떠나 다리를 건너 조각품 공원을 이리저리 지나고 있었다. 맨 나중에 도글이들을 몰고 가는데 7세 정도 되어 보이는 유치원 아이들이 줄을 맞추어 앞뒤 어깨에 손을 걸고 인솔 교사가 앞뒤로 서서 천천히 걸어오고 있었다. 그 애들을 앞질러 고함을 지르며 뛰어가는 우리 아이들과 그 아이들의 모습은 대조적이다 못해 차라리 충격이었다. 순간 마음 속에 무어라 설명하기 힘든 감정들이 떠오를 듯하다 부서졌다. 내가 그 애들 옆을 지나가고 있을 때 그 애들은 조각품 앞의 작품 설명을 읽으면서도 손을 놓지 않고 있었다. 천천히 지나갔는데도 교사들도 아이들에게 한마디도 말하지 않았다.

중간에서 까마귀가 우리들을 기다렸다. 코끼리 열차가 지나는 길을 가로질러 넓은 잔디 마당이 당실이들 놀이의 절정이었다. 그 곳 대나무 숲에서 까마귀가 숨고 당실이들은 까마귀를 찾고 당실이들은 이리 뛰고 저리 뛰고 특별히 까마귀는 도글이들을 위해 호랑이 소리를 내며 유혹했지만 도글이들은 아직 놀 줄을 몰랐다… 도글이들을 위해 잔디 마당에 엎드려 말도 태워 주고 누워서 하늘도 보고 뛰어다니기도 하며 재미있게 놀아주려 했지만 도글이들은 그렇게 아직은 즐길 줄을 몰랐다. 반면 까마귀와 당실이들의 놀이 모습은 예술에 가까웠다. "원 세상에… 어쩜 저렇게 잘 논다지" 나는 속으로 거듭 그 말만을 반복할 수밖에 없었다…

그런데 왜 내겐 이번 나들이의 모습이 그렇게 충격으로 다가왔을까?

똑같은 나이의 아이들, 두 집단의 놀이 문화, 놀이에 발광(전혀 나쁜 뜻이 아니다)한 듯이 놀아 대는 공동육아의 아이들. 그 너른 마당을 두 줄을 서서 선생님 말씀을 따라 걷고 있는 아이들. 똑같은 하늘 아래서 왜 그렇게 달라져야 하는 것인지.… 까마귀와 아이들의 어울림은 참으로 환상적이기까지 했다. 아이들의 놀이 문화를 주도하는 것은 역시 까마귀라는 생각에 바위 어린이집 아이들은 정말 행복한 아이들이라는 생각도 들었다. 도글, 까궁이들과 늘 오밀조밀 놀러 다니던 나에게 미술관 나들이는 참으로 신선한 충격이었다. 우리 아이들은 언제쯤 쟤들처럼 놀 수 있을까?

그러나 돌아오는 길 봉고 차 안에서 역시 사물놀이 장단과 백두산의 가락을 너무도 흥겨워하는 도글이들을 보며 모든 아이들이 갖고 있을 놀이에 대한 끼를 유감없이 엿볼 수 있었다. 그날 만난 두 집단의 아이들에 대한 영상은 어린이집 교사로서 아이들을 어떻게 바라보아야 할 것인가에 대한 화두로서 머리 속에 영 잊혀지지 않고 있다.

—「함께 크는 우리 아이」 1998년 3월호, "교사의 글마당" 중에서

이 교사는 어린이집 내에서도 아이들의 놀이를 직접 체험하는 정도가 교사마다 다르고 이에 따라 아이를 보는 시각도 다름을 동료 교사와의 나들이를 통해 느끼고 있다. 어린이집 문화 내에서의 이러한 차이는 타인을 통해 교사로서의 자신의 모습을 되돌아보는 기회를 제공한다. 이에 반해, 어린이집 문화와는 대조적인 외부의 다른 교사와 아이들의 모습을 본 자신의 경험을 "차라리 충격"이라고 한 교사의 표현은 메시지가 담겨 있는 발언이다. 어린이에 대한 이미지를 어떻게 구성할 것인지가 그 교사의 화두로 남았다 했지만 사실은 어린이와 관련한 우리 사회의 화두이다. 다음은 이 화두가 떠오른 이유를 보여 주는 사례이다.

며칠 전에도 꽃시장 갔는데 다른 아이들은 그냥 지나가는데 우리 애들은 서서 보고 얘기하고 우리 애들은 알고 싶으면 못 참잖아요. 그러니까 물어보고 그러다 다른 유치원 선생님한테 길 막는다고 그분이 나를 야단치

더라구요. 걔네는 가야 하니까… 그것이 교사 잘못은 아니죠. 교사 대 아
동 비율이 다르니까… 어제도 경마장 갔는데 우리는 10명인데 한 유치원
에서 100명이 왔어요. 우리는 애들하고 노는데 거기 선생님들은 안 놀아
요. 깨끗한 옷 입고 와서 서 있을 뿐이에요. 그럴 때 다른 아이들 안타깝
죠. 반말 문화랄지, 교사와 아이 함께 노는 것이 일치된다고 할 수 있죠.
우리는.

— 면담. 1999.4.8

바위 어린이집 교사와 아이들이 밖으로 나갈 때 어린이집 문화가 묻어
나가는 것처럼 보통의 어린이집이나 유치원 아이들과 교사들이 밖으로
나들이 올 때도 그들의 문화가 드러난다. 한 사회 안에 그 또래의 아이들
이라 천진함과 노는 모습이 엇비슷할 것 같지만 이미 두 집단의 아이들
과 교사 모두, 자신들이 속한 사회(어린이집 또는 유치원)에서의 삶의 방식
을 익혀 왔기 때문에 공간이 달라졌다 해도 표출 방식이 생활 범주를 크
게 벗어나지 않는다. 따라서 나들이에서 만나게 되는 이질적인 모습을 통
해 그 집단의 삶의 방식과 교육의 방식을 어느 정도는 미루어 짐작할 수
있다. 이 때문에 공동육아 어린이집 교사들이 나들이 길에서 만나는 바깥
의 교육 모습을 안타까운 시선으로 보게 되는 것이다.

비슷한 경험을 나도 한 적이 있다. 1999년 6월 말 씨랜드 사건이 있은
다음날이다. 나는 그날 일산 야호 어린이집 아이들과 임진각으로 먼 나들
이를 갔다. 임진각에는 다른 유치원 아이들도 나들이를 나와 있었다. 공
동육아 아이들이 임진각에서 경험하는 것과 그 아이들이 경험하는 것은
너무도 달랐다. 그 아이들은 점심 먹는 것 빼고는 종일 사진만 찍었다. 다
음은 그날의 나의 느낌을 적은 글이다.

어떤 아이들은 자신들의 경험을 사진으로 증거해야 하고 어떤 아이들은
자신들의 체험을 몸 안에 고스란히 남긴다. 좋은 풍경을 배경으로 추억거
리를 사진으로 기념하는 것이야 인간사 탓할 일이 아니지만 사진 찍기 좋

은 장소만을 골라대는 어른들을 좇아, 그 더운 여름날 줄만 서야 되는 아이들을 보자니 이것은 어른들의 "거래"라는 의심을 거두기가 어렵다.

— 1999.7.1 현장 일기

공동육아 운동은 우리 아이들과 미래를 위한 사회적 장치가 마련되도록 하기 위해 오늘의 현실 속에서 사회 문화적 환경 변화를 모색하는 일이기도 하다. 변화되어야 할 사회 문화적 환경 안에는 위 예의 교사가 진단하고 있는 과도한 교사 대 아동의 비율, 그로 인한 어린이와 교사의 관계, 놀이 문화, 사회 구조적인 원인도 포함된다.

어린이집에서 사회로 나가는 나들이에서 어린이들은 사람들과 접하게 되고 어린이집과는 다른 바깥 세계의 문화를 새롭고도 다양하게 경험한다. 한편 이 문화적 차이 때문에 교사들은 어린이집의 자유와 사회의 규범 간의 합의를 위한 교육적인 고민을 하게 되며, 다른 교육 기관의 아이들과의 만남은 교사로서 어린이에 대한 이미지, 교육에 대한 이미지를 다시 한 번 생각하게 하는 기회가 된다.

나들이의 교육적 의미

공동육아 구성원들은 나들이의 교육적 경험과 가치를 생태적인 사고, 통합적인 앎의 방식, 감성 교육을 할 수 있는 활동으로 평가한다. 그러나 여기에 만족하지 않고 아쉬워하는 점도 있다. 어떤 상황에 대해 아쉽게 여긴다는 것에는 두 가지 의미가 있을 수 있다. 하나는 그 현상 자체의 한계이고 다른 하나는 그 현상에 개입되는 인간의 경험적 한계이다. 이 둘을 치밀하게 파악하게 되면 그 한계성은 다른 차원에서의 가능성이 되기도 한다. 이 두 가지 한계를 치밀하게 파악하는 행위는 우리의 반성으로부터 시작될 수 있다.

아침에 나들이를 하는 이유

내게 나들이는 내 자신이 얼마나 이성을 우위에 두는 기계론적 삶의 방식에 젖어 왔었는지를 체험적으로 깨닫게 되는 과정이었다.

내가 연구 초기에 교사들에게 성급하게 나들이의 문제점을 지적한 적이 있었다. 왜 나들이의 장면을 적극적으로 교육적으로 끌고 들어오지 않는가 하는 점이었다. 이에 대해 교사 두 명이 "자연"의 교육적 효과와 경험은 서서히 심지어는 성인으로 성장한 후에 나타난다는 자신들의 생각을 내게 말했다. 이에 대해 나 역시 대의는 동의하지만 그 많은 잠재적 경험 중에는 현재 교육 활동 속에서 구체화시켜 줄 것도 있음을 말한 바 있다.

집에 와서 다시 생각하길 자연을 가까이 하는 경험의 외적 드러남이 서서히 온다고만 생각하는 것은 두 선생님의 개인적 경험의 한계는 아닌지 왜 반문하지 않았던가 하고 아쉬워하는 동시에 교육적 효과가 성인이 된 후 나타날 수 있다는 교사들의 발언에 충격을 느낀 것도 사실이었다. 이 일로 나는 터전의 교육에 대해 뭐라 하기 전에 나 자신을 다시 생각해 봐야 한다고 마음을 먹고 지속적으로 나들이를 따라다녔다.

내가 공동육아에 들어오기 전 또는 들어와서 초기에 의아했던 것 중에 하나가 나들이 참 좋은데 두 시간은 좀 길지 않은가? 그리고 왜 정신이 맑은 아침에 굳이 힘들게 나들이를 하는 걸까? 차라리 오전에는 실내에서 조용히 집중적인 활동을 하고 오후에 아이들이 좀 지루해 할 때 슬슬 나들이를 가는 것이 더 낫지 않을까 하는 생각을 했었다.

그러나 부지런히 나들이를 따라다니던 어느 날 더 이상 말로는 표현할 길 없는 "아하, 이래서 나들이는 아침에 오는 거구나"를 몸으로 느끼면서 인간의 맑은 정신으로 자연과 전면적으로 만나는 이 좋은 시간을 나는 왜 자투리 시간에 하는 것이 좋겠다는 생각을 했는지 따져보았다. 정신이 맑을 때는 공부를 해야 한다는 잠재 의식은 돌이켜 보니 어려서부터 집안 어른들에게 익히 들어 왔던 "선선하니 정신 맑을 때 공부하고 이따가 나가 놀아"라는 말 때문이었다. 그래서 내가 생각하는 나들이는 정신 작용보다는 휴식이고 교육 활동이기보다는 단순한 체력 또는 놀이 활동이라고 본 면이 없지 않았다. 그리고 자연을 쉬러 나가는 하나의 대상으로밖에는 여기지 않았던 것이다. 더 근본적으로는 인간의 활동을 몸과 정신, 둘로 갈라서 보았으며 몸보다는 정신을 우위에 두고 보았던 것이다. 재미있었던 것은 예전의 이곳 원장 선생님(유아 교육을 전공했음)도 교사들에게 나들이를 오후에 해야 함을 주장했었다는 말을 듣고 교육자들의 학습 지향성을 속으로 확인하면서 혼자서 피식 웃은 적이 있다.

나들이의 과정을 통해, 나는 자연自然의 "스스로 그러함"의 본질과 속도를 체험적으로 터득하지 못한 자신을 발견하게 되었다. 특히 체험적 앎에 걸리는 시간과 인식의 방식에서 비자연적 시간관과 인식의 방식을 갖고 있었음을 깨달았다. 그래서 성급했고 나들이의 체험적인 인식 방식이 나의 따지고 조이는 반성적인 인식 방식에서 볼 때 어설퍼 보였던 것이다. 즉 여백이 구멍으로 보였던 것이다. 그래서 내가 의문시했던 나들이의 한계점은 어찌 보면 자연에 대한 나의 제한된 체험과 시각의 한계일지도 모른다는 생각을 하게 되었다.

나도 평소 입으로는 그리고 나의 의식 세계에서는 늘 통합적인 인식 방법을 주장해 왔다. 특히 유아 교육에 관해서는 더더욱 그랬다. 그러나 그 통합적인 인식 과정에 대해 체험적인 시간이라는 요소는 별로 생각해 보지 않았다. 아마도 뼈 속까지 스민 기계론적 세계관의 덕택일 것이다. 다음의 말라구찌Malaguzzi(1993)의 말을 통해 나의 체험적 시간, 어린이의 인식의 바탕을 이루고 있는 시간, 교육에서의 시간의 의미를 다시 생각해 보는 기회가 되었다.

진정한 교수와 학습이 일어나는 상황과 유아기의 주관적 경험이 이루어
지는 상황에서는 특히 어린이의 시간을 시계로 재는 것은 잘못입니다.
성숙할 시간, 발달할 시간, 이해할 시간, 어린이의 능력이 완전히 나타나
고, 천천히 나타나고, 엉뚱하게 나타나고, 맑게 나타나고, 계속적으로 변
하며 나타날 시간을 존중해 주어야 합니다. 이것은 문화적, 생물학적 지
혜에 따른 측정입니다.
…… 자연은 실수를 수정하고(어른과 어린이 모두가), 편견을 극복하
고, 어린이가 잠시 쉬면서 자신과 또래, 부모, 교사, 세상에 대한 자신들
의 이미지를 회복할 수 있는 시간을 마련해 줍니다. 만약 우리가 기계와
이득에 따른 시간과 리듬이 인간의 시간과 리듬을 지배하는 시기에 살
고 있다면 심리학, 교육, 그리고 문화가 설 자리는 어디인지 알고 싶습
니다.

기계론적 시간관이나 세계관으로부터의 전환은 어느 날 머리가 인식
했다고 해서 즉 "지적인 놀이"만으로는 변화할 수 없는 것임을 깨달은
것이다. 기계론적 세계관조차 머리 따로 몸 따로가 아닌 온몸으로 체험되
고 쌓인 것이기 때문에 몸이 달라질 때 비로소 변화를 체험하는 것이다.
이 체험적인 과정이 나들이를 따라다니는 과정에서 나에게 서서히 변화
로 다가온 것이었다.

삽질을 하면서도 정적일 수 있는 아이들

공동육아 부모들의 경우, 나들이의 암묵적이고 통합적인 앎의 방식에 만
족하지만 아이들의 연령이 높아지면 명시적이고 객관적인 지식의 획득
에 대한 욕구가 커짐에 따라 나들이에 뭔가 더 보완되기를 바라는 것이
그들의 잠재적 욕구이기도 하다. 또 새로 들어온 부모들의 경우, 자연과
관련된 감성 교육은 만족하지만 인지 교육에 대한 결핍을 표명하게 되면
이에 대해 구성원들은 어떻게 해명할지 난감해 할 때도 있다.

다음은 어린이집의 나들이와 같은 자연 친화적인 교육이 아이를 유약하게 하지는 않는지 부모의 걱정을 담은 사례이다.

진용 엄마__공동육아의 "자연 친화"에는 뭔가 아이에게 다가오는 세계에 적응하는 데 무능함을 주는 면은 없는지요? 나는 아이를 미래 사회에 적응하지 못하게 하고 싶지는 않아요.
나__아마 그것이 관계를 어떻게 설정하느냐의 문제인 것 같은데 전 오히려 어릴수록 자연을 가깝게 하는 경험이 좋겠다는 생각을 공동육아에 들어와서 하게 되었어요. 다가올 세계의 변화 그것은 자연을 배제하는 것이 아닌 관계 맺음이라는 새로운 형태라는 생각이 듭니다. 자연 친화가 단순히 자연으로의 회귀가 아니니까 오히려 교육적 장면이 많고 특히 자연이 인간에게 주는 감각적 예민함과 풍부함은 웬만한 인위적 방식보다 나을 수 있다는 생각이 드네요.
진용 엄마__예 맞아요. 관계인 것 같아요.
교사__그런데 공동육아 부모 중에는 반 문명이 곧 자연 친화라는 결정적인 생각을 하는 분도 계세요. 문명 필요 없다, 자연이다 이거죠.
나__그게 아마도 우리가 경험한 이분법적 사고의 폐단인 것 같은데요. 문명 아니면 자연이라는 거죠. 하나를 선택함으로 나머지를 배제해 버리는… 그런 맥락으로 자연을 선택해 버리면 아까 진용이 어머니가 걱정한 무능함을 일부 줄지도 모릅니다. 역시 두 가지를 다 고려하되 그것과의 관계를 우리가 어떻게 만들 거냐 거기에 초점이 주어져야 할 것 같아요.

— 면담, 1998.8.2

이 예는 아이를 문명적으로 준비시키지 않아 정보 사회에서 아이의 생존력이 뒤처지게 되는 것은 아닌지 하는 것으로, 자연과 문명에 대해 따로 따로 보는 시각이다. 또 자연은 곧 반 문명이라는 것도 같은 시각이다. 나들이와 관련해서 어린이집에서 이분법적인 논리가 은연중에 드러나는 맥락에는 크게 자연 대 문명, 물질 대 정신, 자연 대 인간, 작게는 통합적이고도 전신적인 앎의 방식을 방해하는 분절적인 앎의 방식의 근저에 있

"삽질을 하면서도 정적일 수 있습니다."

는 지성 대 감성, 몸 대 정신 등이다.

　공동육아 구성원들이 보여 주는 자연에 대한 전반적인 생각들에는 자연을 근원에 둔 생태론적이고 통합적인 삶과 앎의 방식을 지향하는 점이 보인다. 이런 지향은 아직도 기계론적이고 이분법적인 세계관이 팽배한 우리의 현실에서 볼 때는 신선한 사고 패러다임이라고 할 수가 있다. 그럼에도 불구하고 그것을 실천하는 과정에서 크고 작은 문제점에 부딪치고 이러한 상황의 언저리에는 아직도 세상과 사물, 인간을 기계론에 뿌리를 둔 물질과 정신으로 확연히 분리시켜 생각하는 환원주의식 선입견에서 오는 이분법적 사고 패턴이 잔존하고 있음을 알 수 있다.[30]

　"아이들은요, 삽질을 하면서도 정적일 수 있습니다." 이 말은 아이들이 발산적으로 뛰어 노는 것도 좋지만 뭔가 정적인 활동도 했으면 좋겠다는 부모들의 제안에 대한 까마귀 선생님의 답변이다. 이 말을 들은 부모들은 "이 말은 까마귀 아니면 못해"라며 그 말의 속뜻을 이해하고 넘어간 적이 있다. 그러나 이 말은 아이들이 어떤 형태로든 몰입되었을 때의 일이다. 아이들이 항상 나들이의 전 과정에 몰입할 수는 없다. 몰입에는 리듬과 다양한 형태가 주어져야 한다. 이런 상황을 조성하는 것이 교육적인 노력 안에서 이루어져야 하고 부모와 교사들의 나들이에 대한 고민도 이러한 맥락에서 이해되어야 한다.

교사들이나 부모들은 나들이의 암묵적 교육 과정의 확장을 지향하면서도 여기에 의도적인 교육 과정을 보완해야 하는 것은 아닌가, 즉 나들이와 연결해서 뭔가 좀더 깊이 있는 활동을 해야 하는 것은 아닌지 고민한다. 아이들 또한 나들이를 즐겁게 잘 다니다가도 7세 정도가 되면 익숙한 나들이에 흥미를 잃는다든지 힘들어 하는 아이들이 종종 있다.

방과후 교사인 까마귀는 평상시 나들이 코스인 우면산이나 관악산의 생태를 아이들과 조사해 볼 계획을 하게 된 동기에 대해 다음과 같이 말했다. "아이들한테 그 동안(2년 이상) 나들이 하면서 무엇이 가장 좋았는지 또는 기억나는 것을 말해 보라고 하니까 아이들 말 중에 자신들이 아는 나무에 대해 열 안팎의 이름들이 나오더라구요. 그래서 그럼 그것을 그려 보자고 했더니 거의 못 그리는 거예요. 나뭇잎의 형태도 못 그리더라구요. 의외였어요. 우리가 나들이를 매일 가고 하면서도 실제 아는 것은 없는 거예요. 나도 그렇죠. 나도 몇 개 모릅니다. 이제 좀 그런 데서 벗어나야 할 것 같아요." 이 말은 나들이가 즐기고 체험하는 이상 무엇이 있어야 한다는 것을 말한다. 나들이의 경험이 어린이집의 안과 밖에서 유기적으로 연결되어야 하고 나들이의 일차적인 체험이 반성적 경험과 사고 속에서 다양하게 명료화됨으로써 어린이들의 체험과 지적 가능성이 통합될 필요가 있다는 뜻이다. 어린이들이 세상과 사물의 복잡한 현상을 인식해 가는 과정에는 아이들의 유추, 은유, 의인화, 현실적 논리적 의미들을 사고하고 표현할 수 있는 능력들이 개입된다. 이를 지나치게 일차적인 감각적 경험으로 머물게 하면 아이들의 신선한 호기심은 지속적인 방향성을 갖지 못하고 현상적 수준에서 사그러들 수도 있다. 따라서 공동육아의 나들이를 통한 체험의 강조에는 자연의 무한한 시간과 공간 안에서 이루어지는 아이들의 풍부한 활동과 심미적 감성이 교육 과정으로 구성될 가능성이 있지만 어른들이 분절적인 인지 교육에 식상한 나머지, 어린이들의 순수한 지적인 모험과 호기심을 끌어 주고 북돋아 주는 교육적 행위를 토막 난 지식의 전수라는 맥락으로 오해해서 무의식적으로 배제할 여지도 있다. 공동육아의 나들이 활동을 탐색한 차현진(1997)은 나들이의 다양한 교육적 가치를 논하고 나들이 활동이 해결해야 될 문제점으로 아이들의 주도적인 행동이 크게 강조되어 교사의 충분한 지원하에 계속적으로 유목적인 활동으로 연결되지 못하는 것은 유아들의 학습의 가능성을 축소시키는 결과를 낳을 수 있음을 지적한 바 있다.

다음의 사례는 나들이를 포함한 어린이집 전체의 생활적이고 체험적인 교육 방식에 대한 교사의 깊이 있는 반성이다.

생활로 이루어지는 교육이어야 한다. 대안 교육의 방식은 필연적으로 생활에 터한 방식, 생활에 근거한 교육 방식을 요구한다. 지식이 쌓이면 그것이 태도와 행동에 어느 정도 영향을 주는 것은 분명하지만 그러나 "앎"이 전부 "실천"으로 이어지는 것은 아니다. 그래서 인간의 태도와 행동, 삶의 자세를 어느 특정한 방향으로 기르고 싶으면 지식을 통한 교육이 아닌 생활 속에서의 교육을 해야 한다.

우리 아이들은 나들이를 통하여 세상, 세계와 만난다. 자연의 변화를 알고 그 변화에 민감하며 즐길 줄 안다. 그 속에서 기쁨을 주는 존재와 생명에 대해 존중해야 함을 배운다. 우리 아이들은 지역 사회를 견학가지 않는다. 지역 도서관에 구경가지 않고 책을 읽으러 가며 우체국에는 이사간 친구에게 편지를 부치기 위해 간다. 나들이에 오며 가며 만나는 동네 어른에게는 "안녕" 하며 반말 하지 않고 "안녕하세요" 하고 인사할 줄 안다. 아이들은 점심을 함께 먹으며 맛있는 반찬을 나누어 먹을 줄도 알고 하나뿐인 장난감을 놓고 싸우기도 하지만 이내 차례대로 가지고 노는 질서와 인내도 배운다. 똥을 싸서 바지가 없는 친구에게는 주저 없이 자기 바지를 빌려 주기도 한다. 새로 어린이집에 온 아이에게 따뜻하게 언니 노릇을 하며 반겨 주기도 하고 집에는 없지만 어린이집에 있는 어린 동생이 너무 이뻐 지나치다 싶을 만큼 조몰락대기도 한다.

그러나 참 어설프다 싶을 때가 많다. 생활로서 교육되어야 한다 했지만 반쪽짜리의 생활로 끝나지 않을까 하는 걱정이 되기도 하고, 그 반쪽짜리 어린이집에서의 생활마저도 아직은 좀더 깊은 생각과 고민 속에서 의도된 것이라기보다는 무계획, 또는 비계획적으로 일어나는 것이 많기 때문이다.

— 참여 관찰, 1998.12.9. 교육 소위 교사의 발표 내용 중에서

교사는 아이들이 무엇을 알기 위해 무엇을 보기 위해서가 아니고 무엇을 직접 하러 간다는 점을 강조하고 있다. 그래서 상황과 맞닥뜨리고 그 속에서의 아이들의 체험을 존중함이 드러나 있다. 여기에는 자기 신체를 통한 세상과의 만남이 있으며 세상에 대한 해석이 있다. 그것은 교사가 짜준 세상이 아니라 아이들이 몸으로 만나 짜나가는 세상이다. 그래서 교사가 말로 전하는 지식 전수가 아니라 그들 스스로 몸으로 익히는 것을 생활을 통한 교육이라고 했다. 그런데 교사는 여기에서 어설픔을 느낀다고 했다. 그 이유로는 이러한 교육이 어린이집에서만 이루어지는 것은 아닌지 또 그나마도 그냥 부딪치는 전반성적인 것은 아닌지 고민을 하고 있다. 터전 교육이 신체를 통한 체험과 그것을 통한 전신적인 앎을 강조하지만 그 속에서 생기는 틈에 대해 고민하고 있다. 분절적이고 조각조각 떼어 내고 분석하는 교육 방식에서 벗어나 통합적이고 전체적인 앎의 방식을 추구하지만 그것의 완전성 면에서 어설프다는 교사 스스로의 평가이다. 이런 평가는 나들이의 암묵적인 교육 과정의 한계를 지적하기보다는 나들이를 더 깊이 있게 경험하기 위해서는 나들이의 체험을 경험화시켜 반성적인 교육 과정이 같이 이루어져야 한다는 논지를 구성하고 있다고 볼 수 있다.

나들이 교육 과정에 대한 제언

나의 체험과 결합해서 교사들이 언급하고 있는 체험적 인식의 방식이 좀 더 깊이를 향해 나갈 때의 나들이 방향에 대한 정리를 해보면 다음과 같다.

인간 경험에는 비이론적인 체험적 인식 외에도 이론적, 개념적 인식과 같은 다양한 구조가 포함되며 삶의 내용이 풍부해지고 정신이 폭넓게 발달하기 위해서는 다양한 경험 구조에 대한 적극적인 관심이 필요하다.

이렇게 하기 위해서는 일상적인 나들이와 함께 의도적인 나들이 활동도 있어야 한다. 즉, 자연이 거기 있어서 가는 나들이도 필요하지만 무엇인가 궁금해서 그 궁금증을 풀러 나가는 나들이도 있어야 한다. 그래서 사전 활동, 현장 답사, 그리고 추후 활동으로 연결되는 나들이 활동 안에서 체험과 의식이 연결되고 세상에 대한 호기심이 지적인 탐구와 의미 있는 학습으로 연결되어야 한다. 그래서 교사와 아이 간, 아이들끼리의 진중하고도 집중적인 대화도 교육적으로 필요한 것이다. 이럴 때만이 복잡한 상황의 관계성과 차원에 대한 이해가 가능한 아이들의 잠재성을 발현시킬 수 있을 뿐만 아니라 교사 또한 아이들의 경험과 인식을 통합적으로 이해할 수가 있다. 나들이 활동이 의미 있는 학습으로 진행되는 데 그 동안의 "직접 경험을 통한 학습learning by doing"에서 "직접 경험한 내용의 반성(재고찰)을 통한 학습learning by reflecting do doing"으로 연결하는 시도가 공동육아 어린이들에게 가능한 것은 오랜 시간 지속적인 나들이를 통한 자연에서의 생생한 체험이 아이들한테 기본적인 신뢰와 민감한 호기심을 충분히 제공해 주었기 때문이다. 듀이 Dewey(이돈희, 1992)의 "모든 경험은 먼저 있었던 경험으로부터 무엇인가를 받아들이는 동시에 뒤에 오는 경험의 질을 어떤 방식으로든지 바꾸어 놓는다"는 경험의 계속성의 원리는 나들이 활동 안에 다양한 경험의 구조를 교육적 과정으로 구성할 필요가 있다는 점을 수용하는 데 설명력을 갖는다.

이런 점에서 볼 때, 지금까지 해왔던 나들이 방식에서 구멍을 막는 것이 아닌 여백의 모양새를 수정하면서 풍부하게 할 수 있는 가능성이 있다. 이는 다음의 이기범(1995)의 말에서도 힌트를 얻을 수가 있다. "찰흙을 이겨서 그릇을 만들되 바로 거기가 비어 있어서 그릇으로 쓸 수 있다. 문을 내고 창을 뚫어 방을 만들되 바로 거기가 비어 있어서 방을 쓸 수가 있다." 이기범은 노자의 도덕경의 이치를 들어 공동육아의 아이, 어른 모두의 잠재적 가능성을 여는 방식에 대해 말했다. 이는 구멍을 막는 방식이 아니라 여백을 상황적으로 변형하는 방식인 것이다. 여기서 구멍을 막는 방식이라 함은 그릇의 쓰임새에 있어 차 있는 것과 비어 있는 것虛의 관계를 무시한 것으로, 다양한 경험 구조의 관계성을 무시하는 것이다. 여백이라 함은 그릇과 빈 공간의 관계를 상정해서 다양한 경험의 관계성을 유기적으로 살려 주는 방법을 말한다.

날적이를 쓰는 부모와 교사

공동육아 어린이집에서는 부모와 교사가 개별적, 집단적인 의사 소통을 병행한다. 개별적인 방식으로는 아이를 데려다 주고, 데려갈 때의 만남과 전화 통화, 상담이 있으며 방 모임은 집단적으로 진행된다. 이 둘은 일상적인 것과 정기적인 것과도 연결된다. 또한 글로 만나는 의사 소통 통로도 있는데 어린이집 전체 소식을 담아서 한 달에 한 번 발간하는 소식지와 아이들의 개인 생활 기록인 "날적이"가 있다.

날적이란 부모와 교사가 함께 아이의 생활을 지속적으로 써나가는 작은 노트이다. 이 기록에는 아이의 생활뿐만 아니라 아이와 관계되는 부모와 교사의 삶도 포함되어 있다. 아이의 삶은 부모와 교사에게 자료로 제공되고, 아이는 이들이 자료로 기술한 날적이를 나른다. 그래서 각각 집과 어린이집에서 아이를 맞는 부모와 교사는 날적이를 꺼내 읽는 것으로부터 아이와의 생활을 시작한다.

날적이의 역사는 공동육아의 첫 출발인 신촌의 햇살 어린이집이 문을여는 날부터 시작되었다. 처음엔 날적이라는 이름도 없었기 때문에 "연락장"이라고 했는데 아이의 생활을 날마다 적는다고 해서 "날적이"라는 이름을 붙였다고 한다. "연락장"이라는 말과 "날적이"라는 말의 뜻을 연결해서 보면 일상의 기록을 통한 부모 교사 간의 개별적 소통이라는 것을 알 수 있다.

여기서는 공동육아 어린이집 안에서 부모 교사 간 소통 수단인 날적이가 어떻게 씌어지고 있고 그 내용이 갖는 구체적인 역할과 의미는 무엇인지를 알아보자.

다양한 형태의 날적이

글을 쓰는 형태에 영향을 미치는 가장 중요한 요소는 글쓰는 사람이 어떤 현상을 중요하게 보는가 하는 점이다. 날적이는 부모와 교사 둘이서 쓰는 것이다. 또한 글을 쓰는 개인의 기본적 관심에 상대와의 관계, 독특한 아이의 행위가 개입되기 때문에 날적이의 형태는 다양하게 나타난다. 날적이의 다양한 형태들은 크게 부모 교사의 개별적인 차원과 어린이집 전체적인 차원을 근거로 나눌 수 있다.

부모와 교사가 쓰는 날적이의 유형은 아이의 어떤 모습을 중점적으로 보는가 하는 부모와 교사의 지각 형태, 아이의 발달 상황, 선호하는 표현 방식, 글쓰기에 관한 습관에 따라 나눌 수 있다. 개인적 차원의 요인들이 교차하는 만큼의 패턴들이 공존하는 것이다. 하지만 이는 크게 보고서 유형과 일기 유형으로 나눌 수 있다.

보고서 유형

이 유형은 아이가 보여 주는 현상을 3인칭 관찰자 시점에서 기록한 것으로, 기록되는 내용을 보면 일상적인 시간 흐름에 따른 일과 보고 형태, 특별히 부탁할 내용만 나열한 형태이다.

　보고서 유형으로 자세한 보고서와 연락장 수준의 간단한 보고서가 있다. 아이가 어릴수록(언어 발달이 활발해지기 전) 보고서 형태를 띠며 세밀하게 기록하는 경향이 있다. 다음은 19개월 된 어린이의 생활을 기록한 내용이다.

- **어린이집에서**

　　8:30 등원
　　10:00 밀빵, 우유
　　11:40 우유 1컵
　　11:50 대변
　　12:00-3:00 낮잠
　　3:00 하이라이스(평소량의 절반 정도)
　　4:40 베이비 쥬스 1병, 닭고기 약간, 토마토 4분의 1 크기 2쪽
　　5:00 우유 반컵

오늘 오전에 까꿍방, 도글방 베란다에 풀을 설치하고 재연이를 데려갔었어요. 그런데 아래층 형아들이 많이 와 있었던 탓인지 물에 들어가려고 하질 않아서 도로 데려왔습니다.

- **집에서**

　　7:00 목욕
　　7:30 저녁(아이스크림, 우유, 쥬스만)
　　9:00 밥, 포도, 빵
　　11:00 취침

문갑, 오디오 등 높이가 적당한 곳이면 어디든 올라갑니다. 오늘은 볼펜을 들고 TV 위쪽 벽면에까지 그림을 그렸습니다.

— 1997.7.31 날적이 중에서

날적이를 쓰는 선생님

    어린이집과 가정에서는 시간대, 더 정확히는 아이의 생물학적 시간대에 따른 일과 보고를 통해 아이의 건강 상태 및 생활을 알 수 있는데, 아이의 활동 및 적응력에 대해 간단하게 기술되어 있는 이런 형태의 날적이는 아이에 대한 객관적인 정보를 주고받는 유형이다. 아이가 아주 어릴 때는 기본 생활에 대한 보고가 많고 아이의 언어 능력 및 기타 상징 능력이 발달하면서부터는 이에 대한 보고가 다양하고 풍부해진다. 그러면서 표현 방식은 일기 형태로 가는 경향을 보인다.

일기 유형

일기 유형은 아이가 보여 주는 현상을 기록하되 기록자의 주관적인 해석

146

이 어느 정도 포함되는 것을 말한다. 따라서 내용상 1인칭 관찰자 시점을 유지하는 특성이 있다. 일기 유형에서 주로 다루어지는 내용의 특성은 아이의 행동에 대한 자세한 기록, 아이의 행동을 보고 느낀 점에 대한 서술, 부모의 삶에 대한 기술 등이다. 특히 부모나 교사 자신에 관한 글에서는 사적인 관계가 느껴지기도 한다.

이런 유형의 글은 교사에 비해 부모가 더 선호하는 경향을 보인다. 이는 부모의 경우 내 아이에 대해서만 쓰면 되지만, 교사는 자기가 맡은 아이들의 날적이를 모두 써야 하는 현실적인 조건 때문에 파생한다고 볼 수 있다. 그러나 교사라도 개인의 성향과 상황에 따라 일기 유형을 선호하기도 한다.

다음은 아이가 보여 주는 행동을 두고 부모와 교사가 서로의 생각을 주고받는 사례이다.

● 교사

아침부터 우격다짐이 시작되었다. "우리 집에 오지 마." 이사 후 원조에게는 집이라는 것이 큰 특권이 된 것 같다. 친구와 싸우기만 하면 연발 "집에 오지 마"라고 외친다. 어린이집으로 오는 길에서도 현준이가 원조의 요구르트를 보며 "나도 먹을래" 하자 "안 돼"라고 되받아친다. 현준 "나 그럼 사탕 안 준다." 원조 "집에 오지 마. 우리 집에 오지 마" 같은 말이 계속 반복되었다. 원조에게 있어 집의 의미는 뭘까?

● 같은 날 엄마

이사 오던 날(지난 토요일) 아침 일찍 이삿짐 센터 아저씨들이 오셨는데 그때까지도 원조는 잠들어 있었다. 어린이집에 보내려고 깨웠다. "원조야, 오늘 우리 이사 가는 거야. 이따 엄마가 데리러 갈께." "나도 이사 갈 거야." "응, 그래, 짐 다 옮겨 놓고 원조 데리러 갈께." 짐 싸는 걸 보며 자기를 안 데려갈까 걱정이 되는지 차에 안 타겠다고 오랫동안 버텼다. 하는 수 없이 반 강제로 태워서 보냈다. 원조는 "나, 꼭 데리러 와야 돼" 하며 몇 번을 다짐하고 어린이집으로 갔다. 오후에 데리러 가니 다른 날보다 엄마를 무척 반긴다. 다른 날 같으면 친구 집에 놀러 가자며 실랑이를 하고 잘 안 따라나서는데 우리 이사한 집에 가자니까 두말 않고 따라나선다. 집에 들어서기 전에 "원조야, 여기가 이사한 곳이야. 우리 이제 여기서 잘살자" 그랬더니 "응" 그 이후로 시간만 나면 하루에도 서너 번씩, 또 어린이집에서 돌아오는 길에도 "엄마, 우리 이제 여기서 잘살자"를 반복한다. "이사"라는 의미가 영조에게는 "잘사는 것"으로 이해가 되나 보다. 잘사는 것은 또 어떻게 이해되는지 궁금하다… 욕조도 생기고 여러 가지 변화된 환경이 원조에게는 무척 맘에 드나 보다. 그래서 친구들에게 우리 집 자랑이 입에 붙었나 보다. 그리고 그 동안 너무 먼 어린이집 출퇴근 길이 어린 원조에게도 큰 부담이지 않았나 생각된다. 이사온 뒤로 집으로 향하는 원조의 표정과 발걸음이 너무나 즐겁고 가벼워졌다.

— 1996.12.27 날적이 중에서

아이에게 이사를 가는 것의 의미가 무엇인가를 질문하고 구성하는 부모와 교사의 날적이 대화 내용이다. 이런 유형의 대화는 아이의 행동에 대해 어른들이 유추적인 해석을 하기 때문에 어느 정도 사고의 깊이를 전제하는 것이다.

보고서 유형과 일기 유형 안에는 개별적이고 다양한 특성에 따른 많은 기록 방식들이 있다. 이런 것들이 이 두 유형 어디에 포함되든 날적이는 기본적으로 부모와 교사가 주고받는 대화 형태라는 것은 틀림이 없다. 경우에 따라 독백식의 일기 형태라 하더라도 그리고 거기에 답이 없더라도 상대가 읽기 때문에 무언의 대화 형태라고 할 수 있다.

이처럼 날적이는 부모 교사가 기록의 공동 주체라는 상대적인 관계를 전제하기 때문에 글을 쓰는 방식이 서로 맞지 않으면 관계에 틈이 생길 가능성도 배제할 수 없다. 이런 이유로 부모, 교사 모두 상대방의 방식을 기본적으로 존중한다고 한다. 또 아이에 대한 상대방의 관점을 인정함으로써 아이에 대해 폭넓게 이해할 수 있다고 한다. 다만 부모들은 아이에 대한 관점과 날적이 기술 방식 모두에 교사와 일치할 경우, 긴밀함을 더 느낄 수 있다고 말한다. 이를 다음에서 알 수 있다.

> 일단 아이가 보여 주는 모습이 너무 다양해요. 그래서 아이의 독특한 행동을 긍정적으로 보는 사람, 문제 특성을 집는 사람, 생활을 전반적으로 그리는 사람 다 다양하죠. 그래서 이 교사는 이걸 중심으로 보는구나, 이렇게 생각하죠. 어떤 교사는 유리에 대한 것뿐만 아니라 내 고민도 얘기할 수가 있었어요. 또 도훈이는 지금 두 교사가 맡고 있는데 한 교사는 날적이가 정감이 있는데 다른 교사는 그렇지가 않거든요. 그런데 정감 있게 써 주는 교사의 날적이를 한 번 더 보게 돼요.
>
> — 면담, 1998.10.20

한편 교사들은 날적이를 쓰는 부모의 성실도에 영향을 받아 아이를 좀더 세심히 관찰해서 날적이를 쓰게 된다고 말한다. 하지만 그것으로 인해 아이를 편애하는 문제는 없다고 한다.

> 부모가 성실하게 쓰면 그만큼 아이에 대해 많이 생각하게 되고 관찰하고 있다는 생각 때문에 더 신경이 쓰이는 것도 사실이다. 그런 경우는 어린이집에서 아이의 행동이 더 잘 보인다. 날적이를 더 잘 쓰게 되는 게 아니라 잘 써진다.
>
> — 면담, 1998.11.13

어린이집 날적이의 두 유형인 보고서 유형과 일기 유형에는 부모와 교사가 갖는 개별성만큼 다양한 글쓰기 패턴이 있다. 하지만 부모와 교사는 한 아이의 삶을 지속적으로 써 나가는 파트너로서 상대의 개별적 특성들을 수용함으로써 아이에 대한 이해의 폭을 넓혀 나가고 있다.

공동 날적이

아이들이 성장함에 따라 날적이의 서술 방식, 의미를 구성할 수 있는 조건은 달라진다. 이는 어린이집 전체적인 차원에서 요구하게 된다. 이러한 변화가 요구되는 시점은 아이의 연령이 4~5세(소근방)일 때와 7세(당실, 끼리방)가 될 때이다. 다음은 왜 변화가 요구되는지에 대한 사례이다.

가은 아빠__ 엊그제 소근방 모임에서 날적이 이야기가 나왔거든요. 처음 보다 날적이 횟수가 점점 줄어들잖아요. 그래서 그 점에 대해 논의가 있었는데 소근방 선생님한테 물어보니까 일주일에 실제로 날적이 쓸 수 있는 횟수가 한 아이당 1회 내지 3회가 현실적이라고 하시더라구요. 그래서 공동 날적이 얘기가 나왔는데 그 동안 공동 날적이는 공지 사항을 알려주는 정도였는데 공동 날적이의 원래 의미를 가지자. 그래서 방 공동 날적이를 적자. 자기 아이에 대해 개별적으로 기록해 주는 것보다 그 방 아이들이 하루 동안 그날에 나들이를 갔는데 어떤 일이 있었다든지, 그런 걸 하나의 스케치처럼 죽 보여 주는 거예요. 아까 우리가 본 슬라이드처럼[31]. 방 모임 날 그런 제안이 있었는데 당장 그 다음날에 공동 날적이가 나왔더라구요. 오늘 우리 방 아이들이 어디를 갔는데 이런 일이 있었고 저런 일이 있었고 죽 얘기를 해주는데 내 아이에 대한 얘기가 아니더라도 우리 애가 그 흐름 속에서 어떻게 생활했는지 다 훑어지더라구요. 선생님이 이런 말씀을 하시더라구요. 1주일에 2~3회 쓰게 되는데 아이들이 많으니까 다 쓰기가 힘들다는 거예요. 그래서 1회 정도는 공동 날적이를 써 보겠다는 거예요. 그러면 읽는 사람한테도 괜찮은 포맷이고 쓰는 사람도 수고가 덜어진다는 거죠. 그러니까 주 1회 방별 공동 날적이를 한 번 쓰고 나머지는 개별 날적이를 쓰는 거죠. 괜찮겠다는 생각이 듭니다.

— 참여 관찰, 1998.4.25 조합원 교육

4~5세의 소근방 연령은 활동 범위가 커지고 표현력이 크게 확장되는 시기로 부모로 하여금 대화하고 싶게 한다. 그리고 부모들은 아이의 개별적인 삶도 중요하게 여기지만 또래 집단 속에서의 생활도 궁금하게 생각한다. 그러나 아이는 자기의 하루 생활을 전달할 언어 능력이 안 되는 반면, 교사가 10분 내지 20분 안에 보고식으로 써주기에는 어려울 만큼 아

이들이 성장한 것이다. 따라서 아이의 성장에 따른 부모의 요구와 날적이를 쓸 수 있는 교사의 조건은 맞물리게 된다. 이로 인해 소근방에서는 부모들과 교사가 협의해서 1주일에 1회 공동 날적이를 쓰게 된 것이다. 이런 시도가 있고 얼마 후 어린이집의 5세 이상 날적이에는 기존의 공지사항을 알려 주는 정도의 공동 날적이 외에 아이들 하루 생활 전반을 기술하는 방 공동 날적이가 1주일에 1회 정도 씌어지고 있다. 그러나 연령이 어린 까꿍방이나 도글방은 개별 날적이의 요구가 더 강해서 개별 날적이의 형태로 씌어진다.

그러나 이와 같은 방 공동 날적이도 상황이 달라지면 또다른 날적이의 형태를 요구하게 된다. 아이들이 7세가 되어 날적이 내용을 읽을 수 있게 되면서 날적이에 스스로 좋지 않은 모습이라 생각하는 것도 씌어진다는 것을 확실히 알게 된다. 부모와 교사는 그것이 아이에게 부정적인 영향을 미칠까 걱정을 한다.

진용 엄마__ 날적이를 쓰다 보면 이제는 아이들이 글자에 관심을 가지기 시작하는데 뭐라고 썼는지 읽어 보라고 하고 자기 마음에 안 들면 지우라고 그래요. 예를 들어 전에 한 번은 "엄마 나는 오늘 개 같은 날의 오후였어." "왜 개 같은 날의 오후였냐"고 하니까 "오늘 나들이를 놀이터에 갔는데 동네 개들이 다 나왔어."(일동 웃음) 근데 그 말들이 진용이가 한 말 그대로인데 너무너무 재미있잖아요. 개 같은 날의 오후라는 말을 어디서 들었으며, 개판이었다는 말도 하고, 그걸 날적이에 적었어요. 그걸 보고 진용이가 "엄마, 뭐 적고 있어?" 그거 적고 있다 그랬더니 한 번 읽어 보래요. 그래서 "엄마, 오늘은 개 같은 날의 오후였어"라고 그대로 읽어 주었더니 엄마, 그런 걸 적으면 어떡하냐고, 다 지우라고 해요. 그래서 그걸 지웠어요. 자기가 뭔가 선생님하고의 소통, 그런 거니까 뭔가 자기가 잘 보이고 싶은 것, 자기의 좋은 점만 적어 줬으면 하는 점이 있는 것 같아요.

— 참여 관찰, 1998.4.25 조합원 교육

날적이에는 아이의 문제 행동이나 아이에 대한 부모와 교사의 걱정도 들어 있는데 아이가 이를 읽고 예민하게 받아들일까봐 날적이 쓰기가 조심스러워진다고 한다.

또한 6~7세 연령(끼리방)의 아이들은 어린이집에서의 활동 욕구가 다양해진다. 게다가 새로 들어 온 아이들까지 생겨 아이들 수가 많아지게 되자 교사는 날적이 쓰기가 매우 어렵게 되었다. 날적이는 기본적으로 상호적인 것이라서 어느 한쪽이 계속 안 쓰게 되면 상대도 그만큼 쓰기가 어려워진다. 다음은 이런 문제가 당실 방에서 발생하여 방 모임에서 거론한 상황이다. 끼리방으로 넘어가기 직전의 일이다.

가은 아빠__그 동안 날적이를 꾸준히 써왔는데 처음보다 횟수가 줄어들고 그저 아이 상태를 아는 정도로 상황 자체가 일방적인 커뮤니케이션인 것 같아요. 지금 현재 당실 방의 주어진 조건 내에서 선생님의 어려움을 이해한다는 전제하에서 얘기하는 겁니다. 아이가 커 갈수록 날적이가 내용이나 빈도 면에서 옛날보다 점점 부족해집니다. 내 아이 얘기가 아니더라도 우리 아이들이 지내는 이야기도 의미가 있잖아요. 그런데 요즘은 날적이를 챙겨 보내야 하는지, 빈손으로 보내야 하는지 혼돈스러워요. 그래서 쓰지 말까 하는 생각도 해봤어요. 이게 개별 문제인지, 아니면 어린방에서 큰방까지 커뮤니케이션의 역할로서 실제 날적이의 위치가 퇴화되는 건지 아니면 다른 수단으로 획기적으로 바꾸어야 하는지 감이 안 잡혀요. 우리 서로 혼란스러운 것 같아요.

아침햇살__제가 얘기 좀 해야 할 것 같죠? 예전에는(어린방 맡았을 때) 저도 매일 썼죠. 현재 우리 방 부모들 반 이상이 안 쓰고 그 나머지 부모님들만 쓰시고, 저는 그나마도 못 쓰고 있는 상황이에요. 보내시는 부모에 한해 가끔 쓰고 있는 상황이죠. 부모님들이 안 쓰셔서 못 쓰는 게 아니고 정말 시간이 없어서 못 쓰는데 저도 날적이를 못 쓰고 있다는 상황이 부담스러워요. 내 자신 날적이를 열심히 써 왔고 중요하다고 생각하는 사람인데 그걸 못 쓰니 부담스럽죠. 공동 날적이라도 쓰고자 하는데 그나마도 힘들어요. 아이들 연령이 많으니까 활동 준비가 만만치 않고 일주일에 두

번(낮잠 시간에) 교사 회의가 있고 게다가 우리 아이들은 낮잠을 안 자니까 그 애들 또 봐 줄려면 도저히 쓸 시간이 안 나는 거예요. 그래도 가능하면 공동 날적이를 쓰려고 해요. 날적이 개념이 작은방 큰방 달라요. 작은 방은 개별 활동이 많은데다 상호 작용도 짤막하거든요. 근데 큰 아이들은 상호 작용도 복잡하고 길어서 날적이로 쓸 수 있는 분량이 아니에요.

원조 엄마__ 아이가 크니까 아이를 통해 커뮤니케이션이 되니까 안 쓰게 되더라구요.

가은 엄마__ 애가 표현해 놓는 거 50분의 1도 못 쓰는 것 같애요.

가은 아빠__ 그러니까 날적이 개념이 변화가 안 되어 왔다는 거예요. 그래서 우리 스스로 기존 개념을 변화시킬 수 있다고 봅니다. 그러니까 개별 날적이나 공동 날적이가 아니라 일주간 교육 활동에 대한 약평이 나오고 개별로 생활 리듬 정도 나오는 것으로 정착하면 혼란이 정리가 될 것 같아요. 날적이를 보내야 할지 말아야 할지가.

아침햇살__ 그래도 부모님은 쓰시는 게 좋을 것 같아요. 가정에서 있었던 일을 써서 보내 주시는 건 필요하거든요.

가은 아빠__ 가정에서는 아이의 생활 연속성 차원에서 교사가 참고할 것에 대해 써서 보내고 선생님은 공동 날적이에서 조금 더 진전된 주간 약평 정도를 하는 것으로 정리를 하죠.

아침햇살__ 그렇게 해보겠습니다.

— 참여 관찰, 1999.2.23 방 모임

아이가 커갈수록 부모가 날적이 쓰기가 쉽지 않은 이유는 아이와의 대화를 통해 어린이집 생활을 충분히 알 수 있기 때문이다. 그리고 아이의 표현력과 속도를 따라잡아 날적이 쓰기가 무척 어렵다는 것이다. 교사의 입장에서도 역시 아이들의 활동량, 하다못해 두 아이가 싸운 장면을 기록한다 해도 그 상황이 너무 복잡해서 기록이 어렵다는 것이다. 게다가 당실방에 신입 조합원이 많이 들어왔는데 그들은 날적이 쓰는 것을 아주 어려워한다. 이런 상황에서 기존의 날적이를 쓰는 문화를 갖고 있는 부모들은 날적이를 계속 써야 될지 말아야 될지 고민하게 된다. 위의 사례는 그 해결 방법으로 날적이의 형식과 의미를 조정하자는 내용이다. 그 이후 교사의 말에 따르면 일주일 생활에 대한 약평 형식의 공동 날적이를 쓰고 교사와 아이들이 서로 안정되어 감에 따라 개별 날적이도 좀더 쓴다고 하는데 부모들은 여전히 반 정도만 날적이를 쓴다고 하였다.

이처럼 날적이는 아이들이 성장해 감에 따라 어린이집 전체적인 차원에서 나름의 변화 과정을 거친다. 그래서 아이의 성장에 따른 날적이의 형태는 개별 날적이, 방 공동 날적이, 일주일 간 활동 평가의 의미를 갖는 공동 날적이 등이 있다. 어린이집에서는 이 세 가지 형태들이 함께 씌어지고 있는데 연령이 높을수록 후자의 형태를 많이 쓴다고 할 수 있다. 그리고 개별 날적이 형태 안에는 일기 유형과 보고서 유형이 포함되어 있다.

날적이의 기능

날적이는 부모와 교사가 공동 저자와 독자인 관계에서 씌어지는 것으로 부모와 아이와 교사가 연결된 삶의 기록이다. 그런 만큼 상대에 대한 관계적 이해를 요구하면서 도모하는 것이다. 따라서 날적이가 부모와 아이와 교사의 세 주체를 순환하면서 어린이집이라는 공간에서 어떤 역할을 하는지를 살펴보는 것은 어린이집에서의 날적이의 의미와 교육적 가능성을 살펴보는 데 도움이 된다고 할 수 있다.

의사 소통

날적이가 뭐냐는 연구자의 질문에 일곱 살 난 남자 어린이가(햇살 어린이집 3년, 바위 어린이집 8개월째 다니는) "엄마하고 선생님이 말로 하면 기니까 글씨를 써서 얘기하는 거야"라는 대답에서 알 수 있듯이 날적이는 대화의 수단이다.

날적이는 아이가 집과 어린이집에서 뭘 얼마나 먹고 자고 어떻게 놀았는지에 대한 기초 보고서이다. 따라서 부모가 집에서 아이와 대화하는 데 날적이는 적절한 정보를 제공해 준다. 이를 다음에서 알 수 있다.

> 오늘은 집으로 오면서 "○○시장" 가자고 계속 버틴다. 무슨 시장인지 알 수가 없어서 그대로 끌고 집으로 오니 현관에 들어서자마자 엄마가 밉다고 운다. 얼른 날적이를 꺼내 보니 그 시장이라는 것이 낮에 갔다온 공룡 전시장을 말한 것인 줄 비로소 알았다. 그래서 무슨 공룡을 보았는지 물어보고 어떻게 생겼는지를 질문을 해주니까 울음을 그친다.
>
> ― 1997.1.24 날적이 중에서

이처럼, 아이가 연령이 어려서 자기의 뜻을 제대로 전달하지 못해 문제가 생길 경우 부모들은 날적이를 통해 그 단서를 읽어 내어 아이와의 대화를 풀어 간다. 아이가 어린이집 상황을 전달하는 데 한계가 있으므로 부모들은 날적이를 통해 정보를 읽어서 자녀와의 대화로 연결한다. 교사 역시 가정의 상황을 신속히 아는 데 날적이는 도움이 된다. 따라서 날적이는 부모와 교사, 부모와 아이, 아이와 교사 간의 대화를 위한 매개 역할을 한다. 이들은 날적이가 아이의 성장 모습을 단순히 기록하거나 일방적인 요구 수준에 머무는 것에서 벗어나 부모와 교사 간 대화가 날적이의 핵심이라고 생각하고 있다. 이러한 생각에는 부모 교사 간 대화가 교육에서 중요하고 날적이가 대화 수단으로 적절하다는 것이 함축되어 있다.

날적이를 대화 수단의 측면에서 보면 글이라는 매체를 사용하는 특성을 갖고 있다. 다음 면담을 통해 부모나 교사들이 글이라는 매체가 갖는 대화의 효용성을 알고 있음을 알 수 있다.

부모와 교사 간에 좀더 정제되고 걸러진 의견의 교류가 가능하다는 점이다. 직접 대면해서 이야기하는 것의 중요함을 부정하는 것이 아니라 날적이를 쓰다 보면 교사로서는 좀더 생각하고 관찰한 바에 근거하여 쓰게 된다. 그것은 아마 부모들도 그러하리라 생각한다. 아이들의 교육에 대해 부모와 의사 소통을 원할 때 언제든지 한다는 데 의미가 있다고 본다.

— 면담, 1998.11.12

이 예에서 보듯 날적이를 읽고 쓰는 시간 동안 감정 정리가 가능하다. 부모와 교사의 차분한 대화가 지속적으로 가능한 것은 이 때문이다.

집단이 크든 작든 구성원 모두가 만족하는 완벽한 하나의 의사 소통 체계는 없다. 모든 의사 소통 체계에는 그 나름의 조건과 한계가 있기 때문이다. 날적이도 마찬가지이다. 다음은 부모와 교사들이 인식하고 있는 의사 소통 체계로서의 날적이의 한계이다.

글이 상황에 따라 교사나 부모의 의도와는 달리 해석될 여지가 있다. 아주 깊이 있는 대화는 날적이보다 면담을 통해서 해결한다. 날적이 세 번보다 전화 한 통이 효과적일 때도 많다.

— 면담, 1999.11.13

글이라는 매체는 대면을 전제로 하지 않는다. 따라서 민감성의 부족으로 인해 상황을 오해할 소지가 있다는 것이다. 또 부모와 교사가 집중적인 노력을 기울여야 하는 특별한 문제가 생길 경우, 날적이의 일상성으로는 해결이 어렵다. 그러나 어떠한 문제가 심각하게 진단되기까지 날적이에 그 문제가 지속적으로 표명되기는 하지만 신속성을 요하는 상황이나 문제가 발생했을 경우 날적이는 적합하지 않은 것으로 나타난다.

이처럼 의사 소통 수단으로서의 날적이의 조건은 곧 한계와 연결되기 쉽다. 즉 날적이의 신중성은 신속성이 부족할 수 있으며, 일상적인 지속성은 집중성이 결여될 수 있다는 점이다. 이는 벌어진 상황 및 주제와 소통 수단의 특성이 맞물리는 문제이다. 그러므로 이 둘을 어떻게 연결하느냐에 따라 의사 소통 능력과 효율성은 달라진다고 하겠다. 사안이 복잡할수록 그 문제를 해결하는 데는 여러 의사 소통 수단이 동원될 수밖에 없다. 그래서 날적이에서도 보면 복잡한 문제일수록 여러 소통 경로를 거쳐 날적이에 빈번히 오르내리는 것을 볼 수가 있다.

다음은 사안이 복잡한 경우, 날적이가 여러 의사 소통 방법과 함께 기능하는 점을 볼 수 있는 예이다.

… 도글이들의 "먹을거리" 전반과 관련해서 선생님들의 의견을 바랍니다. 이모, 그리고 지난 번 까꿍방 모임 때 좀 당황했었어요. 저는 다른 건 몰라도 "먹을거리"는 많이 가리고 "예민"해야 한다고 생각하거든요. 특히 아이들은요. 식품 공해 문제는 연일 매스컴에 오르내리지만 적극적으로 그 대안을 찾기가 쉽지 않다 보니 — 상품 종류의 협소함, 고가격 — 아주 힘든 문제지요. 우리 어린이집이 여러 불편함과 재정 압박을 무릅쓰고 우면동에 자리잡게 된 데에는 환경 문제를 소중하게 생각했기 때문이듯이 "식품은 가급적 무공해로, 가능한 품목은 반드시 무공해로 먹이자"는 의견이 곧바로 공격받는 듯한 느낌이 사실 당황스러웠습니다. "집에서보다 터전에서 더 잘 먹이지 않느냐"라기보다 오히려 무공해 식품을 조합원들에게 장려하고 확산시키려 해야 한다고 봐요. 잘 모르시는 조합원, 실생활에서 그렇게 하지 않는 조합원도 있을 테니까요. 가격이 비싸 정말 부담되지만 건강과 직결하는 문제로 인식하는 것이 중요하지 않겠습니까?…

사실 터전 문제 중 이보다 더 시급하고 중대한 문제가 있지요. "먹는 문제 생각하는 만큼 교사 급여와 처우를 생각해 보았냐"고 반문하실 때 먹는 문제와 처우 문제를 같은 차원에 놓고 그 반대 급부로 거론하시는 것에 좀 당황했어요. "어, 얘기가 이런 식이면 곤란한데"(그 말씀하실 때 제가 가은을 거두고 있을 때라 토론에서 빠져 있어서 듣기만 했거든요. 그리고 바로 반박하는 게 모양도 좋지 않고 전체 흐름도 있어 더 얘기하지 않았습니다.) 조합의 큰 문제, 시급한 문제에 대해 맥을 짚어 의견을 내는 그 차원과 다른 차원에서, 그러나 소중한 문제로 의견을 냈던 거지요. "먹을거리" 얘기가 나와 밀린 숙제를 하듯 얘기를 꺼냈습니다. 오히려 시간을 내어 대화를 하는 편이 나았겠어요. 그러나 그때그때 터전에 가은이를 데리러 가면 그때그때 상황에 따라 말씀 나누게 되고 선생님 한번 따로 뵙는 부지런함도 모자라 글로 대신합니다. 지금 시간이 새벽 3시가 가까워 글이 더욱 앞뒤가 없어지네요. 앞 뒤 없는 것 양해하시고 서로 곡해 없도록 일간 얘기 나눕시다.

— 1996.8.15 날적이 중에서

어린이집을 운영하는 데 "먹을거리"와 "교사의 대우 문제"는 그 각각으로도 특별히 중요하고도 민감한 사안이다. 공동육아 어린이집에서는 환경과 어린이들의 건강을 보호하기 위해 유기농 먹거리를 권장한다. 무공해 먹거리는 보통의 농산물보다 값이 비싸 어린이집 운영이 어려워질 때는 어린이집 구성원들간에 무공해 먹거리를 일관되게 주장하는 입장과 일정 기간 어느 정도 선에서 타협을 하자는 입장이 논란을 자주 일으킨다. 또 공동육아 어린이집 교사들의 대우는 부모, 교사 모두에게 만족할 만한 수준이 못 된다. 공동육아 어린이집에서 부모와 교사는 공동 주체라 하더라도 오로지 고용 관계에서만 보면 부모들은 고용주가 되고 교사들은 피고용자가 된다. 그래서 어린이집 운영 상황이 어렵게 되면 이 둘은 더욱 민감한 관계가 될 가능성도 없지 않다. 그러나 어린이집 사정이 아주 어려워지면 교사들은 봉급 인상을 보류하거나 삭감을 자청하기도 한다. 그러다 사정이 나아지게 되면, 이 둘 중 어느 것을 먼저 회복하는가는 민감한 문제가 된다. 그래서 민감한 두 사안이 같은 선상에서 논의된다 함은 그만큼 문제가 복잡하다고 할 수 있다. 따라서 방 모임에서 입장 차이에 따른 논쟁을 지속하지 않고 날적이로 생각을 정리하여 교사에게 전달하고 다시 만나서 깊이 있는 얘기를 나누자는 제안을 하고 있다.

이처럼 날적이는 상대의 정보를 얻는 수단이다. 이를 통해 부모, 교사, 아이들은 대화를 가능하게 하는 매개 수단으로 날적이를 활용하고 있다. 또 부모와 교사가 일상적인 대화를 통해 아이와 관련된 문제를 신중하고 지속적으로 해결하는 통로가 되고 있다. 그리고 어린이집에서 생기는 민감하거나 복잡한 문제를 해결하는 데 날적이는 다른 의사 소통 수단과 함께 사용되는 중요한 통로이다.

성장 일기

날적이는 연대기적으로 기술되어 있다. 여기서 매일 축적되는 날짜는 의미 없이 나열된 순서의 표시가 아니라 어떻게 살아왔고 어떻게 살고 있다는 삶의 흐름과 닿아 있다. 그런 면에서 날적이는 역사적인 구성력을 갖는다.

날적이 한 권을 뗐을 때 부모나 교사들은 그 심정을 "이 아이가 하나의 역사를 갖는구나"라고 표현하고 있다. 그 역사 기록에는 한 아이의 개인 사적인 삶의 줄거리가 촘촘하게 들어 있기 때문이다. 아이는 말할 것도 없고 부모, 교사의 성장 일기로서 개별적 성장이라기보다는 더불어 함께하는 성장이다. 다음은 부모가 새해를 맞이해 아이의 성장 과정과 자신의 성장에 대해 감사하는 예이다.

> 오늘 차현이가 뒤뚱뒤뚱 걷는 걸 보고 "현호가 저만할 때 처음 왔었는데" 하면서 처음 생각을 하게 되더군요. 한 달이 지나도록 엄마와 떨어질 때 한 번도 안 울고 무지개 선생님 품에 안겨서 무척이나 저를 섭섭하게 했어요. 할머니와 살다가 그때 엄마, 아빠와 처음 살게 되었는데 엄마도 선생님처럼 낯설기는 마찬가지였나 봐요. 그리고 한 달 만에 계단에서 굴렀다는 전화를 사무실에서 받기도 했고, 설사병이 한 달 가까이 가서 애를 태우고 갑자기 귀가 커지질 않나… 지금도 그 생각하면 막 웃음이 나와요. 어설픈 초보 엄마와 함께 현호를 이렇게 키워 주신 아침햇살, 호랑이, 진달래 선생님 정말 감사드려요. 점점 활동력이 왕성해지는 차현이, 강우까지 있으니 내년에는 체력 관리 잘하셔야겠어요.
>
> — 1997.12.30 날적이 중에서

날적이를 보면 성장 일기의 면모로 다가오는 특별한 때가 있다. 성장의 기운을 부쩍 느낄 수 있는 내용으로 채워졌을 때이다. 한 해가 바뀐다든지, 날적이를 한 권 떼었다든지, 아이가 생일을 맞았다든지, 방이 바뀌었을 때가 그렇다. 이런 점에서 날적이는 부모와 교사가 체험하는 성장의 시간을 담아 내는 공간이기도 하다. 다음은 방이 바뀌면서 교사가 쓴 사례이다.

안녕하세요. 진달래입니다.
　오늘 출근해서 제 짐을 챙겨 들고 아래층으로 내려오려니 왠지 1층과 2층의 간격이 굉장히 멀게만 느껴지더군요. 하지만 도란방 아이들 재우고 마루로 나가 보니 도글도글 모여 있던 우리 까꿍 아가들이 저를 환영해 주네요. 1년이 조금 안 되는 시간 동안 솜털이 보송보송했던 강우, 예솔이, 차현이가 많이 커서 이제 뛰어다니고 으~응응이 의사 표시의 전부였던 현호, 재후가 하루가 다르게 말이 느는 것을 보면서 참 기쁘고 행복했습니다. 아이들이 크는 동안 저도 많이 어른이 되고 성숙해졌다는 느낌, 그러면서도 또 아직 참 그릇이 작구나 하는 것을 느끼기도 했던 시간이었습니다. 경험이 없던 저를 지켜봐 주신 까꿍방 부모님들께 감사 드립니다. 그리고 호랑이 선생님과 새로 까꿍(참 이제 도글이죠)이들의 엄마가 되는 오뚜기 선생님께도 감사 드립니다.
　쓰고 보니 멀리 떠나는 인사 같네요. 터전에서 자주 뵙기를 바랍니다.
— 1998.4.1 날적이 중에서

부모들이 이 성장 일기를 얼마나 소중히 여기는지는 다음의 그림에서 상징적으로 느낄 수 있다. 이 부모는 날적이 첫 권을 택시에 두고 내려 분실을 했다고 한다. 가장 아끼는 첫 권을 잃어 버려 아주 안타까워했으며 그 다음 권부터는 다음과 같은 글귀를 써둔다고 했다.

혹시 이 기록을 보관하게 되신 분이 계시면 아래로 연락주십시오.

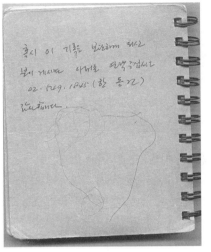

아이들도 이 작은 노트에 자기 이야기가 담기는 것을 알아서 "나, 밥 잘 먹었다고 써 줘"와 같은 요구를 하기도 하고 날적이를 읽어 주는 것을 좋아한다. 날적이를 넘기다 보면 아이들의 그림, 삐뚤삐뚤한 아이의 이름 석자를 여기저기에서 볼 수가 있다.

날적이는 어린이, 교사, 부모 모두의 성장 일기이며 이들에게 분신과 같이 소중한 존재이다.

역사책

성장 일기로서의 날적이가 개인사에 초점에 맞춘 것이라면 역사책으로서의 날적이는 집단사에 초점을 맞춘 것이다. 날적이는 한 어린이의 역사 이외에도 어린이, 부모, 교사가 구성원인 한 어린이집의 공동체적 역사를 생생히 들려준다. 그래서 여러 날적이들을 날짜순으로 읽어 보면 한 어린이집이 구비구비 겪어 온 사연, 어린이집과 함께 엮어 나가는 가정사도 읽힌다.

다음의 예들은 한 어린이집이 출발부터 3년이 되기까지 겪어 내야 하는 공동체적 삶의 어려운 속내를 역사적인 이야기로 들려주고 있다.

● 어린이집 개원 초기 시절

어젯밤 해수 엄마, 아빠, 항아리 선생님과 이야기 나누느라 새벽 5시에야 잠들 수 있었습니다. 해수 엄마, 아빠는 더 늦게 잠들었겠지요? 어린이집을 출발시키느라 모두 힘들었고 만들어 가는 첫걸음이라 모두들 뒤뚱거리고 있는 이 현실을 잘 극복해 나가야겠습니다. 어느 한 개인의 잘못이나 문제가 아니라 우리 모두의 어려움이기에 보다 질펀한 대화와 따스한 눈길, 마음 씀씀이가 절실한 듯합니다.

— 1995.11.18 날적이 중에서

● 어린이집 개원 1년 6개월 후

지난 토요일에 총회를 끝내고 여러 집에서 한꺼번에 주용이네 집으로 놀러갔다. 아이들이 주용이 장난감이 있는 방에서 정인이의 살핌 아래 아주 오랫동안 사이좋게 놀고 어른들은 어른들끼리 총회에서 부족했거나 못다한 이야기, 못해서 아쉬웠던 이야기로 한참을 이야기했다. 새벽 3시 반이 되어서야 다들 자리를 떴는데 집에 돌아와서 생각하니 공동육아의 기본 생각과 구현은 아마도 어른들끼리의 전면적 교류 없이는 가능하지 않은 사업 같다는 생각이 들었다…

— 1997.1.20 날적이 중에서

● 어린이집 개원 2년 8개월 후

총회 비애 — 상식과 양식의 실종

총회에 가려 했는데 도원이를 데리고서라도 가려 했는데… 안 갔다. 못간 게 아니라 안 갔다. 1998년 한국 사회의 상식과 양식이 겨우 이 정도라면, 논리와 합리가 아닌 감정과 감정의 상승들이 빚어 내는 데마고기의 잔치라면 공동육아에서 우리 아이들이 수혈받을 가치는 그만큼밖에 안 되지.32) 그래도 공동육아 바깥이 더한 비논리의 웅덩이일 테니 그나마 공동육아 울타리 안에 있어야 하는 건가. 아닐 수도 있으리. 양심적인 종교 단체가 더 사람됨을 가르칠 수도 있지 않을까? 무슨 큰 이권이 걸린 주택 조합도 아니고 아이 같이 키우자는 육아 조합에서 이리도 앙앙불락해야 일이 되는 건가? 나, 참. 상식과 양식이 없다. 완전 실종되었다. 정말 당장 안 보내고 싶다. 미워하고 삿된 기운이 창궐한데 아이들이 잘지낼 수 있을까? 왜 그런 건 안중에도 없을까? 그렇게 해대고 나면 속은 시원하겠지. 아이들의 입 속으로 그 뱀, 개구리, 벌레들이 다 들어갈 텐데. 아이들은 초기 조합원—후기 조합원 구별 없이 금방 친구하며 잘들 노는데.

아이들은 과천 – 강남 구분 없이 서로 어울리는데 아이들은 토닥거리고도 미안해 – 괜찮아 하며 아무 일 없었다는 듯 눈물 자국 절은 눈으로 콧물 범벅된 입술로 방긋방긋 웃는데 자기 방어 논리밖에 없다. 너울대는 데마고기의 광풍. 그건 파시스트의 것인데. 파시스트의 망령을 파시스트 독재의 억압 그 혹혹 덥고 무겁게 내리누르는 억압의 기운을 공동육아 안에서 보다니.

● **교사의 답변**

총회는… 무척 혼란스러웠다고 들었습니다. 힘내세요. 조합원 한 사람, 한 사람 모두 힘내고 마음 가라앉히고 다시 생각해 보길 바라는 마음입니다…

— 1998.6.21 날적이 중에서

한편, 그날 임시 총회에는 나도 참여하였다. 그날 나의 현장 일기에는 감회가 다음과 같이 기록되어 있다.

총회를 보면서 나의 감정의 굴곡은 상당히 컸다.
아이들 문제로 이렇게 적나라하게 싸울 수 있는 부모 집단이 여기 말고 또 있겠나 싶은 감동(너무나 진지하고 격렬한 데 내심 놀랐다.)과 "공동육아 정말 어렵구나" 하는 막막함. 이 문제의 한가운데 나는 왜 있는 건지… 뭘 보고자 하며 무슨 희망을 갖고 있는 건지…
격렬하면서도 지리한 회의가 진행되는 동안 한 아버지가 혼잣말로 "오늘 이 공동육아 장례식 같구나"라고 내뱉은 말이 내 뇌리 속에 계속 맴돌고 있다. "장례식이라… 정말 이들은 장례를 치르고야 말 건가?" 그런데 이상하게도 오늘 일 때문에 공동육아 자체에 대한 불안이나 절망감을 느끼지는 않는다.

— 현장 일기, 1998.6.20

● **어린이집 개원 후 2년 10개월 후**

……
오늘 생일 겸 윤석, 현주, 유나, 서경 환송식이 있어 심란합니다. 진달래 마음도 많이 착잡하시겠습니다. 그제 밤 11시 서경 엄마 탈퇴 전화 받고 가은 아빠랑 저랑 심란해 맥주 2병을 비우고 여러 생각하게 되더군요. 밀린 숙제 많다 한숨짓지 말고 하나씩 들추어 해가면 끝이 보이겠죠. 과천동에 남은 초기 멤버들 이름 하나씩 불러봅니다. 어린 연령에는 강석, 가은뿐이군요. 용주, 원조, 혜지, 현준, 호성, 용호 모두 여덟! 정말 착잡하고 심란합니다. 떠남 없이 돌아옴만 있는 생(生), 죽음 없이 삶만 있는 생(生), 오는 손님만 있고 가는 손님 없는 생(生)도 착잡하지만 창업 스물두엇 가구 중 여덟만 오롯이 남게 될 줄이야. 분리한 양쪽 모두 힘을 못 쓰는 것 같아 더 착잡합니다. 다시 새살을 서로 붙여 나가면 더없이 좋겠지만 그리 쉬워 보이지 않아 더 그렇구요…

— 1998.8.28 날적이 중에서

결국, 이 사건은 초기 조합원들의 상당수(16가구 중 8가구)가 어린이집을 떠나 그들 주거 지역(우면동) 가까운 데서 새로운 어린이집을 꾸리는 것으로 결론이 났지만, 이로 인해 떠난 사람들이나 남아 있는 사람 모두에게 상처를 남겼다고 할 수 있다. 이들은 서로 뜻이 달라 헤어졌다. 하지만 1998년 여름 수해로 어린이집 피해가 크게 났을 때 탈퇴한 조합원 몇 명이 터전 상황을 보고 돌아간 뒤 필요하면 복구 작업에 참여하겠다는 의사를 전화로 해올 정도의 신뢰는 갖추고 있다. 그들의 상처를 다음의 사례에서 느낄 수가 있다.

● 후회했을 때

지난 임시 총회를 즈음해 이사 문제로 조합원의 의견이 나뉘어 어수선하고 서로에게 상처를 줬을 때. 공동육아의 조합이라는 것이 겨우 이런 것인가 주인 없이 자기 가족의 이익만을 추구하고 타인에 대한 고려는 없고 대화도 잘 안 이루어지는 것이구나 하는 생각이 들었다. 그러나 지금은 모든 일이 잘 풀리고 조합원들의 건전성을 확인할 수 있어서 생각이 바뀌었다.

— 「함께 크는 우리 아이」 1998년 10월호에서
(10월 소식지는 개원 3주년 기념에 맞추어 특집 발간된 것으로
"98년 바위 어린이집 5대 뉴스"와 "아이를 공동육아에 보내기를 잘했다고
생각했을 때와 후회했을 때"에 대해 설문 조사한 것을 실었다.)

● 개원 3주년 기념 잔치

모처럼 — 지난 총회 파동 이후 — 뽀송뽀송하고 명랑한 모임이었다. 그러
나 아직도 마음 놓고 좋아해지지는 않는군요.

— 1998.10.18 날적이 중에서

역시 6월 임시 총회와 그에 따른 초기 조합원과의 결별 이후 이어졌던
심적, 물적 고통이 부모들에게 큰일이었음을 알 수 있다. 개원 3주년 잔
치는 그로 인한 어려움을 어느 정도 극복하고 터전의 새로운 출발을 예
고하는 의미를 확인할 수 있었던 행사였다.

날적이에는 출발부터 3년이 되기까지의 어린이집의 내력이 담겨 있다.
처음부터 1년 6개월 정도까지는 서로가 힘을 합쳐 공동육아를 정착시키
려는 의지가 결집되는 희망의 시기였다. 그로부터 1년 동안은 소통과 화
합이 되지 못하는 힘든 시기를 보내다가 결국 서로 결별을 하고 각각의
길로 새로운 출발을 하게 되는 과정이다.33)

날적이는 개인들이 모인 집단의 변화 과정에서 생기는 얽히고설킨 주
변 이야기들을 희망, 분노와 같은 희로애락의 숨결로 담고 있는 이야기
역사책이다. 어린이집의 공식적 기록인 소식지가 어린이집이 가장 어려
웠던 1998년 7월, 8월, 9월 석 달 동안 발간이 중단되었다는 사실은 그만
큼 사정이 어려웠음을 말해 준다. 발간 중단으로 저간의 절박한 어린이집
사정을 단 한 줄도 표현해 내지 못하는 공식적인 기록에 비해 날적이는
공식적인 이야기 틀로는 담아낼 수 없는 뒷이야기와 여운을 개인의 주관
성과 느낌으로 풀어내는 야사 같은 역사책이다.

아이를 기르고 가르치는 텍스트

날적이는 부모가 일상적으로 어린이집 교육에 참여하는 공간이다. 날적
이를 통해 부모와 교사는 아이의 양육과 교육에 대해 서로 묻기도 하고,

대안을 제시하기도 하고, 문제점을 지적하기도 한다. 그래서 날적이는 아이를 키우는 부모 교사에게 상호적인 텍스트가 된다.

다음은 아이를 키우는 기본 원칙을 부모가 교사에게 제공해 주는 예이다.

● 원조를 키워 온 몇 가지 원칙

1. 위험에 대한 방어

아이가 아직까지 경험적 판단 근거도 없고 하니 어른의 경험적인 부분을 이야기하여 무조건 하지 말라 하지 않고 대부분의 경우에 하지 말아야 하는 근거에 대해서 조금이라도 경험하게 하여 원조 스스로의 조심성과 분별력이 생겨 어른이 간섭하지 않더라도 본인 스스로의 방어벽이 생기도록 유도. 이 중 가장 커다란 딜레마는 아이의 새로운 것에 대한 도전력과 실험 정신을 어떻게 잘 살아나게 하는 것임.

2. 요구에 대해서 완벽한 해결은 가급적 안 해줌.

첫째로 "아빠. 해주세요." 하면은 "해주세요"를 "도와주세요"로 수정해 주고 해달라는 요구에 대해서 50% 정도만 해준다. 즉 방법만 가르쳐 주고 나머지 부분의 해결은 자신의 방법 궁리와 노력이 반드시 추가되어야만 해결되게 하였다. 갈증이 날 때 물병을 열어 달라고 해도 아이의 힘으로 뚜껑을 돌릴 수 있을 정도까지만 해준다든지 장난감 나사를 풀고 잠그고 하는 일에도 그런 식으로.

— 1997.2.13 날적이 중에서

이러한 세심한 정보는 교사가 아이를 교육하는 원칙을 부모와 공유하는 데 도움을 준다고 하겠다. 아이를 잘 기르고 가르치기 위한 텍스트들은 우리 주변에 널려 있다. 서점에서 볼 수 있는 수많은 육아 전서들, 매스컴을 타고 나오는 정보들, 조상에게서 받은 무형의 의식들에 이르기까지. 이런 것들은 다 아이를 키우는 사람에게 일정 정도 안내자 역할을 한다. 그러나 이 텍스트들은 일방적이고 보편적인 반면 유동성과 구체성이 부족해서 컨텍스트를 무시한 텍스트일 가능성이 있다. 이에 비해 날적이는 부모와 어린이가 한 어린이에 대한 구체성과 현장성을 갖고 직접 쓰고 읽는 텍스트라고 할 수 있다.

어린이집 생활은 1년마다 교사가 맡는 방이 바뀐다. 어린이집 전체 아이의 수가 적어서 교사들은 자기가 맡지 않은 아이들에 대해서도 어느 정도는 잘 알고 있다. 그러나 아이를 처음 맡게 될 때 그 아이들에 대해 이전보다 자세히 알기 위해서 교사들은 날적이 한 권에 씌어진 전체 분량을 읽는다고 한다. 어떤 경우는 한 권 이상을 읽는 경우도 있다.

다음은 교사가 아이를 새롭게 맡아 날적이를 읽었다는 내용이다.

> 원조 날적이 가져다가 잘 읽어 보았습니다. 새로운 교사에게 맡겨지니 걱정 많이 되시죠? 잘 뛰어 놀고 잠도 곤히 자니 원조에게 고마운 것 있죠. 아침 나들이를 까마귀와 망치질하자고 꼬셨는데 이해를 잘 해 주더군요. 이제는 예진이 엄마도 놀랄 정도로 망치질을 잘한답니다. 누렇게 나온 콧물이 길게 늘어져 방금 닦았는데도 또 길게 나오는군요. 작지만 야무지게 잘 노는 것 같아요… 아이들이 도토리(이전 교사)를 찾으면 어떻게 하지? 했는데 아이들이 너무도 고마운 것 있죠. 부모님들껜 어떤 말씀을 드려야 할지 잘 모르겠군요. 걱정되시더라도 믿고 지켜봐 주시죠. 제가 터전에서 이 애들 옆에 있는 동안은 최선을 다하겠습니다.
>
> — 1996.12.9 날적이 중에서

교사들은 아이들의 날적이를 읽음으로써 아이와 부모에 대해 선이해를 하고 관계에 들어가게 되고, 부모는 날적이를 읽었다는 교사의 태도에 일단 안심을 하게 된다. 교사들이 이렇게 날적이를 읽는 것은 동료 교사들이 쓴 날적이를 보게 되는 것이다. 이런 과정을 통해 교사들은 아이를 보는 다른 시각, 같은 내용이라도 훨씬 따뜻하게 의사를 전달하는 방법, 더욱 세심한 관찰 능력과 정확한 기술과 문장력 등을 느껴서 자극을 받는다고 한다.

교사뿐만 아니라 부모들도 다른 집 날적이를 읽는다. 예를 들면 조합 이사를 맡았을 때 조합원들의 생각을 알기 위해 날적이를 보았다는 한 부모에게 이사 활동을 하는 데 도움이 되었느냐는 질문을 하였다. 이에 그 부모는 날적이를 읽어 보니 각 가정의 생각, 아이를 어떻게 키우려고 했는가를 잘 알 수 있어서 조직을 운영하는 데 충분히 도움이 되었다고 했다.

어린이집에서는 다른 사람의 날적이를 뚜렷한 목적을 갖고 읽기도 하지만 그냥 재미로 읽는 일도 많다. 그래서 어린이집에서 날적이 읽기는 재미있는 일 중의 하나이다. 부모들은 다른 집의 경우 무슨 이야기를 쓰는지 매우 궁금하다고 한다. 그래서 아마 활동을 하면서 맡은 아이들의 하루 생활을 써주는 시간이면 각 아이들의 날적이를 죽 읽어 본다고 한다. 날적이는 원칙적으로는 사적 기록이어서 타인의 것을 본다는 것이 조금은 꺼림칙한데 자기 날적이를 누가 봤다고 해서 사생활을 침해받았다고 여기는 사람은 없다고 한다. 또 잘 쓴 날적이는 부모의 동의하에 돌려가며 읽기도 한다.

다른 부모의 날적이를 통해 배우는 것이 많다는 한 어머니는 면담에서 다음과 같이 말했다.

> 다른 아이들의 날적이를 기회 닿는 대로 상당히 열심히 읽어요. 잘 모르는 아이가 있을 경우랄지, 잘 아는 혜지 날적이도 읽어요. 다른 집의 날적이도 읽어 보라고 신입 조합원한테 권유도 하죠. 그걸 통해 크게 배운 적이 있어요. 정훈이 어머니의 경우 큰아이는 중학생이고 정훈이를 늦둥이로 두어서 엄마의 여유 있는 성품이 느껴지는 분이었어요. 내 거랑 날적이를 비교해 보니까 그분은 요구하는 게 없더라구요. 그에 비해 나는 요구가 많더라구요. 그래서 나를 바꾸어야겠구나. 같은 요구라도 전제와 양해를 구하고 해야겠구나 하는 것을 배웠어요. 또 우리 아이는 어리니까 큰 아이들 날적이 보면 현상이 풍부하더라구요. 그래서 내 아이에 대해 미리 알고 배우는 점이 있죠. 또 어린아이들 걸 보면 이 부모도 내가 겪었던 것을 겪고 있구나 이런 조언을 해주면 좋겠구나 하는 생각이 들죠.
>
> — 면담, 1998.10.21

부모들은 다른 부모의 날적이를 보고 이런 내용도 쓸 수 있구나를 알게 되고, 또 자신의 태도와 방법을 비교해 보게 되고, 앞으로 아이가 자라면서 겪을 상황을 예측하고 지나온 경험을 이제 자라 올라오는 아이의 부모에게 나누어 줄 수 있다는 것이다.

이와 같이 날적이는 당사자들의 개인적인 정보 교류를 넘어 타인에게까지 텍스트로 기능하고 소통 역할을 하는 점이 있다. 날적이는 부모와 교사가 아이에 대해, 보고 느낀 것을 읽고 쓰는 대화적인 텍스트이며 타인의 날적이를 통해 자신의 생각과 태도를 돌아보는 공유적인 텍스트이기도 하다.

자신을 비추어 보는 거울

글을 쓰는 행위는 자기를 들여다볼 수 있다는 점에서 거울을 보는 것과 유사하다. 날적이를 쓰는 부모나 교사는 아이와 자신들의 생활과 역할을 날적이를 쓰면서 되돌아보게 된다고 한다. 날적이 내용을 살펴보면 부모, 교사가 자신을 돌아보고 반성하는 장면이 많이 나온다.

다음은 교사가 두 어린이가 싸우는 모습을 보고 느꼈던 생각을 정리한 사례이다.

> 어린이집 아이들을 보면서 때론 내가 할 수 있는 일이 없겠구나 하는 생각이 들 때도 있어요. 아이들이 재미있게 놀고 안정적인 모습일 때, 아니면 어수선하고 생활이 엉망이다 싶을 때도 항상 생각들은 머리를 채우고 있답니다.
>
> 오늘은 아침부터 영철이와 원조가 울었습니다. 나들이 차량 앞자리에 서로 앉아 가겠다고 밀치고 양보하지 않고 때리고… 잠시였지만 한두 번 앉아 가는 것도 아니고 이제 익숙해져 자연스럽게 행동할 수 있을 거라고 가만히 놔두었죠.

아이들이 한 관계를 넘어서려면 많은 시간과 지속적인 관심, 그리고 주위의 노력이 많이 필요할 것 같아요. 이제는 괜찮을 거야. 이제는 잘할 거야. 어쩌면 내가 생각하고 판단하는 것은 아이들의 반도 따라가지 못하지 않나 싶어요. 둘을 차에서 내려 설명하고 혼내고 울먹거려도 모른 체. 하지만 아이들은 잠시 시간만 지나면 그 상황을 전혀 모른 채 희희낙락 즐거워하는군요. 아이들을 짧게 보고 판단하는 건 마치 아직 익지 않은 밤을 먹는 것과 같지 않나 싶어요…

— 1997.2.14 날적이 중에서

어린이와 더불어 사는 삶은 소소하면서 복잡하다. 그리고 가변적이다. 이러한 상황적인 특성 때문에 아이를 교육한다는 것은 시간이 오래 걸리는 꾸준한 작업일 수밖에 없다. 그럼에도 부모나 교사는 순간적인 판단과 결정이 요구되어 성급해지기 쉽다. 부모나 교사가 이런 상황을 되새겨봄으로써 아이에 대해 깊이 생각해 보게 되고 그 경험을 통해 자기 반성을 하게 된다. 생활 속에서는 쉽지 않지만 날적이는 자기 반성을 일상의 삶에서 할 수 있도록 도와주는 장치이다.

다음의 부모 면담에서 날적이의 반성적 기능을 확인할 수 있다.

날적이를 쓰면서 반성이 된다는 기쁨이 있어요. 만일 날적이가 없었더라면 아이와 나 사이에 반성이 없었을 거예요. 전에는 아이가 어리니까 덜했는데 커지니까 갈등이 증가하더라구요. 그래서 그러는 나 자신에 대해 반성하죠. 보통 살면서 종교가 없는 경우 반성하기가 쉽지 않은데 그런 면에서 날적이는 일정 정도 종교 같은 기능을 한다고 봅니다.

— 면담, 1998.10.21

교사들 또한 자신과 아이가 어떤 모습으로 지냈는지를 날적이를 통해 비추어 볼 수 있는데, 그 이유는 날적이를 쓰면서 교사 스스로 반성할 수 있는 시간을 가질 수 있기 때문이라고 했다.

공동육아에서 쓰는 날적이의 행위는 교육에서 매우 바람직한 형태의 행위로 보인다. 부모와의 소통도 중요하지만 날적이를 쓰면서 아이의 행동은 물론 교사들 스스로도 반성할 수 있는 시간을 가질 수 있다.

— 면담, 1999.11.12

이처럼 날적이는 부모, 교사 모두에게 자기 성찰을 할 수 있는 거울과 같은 역할을 한다. 자기 성찰은 부모, 교사의 진정한 역할을 인식하는 교육적인 반성과 더불어 인간적인 성숙으로 연결된다는 점에서 날적이의 교육적인 가능성을 엿볼 수가 있다.

사유의 공간

날적이는 아이를 키우는 문제뿐만 아니라 세상과 삶에 대해 부모와 교사가 생각을 나누는 장이기도 하다. 아이를 교육하는 문제라는 것이 기본적으로는 세상사와 다 연결되어 있겠지만 날적이는 아이를 키우는 직접적인 상황을 한 박자 늦추는 쉼터 같은 기능을 할 때가 있다.

날적이에 시, 사진, 신문 기사 등을 동원하여 세상을 재구성해서 삶을 깊이 있게 들여다보는 다음쪽의 사진과 같은 행위가 여기에 해당한다.

이와 같은 경우를 포함하여 형식적이지 않은 근황을 주고받을 때 부모와 교사는 아이와 무관하게 친구가 된 느낌이 들기도 한다고 한다. 그래서 잠시 아이가 빠진 날적이는 그들의 삶을 풍요롭게 그리고 부모와 교사를 가깝게 해주는 매개체가 되기도 한다.

어린이집에서 날적이는 아이의 생활에 대한 단순한 기록이 아니라 어린이를 사이에 둔 부모와 교사의 대화적 산물이다. 이 안에서 날적이는 의사 소통, 성장 일기, 역사책, 아이를 기르는 텍스트, 반성을 유도하는 거울, 그리고 사유의 공간과 같은 다양한 기능을 하고 있다.

happy is slow

Ben 97

97년 광주 비엔날레에 참가한 바 있는 벤 보티에의〈행복
은 느리다〉(1997년). 보티에는 '이 그림은 시속 36만㎞
(지구의 공전 속도)로 태양 주위를 돌고 있다' 등 속도와
가치의 상대성에 대해 찍은 경구로 작품을 제작해왔다.

엄청난 속도이다. 6월 4일자 한 신문의 두 기사이다.
happy is slow ↔ 시속 200km ICE (아마에) 고속열차의 탈선
그리고 사망 100여명 이상.

10   1998년 6월4일 목요일

독일 ICE 탈선 100명 사망·200여명 부상

고속열차 최악 사고

200㎞주행중 승용차와 충돌…사망자 계속 늘듯

1998. 6. 5 날적이 중에서

현재 삶의 기록은 내일을 여는 길잡이

어린이집이 처음 출발할 때는 아이들 연령도 어려서 날적이는 꼭 써야
한다고 생각한다. 그래서 부모, 교사 모두가 날적이를 열심히 쓴다. 그러
다 아이의 연령이 6세 이상이 되면서부터는 아이가 커져서, 시간이 없어
서, 이젠 별로 쓸 말도 없어서, 점점 게을러져서와 같은 많은 표면적 이유
로 인해 부모나 교사 모두 날적이를 점점 덜 쓰게 된다. 그렇지만 부모와

달리, 교사는 날적이 쓰는 일이 책임에 해당되어 부모가 안 써도 교사는 최소한의 상황을 쓰게 되어 있다. 부모들 중에는 날적이를 열심히 쓰는 부모도 있고, 아주 기본적인 사항만 쓰는 부모도 있고 더러는 아예 안 쓰는 부모도 있다. 역사가 짧은 어린이집일수록, 아이의 나이가 어릴수록, 날적이를 열심히 쓰고 역사가 긴 어린이집일수록, 그리고 아이의 연령이 높을수록, 기대보다 날적이를 열심히 쓰지 않는 경향이 있다.

　다음은 어린이집에서 날적이의 의미가 퇴색되어 가고 있는 상황에 대한 구성원들의 위기 의식을 볼 수 있는 장면이다.

● **특집! 날적이를 살리자!**

교육 소위에서 논의 끝에 우리 어린이집의 기록들을 정리하여 「연령별 아이 교육」 같은 책을 내보기로 하였습니다. 우리에게는 날적이라는 무기가 있고 이를 잘 분석하면 까꿍방부터 끼리방까지 모든 연령대 아이들을 한눈에 관찰할 수 있고 이를 정리하여 어린이집 교육 자료로, 부모의 육아 지침서로, 나아가 수익 사업과 공동육아의 이념을 널리 알리는 글로 활용되지 않을까 하는 원대한 포부와 사명감을 가졌습니다. 그러나 막상 날적이들을 수거하여 복사해 보니 기대 이하였습니다. 처음의 그 설렘과 생생함에서 퇴색하여 너무 관성적이고 불성실하며 일방적인 정보 전달의 수단이 된 날적이를 발견할 수 있었습니다. 정말 창구가 아니라 일방적으로 풀어 놓는 날적이, 대답 없는 날적이가 많았습니다. 우리 어린이집의 관계를 보여 주는 것이 아닌가 하는 쓸쓸함을 금할 수가 없었고 이대로 가다가는 날적이가 죽어 버리는 것이 아닌가 하는 위기감도 느꼈습니다. 그래서 더 늦기 전에 날적이에 대해 얘기해 보고 날적이를 되살려야겠다는 조급함에 조합원들에게 급히 원고를 부탁드렸습니다.

***

현재의 날적이는 한마디로 너무 피상적인 것 같다. 오늘 하루 나들이는 어디로 갔고 터전에서는 무엇을 하고 놀았나 정도의 내용으로 국한되는 것 같아서 아쉬움이 많다.

　가정에서의 생활은 집에 와서 저녁 먹고 조금 놀다가 잠잔 것이 전부이니 별로 쓸 말도 없어진다. 처음 공동육아 어린이집에서 날적이가 왜 생기게 되었고 어떻게 활용되었으며 그 깊이는 어떠했었는지 새삼 궁금해진다. 우리 바위 어린이집에서 부모와 교사가 만나서 진지한 이야기를 나눈다는 것이 그리 쉽지만은 않은 것 같다. 교사들의 출퇴근 시간도 일정하지 않고[34] 부모들도 다 다르기 때문에 만나는 것조차 힘든 실정이라고 본다. 이러한 구조적인 문제점 때문에 "날적이"라는 의사 소통 도구가 나온 것은 아닐까? 그런 의미에서 볼 때, 날적이는 부모와 교사 간의 유일한 의사 소통 통로이고, 때문에 날적이가 피상적인 하루 일과의 나열에만 그친다면 그 의미가 상당 부분 퇴색한다는 생각이 든다.

— 「함께 크는 우리 아이」 1999년 6월호 특집난 "날적이를 살리자" 중에서

날적이의 활용이 퇴색되는 현실에 대해서 이들은 자성을 보이고 있다. 여기에는 날적이가 의사 소통 도구로서 제대로 기능하지 못한다는 비판과 함께 대화하지 않는 일방적인 생활 보고로는 별 의미를 못 찾겠다는 내용이 드러난다. 그러면서 초기 시절의 생생함과 설렘이 그리워지고 초기 창원 멤버가 아닌 대부분의 어린이집 부모들은 날적이의 역사가 궁금해지는 것이다. 여기에는 날적이의 가치를 어린이집 구성원들이 제대로 공유하고 있지 못하고 있으며 특히 신입 조합원에게 기존 조합원이 날적이의 역할과 가치를 제대로 전수하지 못하고 있다는 데 문제가 있다고 한다. 그리고 이는 자신들의 소소한 일상을 기록은 하지만 그 속에 스며 있는 풍부한 생활적인 대화의 의미를 찾아내지 못하는 데서 오는 점도 있다.

날적이의 의미가 무엇이냐는 질문에 많은 부모와 교사들이 의사 소통 기능과 반성적 기능을 꼽았고 특히 부모나 교사들의 날적이에 관한 담론들을 보면 단연 의사 소통 능력을 꼽는다. 이를 내가 앞에서 분석한 날적이의 여섯 가지 기능과 연결해서 살펴볼 수 있다. 의사 소통과 반성적 기능이 그들에게 날적이의 실제적인 의미였다면 그 나머지는 인식의 표면으로 떠오르지 않은 잠재적인 의미라고 할 수 있다. 어떤 행위의 가치와

의미를 총체적으로 파악한다 함은 그것의 실제적인 의미와 잠재적인 의미 모두를 포함하는 것이다. 그런데 만약 눈에 보이지 않는 잠재적 의미를 놓쳤을 경우, 실제적 의미만을 인식해서 총체성을 상실할 가능성이 있다. 예를 들어 날적이의 의미나 가치를 의사 소통 기능으로만 인식했을 경우, 날적이가 갖는 의사 소통 체계로서의 한계가 마치 날적이 자체의 한계로 과잉 해석될 가능성이 있다. 이는 공동육아라는 사회에서 갖는 날적이의 다양한 의미가 단순히 의사 소통 체계의 의미만으로 환원될 가능성과 마찬가지이다. 그러나 교육을 염두에 둔 행위에는 실제적 의미와 잠재적 의미를 함께 인식하는 것이 아주 중요하다. 어떤 때는 잠재적 의미가 훨씬 더 중요하게 작용될 수도 있는 것이 교육적 상황이다.

교육 기관에서 이루어지는 기록 행위에는 여러 가지 방식이 있을 수 있다. 날적이처럼 부모와 교사가 함께 어린이의 일상사를 기록하는 방식, 소식지에 실리는 "아이들 수다"처럼 아이들이 표현하는 언어 그 자체를 채록하는 방법, 그리고 어린이들의 학습 장면에서의 대화를 기록하는 방법들이다. 기록하는 내용과 방식에 따라 그 기록이 갖는 교육적 효과는 각기 독특하게 다를 수 있다. 이런 다양한 기록의 방식이 있을 수 있지만, 각기 기록이 고유한 교육적 효과를 가지려면 그 내용에 대한 분석 및 이해의 과정이 있어야 한다. 구성원간에 기록에 대한 가치와 의미를 공유하기 위해서는 축적된 기록들을 나름의 이해의 틀이나 도구들을 생산해서 자신들의 삶의 모습을 해석하는 과정이 기록 행위에 포함되어야 한다. 그럴 때만이 기록이 교육 현장에서 가치를 가질 수 있는 것이다.

그러한 예로, 일본 태양의 아이 유치원에서의 기록에 대한 문학적인 접근, 이탈리아 레지오 에밀리아의 어린이들의 학습 장면에서의 의사 소통에 대한 기록과 분석 방법도 하나의 예가 될 수 있다. 공동육아 어린이집에서 적은 연령의 부모는 아이의 하루의 삶의 흐름이 중요하게 생각되지만 연령이 높아갈수록 좀더 교육적인 주제에 접근하고 싶어한다. 따라서 연령이 7세 정도가 되면 다양한 기록 방식을 개발하거나, 기록을 일상 생활에서 학습 상황으로 전환해서 어린이들의 활동을 깊이 있게 관찰하고 기록해서 해석하는 방식을 취해 볼 수도 있다. 그러나 이러한 새로운 시도는 교사 혼자의 힘만으로는 불가능하기 때문에 부모와의 협력과 구성원들의 자발적인 의지가 중요하다. 부모들과 교사들의 협력을 전제한다면 연령이 높은 경우, 아이의 일상사와 함께 학습 상황에 대한 기록을 조금씩 시도해볼 수 있다.

꼭 새로운 기록의 방법을 시도하지 않더라도 현재 어린이집에서 쓰이는 날적이의 다양한 의미를 구성원들이 공유할 수 있도록 이해의 과정이 이루어지면 날적이의 교육적 효과는 생산될 수 있는 것이다. 나는 날적이의 의미를 참여를 통한 대화와 자기 성찰이라는 교육적 맥락에서 재구성해 보았다.

날적이는 부모와 교사가 부재중인 상황에서 있었던 생활과 교육에 대한 참여의 공간을 마련해 주어 아이의 어린이집의 생활과 가정에서의 생활을 연결하는 통로가 된다. 날적이를 통한 참여란 공동 참여로서 교사와 부모는 관계적 만남을 갖게 된다. 그렇다면 부모 교사가 기록의 공동 수행자인 날적이는 자신과 타인을 이해하는 상호 주관적 관계를 맺는 데 어떠한 가능성을 제공할 수 있다고 볼 수 있다.

우리가 일기를 쓰지 않고도 사는 것처럼, 날적이를 쓰지 않더라도 부모 교사 관계는 형성되는 것이고 상호적인 관계는 어찌 보면 공동육아라는 시스템의 소산일 수 있다는 가정이 가능하다. 그런데 날적이는 공동육아의 시스템의 하나로 아주 독특한 측면이 있다. 공동육아 현장에서는 보통 "날적이를 쓴다"고 말한다. 여기서 표현된 "쓴다"는 말에는 사실은 부모나 교사가 일상 생활에서 나타나는 아이의 모든 외현적 모습을 읽고 지각하는 작용과 그것을 쓰면서 발생하는 인식 작용이 포함된다. 뿐만 아니라 상대방이 보내 온 기록을 읽는 것과 지나간 긴 기록을 읽는 것도 포함된다. 그러므로 날적이를 쓴다는 행위 안에는 어른들의 지각에 포착된 아이의 외현적 모습을 읽고 그 의미를 찾아나가는 체험과 인식의 통합과 교류 과정이 들어 있다고 할 수 있다. 즉 날적이가 쓰기와 읽기를 통한 대화 구조를 갖고 있다는 뜻이다. 날적이를 통한 대화는 실제적인 대화의 예행 연습 같은 성격을 지니기도 하면서 실제 대화이기도 하다. 건설적이고 긍정적인 대화를 기록하는 일은 건설적인 방식으로 대화할 수 있는 준비를 하는 데 도움이 된다.

쓴다는 행위는 그냥 살고 지나갈 수 있는 날에 대해 우리가 그림을 그릴 수 있도록 인식 작용을 돕는 연결 고리의 작용을 한다. 또 일상 생활 속에서 생산되는 삶의 원시 자료들이 공중에서 분해되지 않게 저장하고 그것을 재인식하는 과정을 통해 자신과 타인의 삶을 좀더 근접한 위치에 놓게 된다. 결국 기록 행위는 우리의 일상 생활에 대해 체험과 인식의 종합을 더 치밀하게 해줌으로써 자신들의 삶의 세계를 지속적으로 변화시키는 힘을 발휘한다고 할 수 있다.

글쓰기는 생활 세계와 자신 사이에 거리를 두도록 하지만 한편으로는 그 글쓰기를 통해 우리는 생활 세계에 더 가까이 간다. 여기서 자신과 생활 세계 사이에 거리를 둔다는 것은 성찰을 의미한다. 성찰이란 짧은 순간이나마 뒤로 물러서서 전에 유심히 살펴보지 않았던 여러 가지 맥락들이나 의미들을 관찰할 때 일어나는 현상이기 때문이다. 날적이를 통한 이런 성찰의 순간은 특히 상대의 글을 읽을 때와 비교적 장기간의 날적이를 읽는 과정에서 많이 일어난다. 성찰을 다른 말로 정신적 원근법이라고 할 때 날적이는 타인의 관점과 자신의 관점을 서로 멀리, 가까이 놓아 봄으로써 전체적인 시각으로 상황과 현상에 접근할 가능성을 제공해 준다. 그리고 상대의 성찰은 자신의 성찰을 잠재적으로 유도하기도 한다.

부모와 아이의 관계, 교사와 아이의 관계는 함께 체험하고 희로애락을 같이 경험하는 삶 속에서 가능한 한 아이 속으로 들어가려는 노력을 기울이는 직접적 관계라면 날적이를 통해 맺는 부모 교사의 관계는 타자를 간접적으로 만나는 관계이다. 이때 날적이는 체험과 인식의 바탕으로서, 부모와 교사 입장에서 볼 때 아이를 직접적으로도 만나고 타인의 눈을 통해 간접적으로도 만남으로써 아이를 깊이 있게 이해하게 되는 여건을 제공한다. 아이와의 이러한 만남의 과정을 통해 부모와 교사는 자기 자신을 순수하고도 성찰적으로 만나면서 타자인 상대에 대해 이해의 깊이를 공유하는 상호 주관적 관계로 나아간다고 할 수 있다. 이 관계가 지속되는 데 자신과 상대에 대한 이해의 깊이를 파는 추동의 매개적 역할을 날적이라는 표현 수단이 갖는다고 할 수 있다.

아이를 키운다는 것, 교육이라는 것을 삶의 장면으로 펼쳐서 보면 "아이는 잘 커가고 있나? 나는 잘살고 있나? 그래서 우리는 잘살고 있는 건가?"를 나한테 묻고 아이한테 묻고 그리고 타자한테 묻는 과정으로 그 속에서 "우리"가 되어 스스로 묻고 답하는 과정의 연속이라고 할 수 있다. 그래서 교육은 아이를 둘러싼 의미 있는 타자들의 상호 주관적 관계에서 형성되는 부단한 변화라고 할 수 있다. 이런 점에서 볼 때 공동육아 구성원들의 현재 삶에 대한 기록 날적이는, 지나간 자신들의 삶을 되돌아보게 하고 지금 잘살고 있는지 물어보게 하고 그리고 앞으로 어떻게 살지 조금씩 대답해 주는 길잡이 역할을 한다는 점에서 교육적인 의미가 있다고 할 수 있다.

부모들의 공동체 의식과 마실

공동육아 사람들이 공동으로 아이를 키우기로 한 이상, 그들(특히 부모들)은 교육을 둘러싼 모든 작업에 함께 참여해서 책임을 나누어야 한다. 모두가 주인이기 때문이다. 그런데 "모두가 주인이기 때문에 아무도 주인이 아닐 수 있다"는 그들의 표현처럼 육아 공동체는 아무도 주인이 아닌 최소한의 기능만으로도 움직일 수 있고 모두가 주인인 최대의 참여로 움직일 수도 있다. 따라서 단순히 기능적인 "공동육아"만 남을 수도 있고 공동체 문화가 살아 숨쉴 수도 있다. 그래서 이 최소의 기능적 운영으로 가지 않기 위해 부모들은 여러 가지 참여 장치를 만들어 놓고 있다. 그것은 바로 육아 공동체가 굴러갈 수 있는 공식적인 부모 참여 구조 및 활동으로 아마 활동, 방 모임, 총회 참석, 조합원 교육 참석, 터전 대청소, 텃밭 가꾸기 등이다.

터전의 공식적인 참여 활동에 불성실할 경우에는 벌금으로 그 강제성을 띠기도 하지만 대부분의 부모들은 공식적인 활동에 적극적으로 참여한다. 이런 공식적인 참여의 장은 부모들에게 만남의 장을 제공하고 연대

의식을 강화하기도 하지만, 일상적으로 아이를 데려다 주고 데려 오면서 서로 만나 대화하는 기쁨과 갑자기 늦게 퇴근하는 일이 생기면 부모들끼리 아이들을 챙기는 품앗이 같은 작은 "오고감"에서 생활의 기쁨을 느낄 수 있는 것이 공동육아를 하는 부모들의 또다른 보람이다. 이런 일상에서 오가는 훈훈한 정은 눈에 보이는 참여 구조 밑에 깔려 있는 소통의 맥락이며 "정서"이다. 조합원간의 이런 정서적 유대나 뒷받침을 만들어 내는 것을 그들은 생활 공동체라고 한다. 그래서 이들이 지향하는 공동체에는 육아 공동체와 생활 공동체가 동시에 포함되어 있다. 그러나 공동육아 구성원들은 이 두 가지 공동체가 결합될 수 있도록 애쓰지만 자신들의 노력에 대한 만족도는 낮다. 그들은 자신들의 생활 속에서 이런 공동체적 노력을 기울이는 것이 어렵다고 생각한다. 여기서는 육아 공동체와 생활 공동체의 실천이 어려운 내막을 두 공동체간의 갈등 내에서 살펴보고 이를 극복하려는 공동육아 부모들의 삶의 노력을 육아 공동체와 생활 공동체의 결합이라는 맥락에서 살펴봄으로써 공동체적 삶의 방식이 부모들에게 어떤 의미를 가져다 주는지를 알아보도록 하자.

육아 공동체와 생활 공동체의 갈등

육아 공동체와 생활 공동체는 서로 다른 성질의 삶의 방식이라기보다는 둘 다 공동육아 안에서 요구되는 삶의 방식이다. 다시 말해 육아 공동체가 제대로 형성되기 위해서는 부모들의 공식적인 참여 이외에 일상적인 참여가 이루어져야 하고 이 일상적인 참여가 원활하게 이루어지기 위해서는 부모들의 생활 속에 공동체적 방식이 녹아 있어야 수월한 것이다. 즉 공동체적 삶의 방식은 책임만으로는 어렵고 자발성이 있어야 한다. 그러나 이런 일상적인 참여가 대부분 맞벌이 직장 생활을 하고 있는 부모들에게 결코 쉬운 일은 아니다. 그래서 부모들은 자신들을 위로하는 말로 "낮에는 직장, 밤에는 터전 인생"이라는 말을 한다. 이 표현에는 이중고에 시달린다는 삶의 고단함도 있지만 "낮에는 생존을 위한 경쟁의 사회로, 밤에는 공동의 사회로"라는 문화가 다른 이중적 생활 패턴이 갖는 의미도 포함되어 있다. 그래서 터전의 참여 활동이 억지로 하는 싫은 것만은 아니다. "그 돈을 내고 이런 대접을 받아가며 내 발로 여기를 왜 찾아왔겠는가? 밖에 나가면 우리도 대접받는 고객인데"라는 말에서 그들의 자발성을 엿볼 수 있다.35) 이 자발성 때문인지 그들 모임의 풍경을 보면, 대화하고 웃고 떠들면서 사람 만나는 데서 오는 쏠쏠한 재미와 시끌벅적함이 있다. 그러나 어린이집을 중심으로 엮어지는 삶에서 부모들에게 요구하는 일상적인 참여는 이러한 초보적인 자발성 이외에 실천적인 의지를 요구한다.

다음은 공동육아에서 부모가 교육의 주체가 된다는 것이 얼마나 어려운지를 보여 주는 예이다.

> 공동육아에서의 "부모"란 교육의 주체이며 책임자이기 때문에 조합원들의 공동체 의식(공동체에 대한 공유 정도)이 우리 교육의 성패를 좌우할 수 있다. 아마 활동, 장보기, 터전을 쓸고 닦는 일들이 모든 아이의 엄마, 아빠가 되겠다는 생각 없이는 결코 즐거운 일거리가 못 되는 것이다. 공동체 안에서의 구성원은 서로 평등하고 횡적인 관계를 맺게 된다. (부모와 아이와의 관계에서도 마찬가지로 적용된다.) 자신의 의사를 공동체에 관철시킬 수 있으며 민주적인 절차로 문제들을 풀어 나간다는 점은 자본주의 사회에서는 좀처럼 만나기 힘든 구조이다. 이러한 장점과 가능성에도 불구하고 공동체를 꾸려 나가는 실제적인 일들은 언뜻 소소한 잡일 거리로 몇몇 조합원에게 과다한 희생과 봉사만을 요구하게 되기도 한다. 실제로 공동육아는 "육아"만의 문제는 아니다. 정신 없이 달려온 산업 사회가 놓치고 왔던 많은 것들에 대한 문제 제기이며 그것을 극복해 가려는 우리들의 실천 의지이다.
>
> — 1998.12.19 조합원 교육 자료 중에서

공동육아 부모들이 교육의 주체가 되기 위해 수행해야 하는 것이 공동체적 삶의 방식을 익히는 것이고 이는 단순히 "육아"를 잘해 보자는 차원을 넘어 산업 사회적인 삶의 방식을 극복하는 것이라고 이들은 생각하고 있다. 산업 사회의 삶의 방식은 우리들의 삶 구석구석에 스며 있기 때문에 그 방식의 문제를 극복하기 위해서는 삶 구석구석에서부터 변화를 시도해야 하는 것이고 그것은 아주 구체적인 실천을 요구한다. 따라서 공동육아 어린이집에서 요구되는 것도 일상 속에서의 구체적인 실천이라고 할 수 있다. 그 구체성에 의미를 부여하지 못하면 이는 곧 하찮은 잡일로 여겨진다는 것이다. 부모가 어린이집의 삶에 일상적으로 참여하는 데는 부모 자신의 생활 속의 변화가 뒷받침되지 않고는 한계를 가질 수밖에 없다. 즉 생활 공동체가 이루어지지 않으면 육아 공동체 또한 제대로 성장할 수 없다는 것이다. 여기에 육아 공동체와 생활 공동체의 맞물림이 있다.

어린이집 생활을 하게 되면서 느끼는 공동육아의 좋은 점이 무엇이냐는 질문에 부모들은 "아이가 순진하잖아요. 내 어려움을 부탁할 이웃이 있다는 것은 너무나 큰 행복이고 고민을 나눌 이웃이 있다는 게 만족스럽죠"라는 반응과 함께 공동체적 생활을 할 수 있다는 점을 꼽는다. 그런데 이와 같은 공동체적 생활을 말할 때는 지금 현재의 소박한 수준과 함께 더 이상은 어려울 것 같다는 한계점을 함께 이야기한다. "다른 부모들과의 관계가 일상 생활에서도 연결된다는 점이 좋아요. 우리가 완전한 공동체는 아니지만 오고가는 정이 있고 주고받는 것이 있어요. 완전한 공동체는 불가능한 것 같아요. 현 단계가 그런 것 같아요."

이들이 육아 공동체와 더불어 원하는 공동체는 생활 공동체로, 아이들만 잘 키우는 조직이 아니라 자신들의 삶이 함께 어우러지는 생활 속의 공동체를 원한다. 부모들이 자신들의 공동체적 수준을 소박한 주고받음의 선에서 인정하는 데에는 그것으로 만족해서가 아니고 어쩔 수 없다는 단념이 담겨 있다. 그래서인지 공동육아 구성원들(부모, 교사 모두)은 공동체와 관련해서 자신들의 행위나 활동이 단순히 육아 공동체에 머물지도 모른다는 불안감을 갖고 있다. 이런 불안감은 막연한 것이 아니고 실제 그들이 생활에서 느끼는 인식 그대로이다.

육아 공동체는 어느 정도까지는 구조 자체가 담보해 주는 부분도 있고 당위성만으로도 할 수 있다는 점에서 유지가 가능한 데 비해, 생활 공동체는 그렇게 살아야 하는 것으로 현대 생활의 패턴에서 그런 삶을 영위한다는 것이 결코 쉽지가 않다.

공동체와 관련하여 이기범(1995)은 공동육아가 "삶과 육아의 가치와 의미의 문화 공동체여야 하며 계속하여 그 가치와 의미를 교류하고 조정하는 열린 공동체"여야 함을 강조했다. 그러나 공동육아 구성원들이 이러한 방향성을 갖고 실천하려는 과정에서 부딪치는 장애들은 한두 가지가 아니다. 특히 이들 중 상당한 부분은 사회적인 조건에서 오는 것이라고 할 수 있다. 우리의 현재의 삶의 조건이 공동체적이지 않기 때문이다. 그리고 이러한 외적 조건에 길들여져서 오랜 세월 살아 온 사람들의 내면적인 장애도 걸림돌이 된다. 어린이집 부모들에게 공동체적 삶의 걸림돌이 되는 외적 조건과 내적 조건을 따져 보면 다음과 같다.

공간의 중요성

공동육아 구성원들이 생활 공동체가 뒷받침되는 육아 공동체의 운영을 말할 때 반드시 말하는 조건은 공간이다. 즉 어린이집이 부모들이 늘상 드나들 수 있는 가까운 곳에 있어야 하며 부모들 또한 가깝게 살아서 서로 왕래할 수 있는 공간을 확보하는 것은 부모들의 생활 공동체 문화를 형성하는 데 아주 중요하다는 것이다. 이는 또 멀리 내다보면 지역과 어린이집이 연대할 수 있는 지역 공동체의 기반이기도 하다.

부모들의 회의하는 모습

　다음의 예에서는 생활 공동체가 이루어지기 위해 공간의 중요성을 말해 주고 있다.

　　가온 아빠＿어른들의 관계에서 보면 우리는 함께 살고 있는 울타리를 만들고 있다고 볼 수 있죠. 30~40가구가 스스럼없이 이야기 나누는 낮은 수준의 생활 공동체예요. 이런 생활 공동체에 있어 주거 공간도 무시 못합니다. 가족들이 함께 모일라치면 애들 때문에 차를 갖고 가야 합니다. 차 때문에 술도 못 마셔요. 어른의 관계가 현실적으로 만족스럽지 못할 때는 떠날 수도 있더라구요.
　　원조 아빠＿어떤 면에서 아이들이 잘못될 가능성도 있어요. 공동육아가 "외딴 섬" 같다는 느낌을 받습니다. 아이들을 무균질로 키우려고 하는 것은 아닌데 마치 부모들의 의식적 울타리에 의해 아이들이 무균질로 되는 것은 아닌가, 우리가 단순한 육아 운동만은 아니기 때문에… 이 문제는 어제도 까마귀와 잠시 얘기했지만 공동육아의 보편적 문제라기보다는 바위 어린이집의 문제인 것 같아요.

나__ 혹시 공동육아의 보편적 문제는 아닐까요?

원조 아빠__ 아니요. 바위는 생활 공간이 동떨어져 있으니까 공동육아 하는 사람과 안 하는 사람들과 마을 안에서 어울리고 섞여 보는 경험이 없어요.

— 면담, 1998.10.21

생활 공동체의 조건으로 조합원들이 가장 중요하게 생각하는 조건이 가까운 주거 공간 내지는 생활 공간이라고 생각하게 된 데는 바위 어린이집의 역사적 배경과 좀더 특수한 관련이 있다. 여럿이 함께 어린이집을 꾸려 가기 위해서는 어른들의 관계와 소통이 중요하다. 여기서 막힐 경우 어린이집 존재 자체에 문제가 생길 소지가 있다. 이 어린이집에서 1998년 여름에 발생한 초기 조합원 탈퇴라는 사건의 근저에는 초기적 수준의 생활 공동체조차 유지되지 못하고 단절된 데서 문제가 발생한 연유가 크다. 초기 조합원들의 주거지는 우면동인데 어린이집을 과천으로 옮기면서 초기 조합원과 후기 조합원 간의 의사 소통이 원활하지 못하게 되고 이미 우면동 어린이집 설립 당시부터 1년 동안 끈끈한 생활 공동체의 경험을 갖고 있는 초기 조합원들로서는 그것의 회복이 어렵다는 것이 한계 상황으로 다가왔고, 생활 공동체의 경험에 낯설고 그것이 어떤 것인지 선배들과 함께 공유할 기회를 갖지 못한 과천 후기 조합원들과의 괴리가 상당 기간 있었다.36) 그래서 이들에게는 서로 가깝게 사는 주거 공간이 아주 중요했다. 또 이들이 의미하는 생활 공간은 크게는 지역과의 연대를 통한 지역 공동체의 기반으로도 중요한 잠재적 역할을 하는 것이기도 하지만 우선은 어린이집과 주거 공간이 너무 떨어진 조건, 조합들의 주거 공간이 과천과 우면동으로 나뉜 상황이 그들을 생활 속에서 하나로 묶는 데 외적 장애가 되었다고 할 수 있다.

이처럼 생활 속에서 공동체 문화를 형성하는 데 서로 가깝게 사는 공간은 중요하다. 그러나 공간이라는 문제가 해결된다고 해서 공동체적 문화가 탄생되는 것은 아니다. 그 공간 내에서 함께 하는 시간을 어떻게 공유하느냐에 따라 함께 하는 문화가 형성되는 것이다. 다음은 함께 하는 생활 문화의 의미를 밝혀 주는 예로, 바위 어린이집 조합원이 자신들의 축구 모임을 공동육아연구원에서 발행하는 잡지에 소개한 글이다.

> …진정한 공동육아가 실현되기 위해서는 공동육아가 "생활 공동체" 속의 한 부분으로 자리 잡아야 한다… 현재의 조건에서는 꼭 필요하고 실현 가능한 공동체를 "문화적" 생활 공동체라고 이름 붙이고 싶다… 각 조합원이 조합과 고립되어 관계하는 것이 아니라 조합원간의 전면적 관계가 형성되기 위해서는 "일상적인 생활 유대"가 대단히 중요하다. 개인적, 일회적, 우연적 만남을 넘어선 일상적 만남과 대화가 필요하다.
> — 「공동육아」, 1996 통권 8호

가깝게 사는 공간 내에서 서로가 공유할 수 있는 공동의 일을 지속적으로 의도적으로 향유할 때 조합원들은 일상의 생활 속에서 공동의 관계를 형성할 수 있다는 것이다.

어린이집 역사적으로 볼 때, 초기 1년 우면동 시절에는 어린이집을 중심으로 서로 가깝게 사는 공간에서 공동의 의도를 띤 부모들의 만남이 빈번해서 생활 공동체적 경험이 풍부했다. 하지만 과천으로 이사하면서부터는 거리가 멀어서 우면동 부모들이 어린이집에 자주 못 들어오고 그러다 보니 공동체 문화를 향유하는 데 초기 조합원들과 후기 조합원들 사이의 단절 및 경험적 차이가 나면서 결국은 두 집단이 헤어지게 된다. 그러나 생활 공동체에 대한 열망은 초기 후기 조합원 모두에게 공통적이다. 어쩌면 초기 후기 조합원 갈등으로 인한 어려운 시절을 겪으면서 후기 조합원들 또한 생활 공동체가 자신들에게 얼마나 중요한지를 인식할 기회가 충분히 되었다고도 볼 수 있다.

공동체적 삶의 실천이란

초기 조합원들이 나가고 거의 과천 지역 조합원으로 어린이집을 꾸리게 되고 이들의 공간이 과천 지역으로 좁혀지면서, 후기 조합원들은 어떻게 생활 공동체를 활성화시킬 수 있을까에 대한 고민을 많이 하게 된다. 또 시기적으로 초기 조합원들이 빠져 나간 자리를 신입 조합원으로 대체해야 하는 상황에서 가능하면 기존 조합원들이 살고 있는 동네로 이사를 유도하는 노력을 기울였다. 그러나 공간이 좁혀졌다고 해서 생활 공동체가 하루아침에 이루어지는 것이 아닌 만큼 부모들은 마실 문화를 형성해서 그 속에서 공동체적 삶을 나누어야 한다는 방향을 잡아 나간다.

다음은 왜 마실 문화가 필요하고 그리고 공동체적인 삶의 실천이 어려운지 가장 근저에 있는 속내를 드러내 주는 예이다. 이 토론은 교육 소위의 "우리의 공동체"라는 주제로 윤구병의 『잡초는 없다』와 하나후사 료스케의 『새로운 세상을 여는 공동체 이야기』를 읽고 난 뒤의 토론이다.

혜진 엄마__ 윤구병 선생의 공동체와 하나후사 료스케의 공동체는 공동체 개념이 다르다.

진달래__ 그것은 공동체를 만들 것인가 회복할 것인가의 문제인 것 같다. 생산, 소비, 문화의 일치 속에서의 공동체이다. 우리는 실제로 매개가 육아이며 그래서 공동체 규정은 어렵지만 어떻게 공동체를 회복, 발전시킬 것인가의 문제에 놓여 있는 것 같다.

혜진 엄마__ 회복한다면 그 내용은 무엇인가?

진달래__ 각자 개인이 어린이집에 기대하는 공동체성은 무엇이냐에서 출발해서 합의할 수 있는 공동체성을 정리, 노력하면 아이들의 공동체성이 나올 수 있고 미래 사회에서 기대하는 바에서 살아갈 아이들의 교육은 무엇인가 얘기해 볼 수 있지 않은가.

하진 엄마__ 우리 어린이집이 갖고 있는 공동체 상, 또는 기대하고 있는 상을 얘기해 보자.

용주 엄마__ 처음 시작했을 때는 공동체 교육이 당위적 차원에서 좋다고만 했는데 우리 교육의 장점은 이윤 창출에서 벗어났다. 조합에 대해 생각 많이 했다. 같이 출자하고 이윤을 각자가 갖는 것인데 조합을 어떻게 잘 끌어갈 것인가는 아이를 잘 키우는 것에 대한 무형의 이익을 가져가면 된다고 생각했는데 공동체성의 회복 없이 내 아이 하나만 잘 기른다는 것은 불가능하다고 생각했다. 우리의 교육이 질 좋은 교육을 하고 싶어도 사회의 질을 넘어설 수 없다. 사회적 틀로 규정된다. 결국 아이가 행복하게 살길 바란다면 사회의 변화를 위해 뭘 하는 것이 아이 교육 잘 시키는 것과 일맥 상통한다는 생각이 든다. 교육적 측면에서 보더라도 사회 관계를 잘 풀지 못하는 인간이 행복할 것인가? 교육에 대해 생각하면서 인간에 대한 관점으로 다시 돌아가고 어떤 인간이 행복한 인간인가라고 생각하게 되었다.

현호 엄마__ 조합 방식은 하나는 혼자 했을 때 위험 부담을 줄이기 위해, 또 하나는 공동체를 우선 염두에 두고 선택하느냐인데 이 둘은 다르다.

용주 엄마__ 대부분 부모들은 도시에서 고립되어 있고 사회에서는 공동체가 파괴되어 있다. 육아 문제 자체는 경쟁 관계이다. 고립 자체가 두려워 선택할 수도 있다. 맞벌이 엄마 중심으로 하지만 그런 엄마가 동네에서 놀기를 하겠느냐, 반상회나 친척을 자주 만나겠느냐, 결국 엄마 아빠인데 그나마 엄마에게만 떠 넘겨져 있다. 엄마 측면에서 보면 궁지에 몰려 있다.

현호 엄마__ 조합 방식과 공동육아 공동체를 구분해 보자. 실제로 우리는 고립감을 탈출하고 싶어한다. 그러면서도 이와 관련해서 3인 가족의 프레임이 틀어지는 것에 대해 조합과 계속 긴장 관계로 갈 것이냐, 극복될 것이냐, 많은 이들이 나의 행복의 조건을 내 것과 공동체적인 것과 일치하느냐를 고려해야 한다.

용주 엄마__ 어쩌면 우리는 공동체를 지향해서 모였다기보다 너무 고립된 나머지 반대 급부를 선택했을 수도 있다. 아이도 같은 지점의 우려가 있을 수 있겠다. 막연한 생각 속에서 집단 거주가 가능하지 않을까… 그럼에도 공동체가 생각이 다 달라서 참여의 정도가 다른 것 같다.

혜진 엄마__ 이 둘은 밀접한 관련은 없는 것 같다. 첫째의 조합 방식은 선택할 수밖에 없었고 두번째에서는 공동체성 회복과 공동체적 삶은 질적으로 다르다. 우리는 교육이 극도의 개인주의, 경쟁, 타인 훼손 등 사회 전반적 풍토를 걱정해서 반대 개념의 "공동육아" 얘기를 했을 것이다. 공동체는 산다기보다 "함께", "공동"으로 문제를 풀어 나간다는 의미의 "공동체성"이다.

유한 엄마__ 공동체 개념 얘기를 할 거냐, 우리 얘기를 할 거냐를 정리해야 할 것 같다.

현호 엄마__ 너무 원론적 얘기보다는 구체적이고 실제적인 고민을 해보자. 우리 자신한테서부터 시작해 보는 것이 좋을 것 같다. 우리 속에서부터 조금씩 뭘 바꿀지를 이야기해 보자.

진달래__ 왜 참여하게 되었나를 이와 관련해서 말해 보자.

하진 엄마__ 조합원들이 공동으로 살지 않는다 해서 공동체성이 없다고 생각하지는 않는다. 연말 연시 어린이집에서 돌아가면서 자고 가면 어떨까 했다. 며칠 같이 살아볼까도 생각해 봤다. 왜 선택했냐면 여러 사회 운동을 경험했던 사람으로 이 사회 전반에 대한 부정적 시각, 자본주의적 틀(집, 교육, 먹거리)에 대한 불신이 많았고 대안적 시각에 관심이 많았다. 공동육아의 자연 친화보다는 현실 교육의 대안이어서 선택했다. 우성 엄마 말대로 공동체는 그래야 한다는 생각은 있었으나 불편하고 희생이 따르고 내가 손해 보는 듯한 느낌이 있는 것은 사실이다. 처음부터 출발해서 공평한 업무의 분담이 있어야 한다. 서로에게 주는 심리, 실제적인 역할 분담이 있어야 한다. 기술적인 부분은 잘 모르겠다.

...

주엽 엄마__ 공동육아 보낸 이유는 주엽이가 커나가면서 할머니 손보다는 또래 속에서 커야 한다는 생각 때문이었다. 그래서 부림동 어린이집을 보냈는데 아이가 우울증을 보였다. 지금 여기 온 지 1년이 되었는데 기대 이상으로 좋다. 여기에 첫눈에 반해서 어려워도 보내야겠다 생각하고 대출까지 받았다. 우선 내가 아이 교육에 참여할 수 있다는 것이 좋았다. 그래서 처음엔 비질부터 했다. 청소가 한도 끝도 없는데 일상 속에서 조합원 중에서 "함께" 장면을 보기 어려웠다. 이기적 모습들도 많이 봤다. 내가 손해 보는 느낌을 갖게 되었다. 3개월을 고민하다가 아침에 맡겨 저녁에 찾아가는 형태로 나도 닮아갔다. 그러면서도 터전의 어지러워진 장면을 보면서 고민한다. 그 짧은 순간에도. 그러나 그냥 나왔다. 공동육아 장점이 조합원 연결, 또 다른 아이를 매개로 한 모임인데 이 부분이 우리에겐 결여되어 있다. 옆집에 살았던 강우네와는 숟가락 하나 더 상에 놓고 저녁을 먹었다. 그러다 보면 고민들을 자연스럽게 대화하게 되고 자신의 부족을 강우 엄마에게 찾을 수 있었다. 우리가 개별적으로 두세 사람씩 친분관계는 있지만 처음에 터전 오면 낯선 집에 온 느낌이 있다. 아이들은 인사하는데 우리는 서먹서먹하다. 지금은 많이 나아지기는 했다. 조합원 사이의 "마실 문화"가 없다. 만들어지면 좋겠다. 인위적으로라도 만들어서 전에 정했던 산행처럼. 생활 속에서 만나면 좋겠다. 굳이 공동체성을 거창하게 말하지 않아도… 초등학교에 대해서도 얘기하려면 친해져야 한다.

유한 엄마__ 우리는 우리한테 발생하는 문제에 너무 예민하다. 그것은 여기 들어올 때 일정 정도 환상을 갖고 들어와서인 것 같다. 사람 사는 것은 다 똑같다. 우리는 어설픈 공동체를 높게 설정해 놓고 상처받는다. 어차피 자본주의 시스템을 극복 못할 공동체라면 자본의 노예가 아닌 것을 만드는 정도로 하고 그것을 위해 각자 어느 정도 희생을 해야 한다고 본다. 나는 시골에서 사는 우리 형님을 보고 배운 적이 있다. 그곳 아이들은 아이들끼리 아주 주체적으로 논다. 그래서 아이 때문에 부엌일을 못하는 엄마는 없다. 우리 아이들이 잘 컸다는 데 보상을 갖고 헌신하면 좋겠다.

민재 엄마(신입 조합원)__ 당실방 모임 때 신발 정리하자 해서 어제 했고 오늘도 하면서 아무도 안 하는데 "나만 튀는 거 아닌가" 생각했지만 지금 당장은 우리 아이가 안 보아도 다 나중에 아이에게 영향을 미친다고 생각했다.

하진 엄마__ 어떡하면 공정한 역할 분담을 할 것이냐, 집 평수 나누기 조합원 가구수도 생각해 보았다. 우스개 말이지만(사람들 웃음). 터전 일이 내가 해도 굴러가고 안 해도 굴러간다. 어린이집에서는 일정 정도 노동이 필요해서 내가 놓으면 타인에게 가중된다. 이때 제재할 근거가 없다.

용주 엄마__ 그러나 그런 측면에서 "교육"으로 정리가 되어야 한다.

진달래__ 나는 교사지만 여기서 일하는 게 좋은 점은 아이들이 누리는 것을 나 역시 직접 느끼기에 좋다. 아이들 생활과 내 생활이 분리되고 갈등 관계가 아니다. 경계선상에 문제가 혹 생기면 아이를 동등하게 보고 해결한다. 부모들이 어린이집이 아이들에게 무엇을 준다는 생각만 하면 강남 엄마들의 교육과 다르지 않다고 생각한다. 처음부터 부모의 선택과 용기에는 정도의 차이가 나는데 갈수록 부모 삶의 공간과 아이 삶이 일치하지 않으면 나중에 가서 강남의 부모 선택과 다르지 않게 된다. 일단 선택을 했다면 책임과 권리의 차원에서 부모 또한 행복해져야 한다. 교사인 내가 아이들에게 준다고만 생각하면 괴롭다. 나도 누린다고 생각하고 누리면 즐겁고 좋다. 엄마 삶과 아이 삶이 이중적인 모습은 다른 교육과 차이가 없다.

혜진 엄마__ 처음 선택은 그렇다. 처음에 와서 보면 돌아가니까 손님처럼 왔다갔다하고 그 다음엔 열심히 일하는 사람이 보이고 그 다음 내가 맡을 공동체는 부담이 된다. 자연 친화도 좋고… 그런데 대개는 그 정도 실천하는 것 같다. 내가 부담되는 만큼 빠져나갈 구멍도 많다. 따라서 조합원 교육이 있어서 그런 자신들의 참여를 만들어 내야 한다. 교육 소위 아니면 사실 이런 얘기도 못 들었다.

주엽 엄마__ 내가 며칠 전 터전 현관에서 모래를 쓸고 있으니까 아이가 "엄마, 왜 청소해?" 그 말을 듣고 모든 엄마들이 내 집처럼 청소했다면 아이에게 어린이집과 내 집을 구분하게 영향을 미쳤겠는가 생각해 보았다. 반성해 볼 만하다.

유한 엄마__ 탈자본주의로 키우자니 자본력이 문제고… 결국 내가 푹 주저앉아야지 내 공간이고 아이 공간이다. 남편은 쭈뼛쭈뼛대고 엄마는 신들린 사람처럼 참여한다. 그리고 아빠들은 동네에서 술을 마신다. 어린이집에 녹아들어 우리 터전과 삶의 공간이 되어야 한다. 나아가서 지역 사회에 녹아들 때 우리의 고민을 적극적으로 풀 수 있다. 사람을 구체적으로 만나면서 시대의 장이라고 생각하고 의미를 찾으면 "헌신"만은 아닌 것 같다.

진달래__ 모여서 "행복함"을 느끼는 것이 중요하다. "부담"이 생기는 모임이 아니라.

현호 엄마__ 주제 하나를 한 주에 다 끝내려 하지 말고 이 주제로 한 번 더 하면 좋겠다. 오늘은 우리의 소감 중심으로 했다면 다음엔 공동체 교육이 어떤 거냐를 보자 사례를 중심으로.

…

진달래__ 자유, 평등의 긴장 관계에서 "자치" 문화를 만들어야 한다. 단지 책임만을 나누는 것은 아니다.

...

주엽 엄마__ 주엽이는 친구 얘기를 끊임없이 하는데 부모는 모른다. 1년이 지났는데도 서먹서먹한 부분이 없지 않다. 두 문화(아이 문화와 부모 문화)의 매개가 없다. 교육 소위에서는 앞으로 신입 회원 환영 파티를 필히 하자.

진달래__ 신입 조합원들이 새로 많이 들어왔는데 집집마다 밤마실 같은 것도 중요하다.

혜진 엄마__ 나만 보아도 집단으로 즐기고 싶은 욕구와 혼자 즐기고 싶은 욕구가 공존한다.

유한 엄마__ 문화가 가장 큰 것이다. 따라서 어떻게 신나게 놀까도 중요하다.

— 참여 관찰, 교육 소위 모임, 1998.12.9

이 토론의 내용 중 강조된 부분을 중심으로 보면, 부모들이 공동체적 삶의 방법을 익히고 실현하는 데 어려움을 주는 여러 요소들이 육아 공동체와 생활 공동체 모두에 걸쳐 드러난다. 그럴 수밖에 없는 것이 공동 육아로 아이를 키우는 생활 장면에서는 이 둘이 서로 얽혀 들어가기 때문이다.

이들 이야기의 갈래를 잡아보면, 이들은 우선 자신들의 공동체적 수준이나 정체성을 "공동체성의 재형성"에 두고 있다. 생산과 소비, 문화라는 완전한 공동체 구조에서의 공동체적 삶이 아니라 생산과 소비는 달라도 문화와 교육을 통해 그 삶의 방식을 다시 형성하자는 것이다.37) 따라서 육아 공동체가 표면적이라면 생활 공동체는 이면 내지는 잠재적인 것인데 이 둘은 동전의 양면과 같아서 가를 수 없는 구조이다. 그래서 육아 공동체는 조합의 운영과 방식에 근거를 둔 의식적 참여라면 생활 공동체는 문화적 향유이며 상호 친밀감을 형성하는 느슨한 구조이다. 이렇게 보면 육아 공동체와 생활 공동체는 서로 상승 작용하는 면이 있다.

이들이 공동체적 삶의 원리를 익히는 것이 어려운 데는 그런 훈련이 덜

부모들과 어린이들이 함께하는 놋다리 밟기 놀이

되기도 했지만 마음보다는 생활 구조의 문제로 실제 여유가 없다고도 한
다. 그런데 그 안을 자세히 들여다보면 거기에는 사람과의 관계에 있어
집단으로 즐기고 싶은 마음과 혼자서 즐기고 싶은 마음이 공존하고 혼자
즐기기만 하면 고립감이 오고 같이 즐기자면 불편하다는 것이다. 생활 속
에서 그 갈등의 모습이나 불편한 심정은 빗질 하나에서부터 아주 구체적
이다. 결국, 3인 가족 구조가 틀어지는 것에 대한 조합과의 긴장 관계를
어떻게 극복하느냐의 문제이다. 이 긴장 관계를 극복하기 위해 선택하는
방식에 대해 논하기 전에, 이 긴장 관계 자체를 좀더 들여다보면 여기에
는 개인의 내적 정서에 공동체적 욕구와 개인적 욕구가 존재한다는 것과
그것을 충족시키는 데는 각각의 욕구에 따른 삶의 양식의 갈등이 수반된
다는 의미가 담겨 있다. 당시 이사장의 인터뷰 내용에서 자신들의 공동체
적 정체성을 사회적 조건과 연결하여 명료하게 정리하고 있음을 다음의
사례에서 알 수 있다.

공동체로 말하자면 우리의 형태보다 센 것이 얼마든지 있어요. 생산 공동체들 말이죠. 이것이(생산 공동체) 우리 사회에서 할 수 있는 실천의 최선이라고 보기도 어렵다고 봅니다. 또 이러한 소소한 것들이(공동육아 같은) 많이 모이면 힘을 가질 것이라는 단순한 희망도 문제인 것 같구요. 다만 우리는 현실적 대안으로 아이를 키우는 거죠. 우리 현실의 삶은 객관적 구조상 개별적인 것을 요구합니다. 그런 한편 우리의 주관적 요구는 가족, 마을, 공동체 같은 디딜 언덕을 요구하죠. 그 틈바구니에 우리(공동육아)가 있는 겁니다. 그래서 공동체적 원리와 개별적인 삶의 원리가 공동육아 틀 안에서 표현되고 있는 거죠. 그래서 이런 병행이 만나는 지점이 협동 조합이에요. 특히 이를 교육과 문화적 수준에서 하자는 겁니다. 이 갈등의 만남을 공동육아가 완벽히 해결은 못해 주지만 상향 조절된 해결은 할 수 있다고 봅니다.

― 면담, 1998.10.21

우리의 내면적 정서인 "디딜 언덕"이 공동체적인 것이라면 사회 구조가 요구하는 삶의 양식은 개별적이라는 전 이사장의 생각은 삶의 요구에 대한 공간적 해석이라고 할 수 있다. 반면 이에 대한 시간적 해석도 가능하다. 즉, 우리의 예전 삶의 양식으로부터 내려오는 공동체적 삶의 정서와 현대적인 삶이 요구하는 개인주의적 삶의 양식이 그것이다. 이처럼 삶의 요구와 양식의 갈등과 불일치가 시공간적으로 맞물려 있는 문제라고 본다면 이 충돌은 공동육아 사람들만의 특별한 문제라기보다는 우리 사회 구성원들에게서도 볼 수 있는 현상으로 확대 해석해 볼 수 있다.[38]

이런 내적 조건에서 오는 갈등의 모습이 일반 사회에서는 둔탁하게 드러난다면, 공동육아는 그 부딪힘의 현상이 첨예하게 드러나는 단위인 것이다. 문제의 모습이 분명하면 할수록 해결 가능성이 어느 정도 확보되기 마련이다. 이 가능성을 "상향 조절된 해결"이라고 말한 것이라고 이해하면서 나는 그 방식을 이들의 문화적 접근으로 파악한다. 이는 내가 발명해 낸 것이 아니고 그들의 구체적인 공동체적 삶의 노력에서 발견한 것이다. "마실" 문화가 그것이다.

육아 공동체와 생활 공동체의 결합

● 마실 풍경 1

그날은 교육 소위가 예정된 날이어서 나는 오후부터 터전에 나가 있었다. 7시가 거의 다 되어서 부모들로부터 갑자기 회의가 취소되었다는 말과 함께 저녁 먹고 놀다 가자는 권유에 저녁 식사 후 중앙 공원으로 놀러 나 갔다. 여름밤이어서 그런지 사람들이 많았다. 아이들은 놀이터에서 놀고 어른들은 이야기를 나누는 중에 그 동네에 사는 종욱이네 가족이 산책을 나와서 같이 이야기 좀 하다가 이 가족이 떠난 뒤 잠시 후 하진이네 가족이 수진이와 재후 남매를 데리고 밤 마실을 나왔다. 재후는 하진이 아빠 자전거 앞자리에 타고, 초등학교 2학년인 수진이 자전거 뒤에는 하진이가 타고 있었다. 그때 내 머리 속에서는 그날 저녁 재후와 하진이가 어린이 집에서 집으로 돌아가던 장면이 떠올랐다.

저녁 6시 30분 즈음 하진이와 재후는 아이들과 함께 마당에서 모래 놀이를 하고 있었다. 이때 재후 어머니가 터전으로 들어왔다.

재후 엄마__ 재후야, 하진아, 잘 놀았어? 재후야, 집에 가자.

재후__ 하진아 우리 집에 같이 갈래?

하진__ 그래.

재후 엄마__ (웃으며) 재후야, 오늘은 엄마가 차를 안 갖고 와서 한참 걸어 가야 돼.

재후__ 하진아 우리 집에 같이 가자.

하진__ 그래.

재후 엄마__ (난감한 듯한 웃음을 지으며) 재후야, 오늘은 전철 타고 집에 가야 하니까 하진이는 다음에 집에 데리고 가서 놀자.

재후__ (엄마 말은 아랑곳없이 더욱 신이 난다는 듯) 하진아 , 우리 전철 타고 간데, 전철 타고 우리 집에 가자.

하진__ 전철 타고 가자.

재후 엄마__ (포기한 듯 웃으며) 그래, 그럼 같이 가자. 가서 가방 갖고 나와.

그렇게 재후네 집으로 간 아이들이 이제는 하진이 부모와 함께 저녁 산책을 나온 것이다.(재후네와 하진이네는 같은 아파트 동에 산다.)

— 참여 관찰, 1999.6.9

● 마실 풍경 2

내가 축구장에 나간 날은 과천의 푸른 어린이집과 바위 어린이집 아빠들
이 나와서 축구를 했다. 9시 30분 즈음 2 대 0으로 바위 어린이집 승리로
경기가 끝나자 해장국 집으로 아침을 먹으러 갔다. 식당으로 가는 차 안
에서 혜림 아빠는 "오늘 아침에도 일어나기 너무 힘들었는데 안 나오면
혜지 아빠한테 시달릴 것을 생각하니까 잠이 깨더라구요." "남자 바가지
가 더 무서운 법이야"라는 종현 아빠 말에 "더 무섭죠. 원조 아빠는 새벽 4
시까지 술마셨는데도 오늘 나온 것 보면 대단해요."라고 혜림 아빠가 대답
을 한다.39)

아침을 먹으면서 그날 있었던 축구 평가, 이런저런 사는 얘기, 어린이집
얘기가 자연스럽게 나온다.

종현 아빠(이사장)__ 다음주(일요일)에 텃밭에 꽃씨 뿌리는 일은 선생님들
이 아이들과 직접 한다고 합니다. 그러니 방과후 이사만 도와주면 되겠어
요.

일요일 아침마다
축구하는 아빠들

196

원조 아빠__ 방과후 이사가 그 다음주로 연기되었대.

종현 아빠__ 그럼 다음주에는 터전에 안 가도 되겠네요.

유한 아빠__ 그럼 오늘 집에 가서 한숨씩 자고 오후에 한 네다섯 명 모여 칡 캐러 갑시다.

혜진 아빠__ 칡?

유한 아빠__ 캐다가 우리(어린이집) 애들 즙 짜서 먹이면 건강에 좋잖아요.

하진 아빠__ 오늘 저녁에 우리 집에서 전에 먹다 말고 간 막걸리 파티한대요. 마시러들 오세요.

종현 아빠__ 그럼 저녁에 처가에서 가져온 동동주 두 병 갖고 갈게.

아침 축구 모임에서 자연스럽게 저녁 마실 계획이 잡히고 있음을 알 수 있다.

— 참여 관찰, 1998.4.4

〈마실 풍경 1〉이 같은 동네에 살면서 오다가다 부닥치는 우연적인 만남이 일상적인 만남으로 될 가능성을 가진 공간적 조건을 보여 주고 있다면, 〈마실 풍경 2〉는 그런 공간적 조건을 기반으로 삶의 일상적 만남을 통해 체력도 다지고 공동의 잠재적 목적성을 가진 대화를 자연스럽게 나눌 수 있는 마실을 형성해 가고 있음을 알 수가 있다. 특히 축구 모임은 생활 공동체 문화를 형성하기 위해서는 어떤 노력이 필요한지를 알고 있는 초기 조합원 세 명의 아버지들이 주도가 되어 아버지들의 참여 문화를 만들어 나가고 있다. 그래서 〈마실 풍경 1〉은 우연적이라면 〈마실 풍경 2〉는 자발적이고 의도적이며 지속적이다. 따라서 가깝게 사는 공간과 활동의 공유는 마실을 통해 공동체적 삶의 양식을 형성하는 데 필요 조건이다.

서로 가깝게 살면서 오고가는 마실에는 그 행위 주체자들의 욕구가 반영된다. 마실 문화를 형성하는 데 공간이 객관적 조건이라면, 주체자들의 내면에 있는 같이 즐기고 싶은 욕구와 혼자 즐기고 싶은 욕구는 주관적 조건이다.

양면성을 띤 내면적 욕구는 개별적인 삶의 방식과 공동체적인 삶의 방식에서 그 유용성이 각각 다른데 공동육아는 두 개의 삶의 방식이 다 만나는 병행 지점인 까닭에 욕구간의 갈등이 일어날 수 있다. 그 갈등을 해결하는 방법에는 개인주의와 공동체적 의식을 맞바꾸는 방식이 있다. 즉 하나를 얻고 다른 하나를 포기하는 것이다. 육아 공동체와 생활 공동체 사이에서 고민하는 부모들의 심정에서 이런 내면적 사정을 읽을 수가 있다. 그래서 공동체적 삶의 방식를 선택하면 든든하기는 한데 불편하고, 개인적인 것을 선택하면 편하기는 한데 고립적이다. 이런 점에서 "마실 문화"는 맞바꾸는 것의 대안으로서 잠재적인 가능성이 있다.

공동체적인 생활이라 하더라도 그것이 반드시 해야 되는 강제적인 것이어서 개인적인 것을 포기한 반대 급부라면 생명이 길지 못하고 재미가 없다. 무엇이 문화로 자리를 잡으려면 일단 그것을 즐길 수 있어야 한다. 그것에 대한 자발적 흥미를 느껴야 된다는 뜻이다. 특히 공동육아의 공동체적인 것은 우선 당장 필요한 생존적인 것이 아니기 때문에 강제된 도덕과 같은 것이면 더더욱 지속이 어렵다. 이렇게 볼 때 마실 문화는 새로운 모럴 생성 이전의 삶의 쉼터이며 디딜 언덕이라고 할 수 있다. 다음의 면담을 통해 마실 문화가 어떻게 이루어지는지, 부모들이 마실을 통해 얻는 것은 무엇인지를 알 수 있다. 또 마실 문화 과정에서 이들이 개인과 공동체를 선택하는 방식은 각각의 이로움을 다 살리는 통합적인 방식의 가능성을 갖고 있음 또한 알 수 있다.

나_주로 언제 마실을 다니나요?

하경 엄마_주로 주말이고, 평일에도 저녁이면 우연히 슈퍼에서 마주쳐서 가기도 하고 한 명이 선동하면 묻어가고 따라가고 그러죠. 또 어린이집 주변으로 이사들을 오니까 그렇기도 해요. 과천이 애들 키우기에는 좋은 소도시인 것 같아요

나_모여서 무슨 얘기들을 하나요?

198

하경 엄마__어린이집 얘기하고 아줌마들 얘기하죠. 우리 어제도 터전에서 10시까지 있다 갔는데 남다 보니 어제 모두 남편들이 늦게 들어오는 날이 더라구요. 어제는 특히 우성 엄마가 여성과 30대에 대해 얘기했어요. 30대면 일을 많이 열심히 해야 할 것 같은데 아이 양육을 제대로 하자니 그것도 어렵고 그런 얘기들을 주로 했어요. 육아 정보에 대한 얘기도 많이 하고 어린이집 정보에 대한 얘기들이 많이 나오죠. 늘 공동체적 방식에 대한 마음은 있었으면서도 행동이 따라 주지 못했어요. 섞이지 못하는 거죠. 속으로는 동경하면서.

나__그것의 원인이 뭘까요?

하경 엄마__일단은 사회 전체 분위기가 닫혀 있잖아요. 사는 게 여유가 없고 섞이려면 지금도 약간 불편함이 있어요. 누구네 집을 방문하는 것 아니면 우리 집으로 오게 하는 것이 부담스럽죠. 우리 식구들한테 투자해야 하는 것도 있잖아요. 그런데 그걸 포기해야 하니까요. 시간은 한정되어 있고 그것을 쪼개서 아이와 나만의 시간과 다른 사람들과 공유하는 시간으로 배분을 하기가 힘드니까요.

나__심리적으로 그런 부담이 있다면서 왜 그렇게 하나요?

하경 엄마__우선은 소속감의 확대죠. 동네에 우리 집 하나 달랑 있는 것하고 같이 있는 것은 다르잖아요. 사회 생활 하면서 느끼는 건 우리의 인간 관계의 폭이 너무 좁다는 거예요. 사회 관계로는 못 채워지는 부분이 있어요. 그것의 대안이죠. 그 대안 안에는 아이 문제를 같이 관심을 갖고 공유하고 해결에 대한 전망도 해보고…

나__그런 과정이 부담만 되나요. 즐거움도 있나요?

하경 엄마__즐겁죠. 놀면서도 집에 가서 할 일이 많은데 하면서도 노니까요. 카타르시스도 커요. 엄마들 얘기, 아이들 얘기 등 말을 많이 하면서 특유의 아줌마 수다라는 게 있거든요, 정신 건강에도 좋구요, 애들한테도 엄마, 아이들이 서로 어울려 노는 기회를 줘서 좋은 것 같아요. 마음이 편해요. 정이 들어가는 거죠.

나__아이들이 어린이집에서 잘 크고 있다는 만족 이외에 부모들과의 유대감을 갖게 되는 데서 오는 만족은 어떤 것인가요?

혜진 아빠__그런 만족이 많이 생겨서 좋았어요. 특히 동네에 유한, 하진, 혜림이네가 같이 사니까 출퇴근 때 서로 품앗이 도와주고 이렇게 가까이

한 계기들이 아이들한테 다시 더 모아지고 그러죠. 예전에 생각한 마실 형식이 되죠. 아이들 키우며 여러 번 이사를 하면서 지역적으로 뿌리를 내려야 할 텐데 하는 생각을 쭉 해왔었죠. 그러면서 내 터전을 어디에 잡을까 고민을 했죠. 늘 이동이 싫어서 정착을 생각했었는데 마침 어린이집을 오게 되고 혜진이가 방과후를 계속하게 되니까 자연스럽게 이 아이들이 같이 크면서 중고등학교까지는 같이 가서 지역적으로 같이 커가는 비전을 가지면 좋겠다 생각했죠. 나는 초등학교 5학년 때 전학을 가서 친구들과 단절되었어요. 그래서 고등학교 친구밖에 없어요. 인천 고향에 가도 아무도 없어요. 여기가 이 아이들의 성장 과정의 고향이었으면 해요. 늘 다니던 산도 있고 하니까 제2의 고향 같은 거요. 이렇게 생각하게 된 데는 물론 어린이집이 계기가 되었죠. 교육이 대안으로 주어지니까 이 문제가 남의 문제가 아니고 각기 떨어져 있던 문제들이 같이 해결 과제로 떠오른 거죠. 그래서 아버지들도 뭔가 해야겠다 해서 축구도 하게 된 거죠. 엄마들끼리만 할 것이 아니라, 그런 것에 공감했어요. 처음 나가기는 어려웠지만 만나다 보니 확대가 되면서 다 좋으신 분들이더라구요.

하경 엄마__동네의 의미가 달라지는 거죠. 결혼해서 낯선 동네에 살면 터라는 생각이 들기 어렵고 특히나 맞벌이 부부는 뿌리 내리기가 어려워요. 과천이라는 곳이 다가오는 의미가 다르죠. 터를 잡을 수 있는 생활의 근거지가 되니까. 결혼 후 5년 동안 낯설게 살다 보니 허전했고 그래서 공동육아라는 곳에 기대어서 달리 해볼까를 염두에 두고 찾아온 경우죠, 저는. 그래서 과천을 선택한 이유가 커요.

터 놓는 문화가 시간이 많이 걸리고 아직도 나에게는 부담스러운 면이 있어요. 언제 어떻게 우리 집을 개방하느냐의 문제는 자연스럽다기보다 자연스러워지려고 의식적 노력을 하죠. 어쨌든 나에게 심리적 안정을 주고 디딜 언덕이 돼요.

나__개인적인 것하고 공동체적인 것이 서로 긍정적으로 보완될 수도 있고 역으로 상쇄될 수도 있는데 하경 어머니는 어디에 가능성을 두고 있는 건가요?

하경 엄마__물론 전자죠. 아직은 제 의식적 당위나 제동이 필요한 단계이기는 하지만 전자에 가능성을 두고 있죠. 왜냐면 이전에 공동체가 유리되는 경험을 해봤고 그것을 탈피하려고 찾아온 거니까요.

나__지금은 마실 문화가 조합원 전체에게 있다기보다는 부분, 부분 형성되어 가고 있는데 앞으로 확대될 가능성이 있어 보입니까?

하경 엄마__반반인 것 같아요. 전반적으로 의식적 노력이 더 필요한 것 같고 확대될 때는 배타성이 생길 수 있으므로 그걸 조심해야 할 것 같고 한마디로 지금 성원들이 죽이 맞았다고 할 수 있어요. 근데 이를 뛰어 넘으려면 의식적 노력이 필요하죠. 해보면(노력) 효과는 있어요. 한번 미경이 엄마(신입 조합원)한테 마실을 같이 가자고 시도를 했는데 눈치가 "나를 왜 데려가나" 하면서도 따라는 오는 거예요. 그래서 첫 만남은 분위기가 서로 썰렁했는데 그 다음부터는 그게 변화가 되죠. 어제도 미경이 엄마도 함께 했어요. 안 보이는 데서 몇 그룹이 있어요. 8단지에 종욱, 주민, 재연이네. 10, 11단지는 방과후 중심으로 한이, 지한, 주현이네 등 우리보다 더 잘 모이죠.

— 면담, 1999. 4. 8 ; 1999. 4. 10

면담 내용에서 보면 공동체적인 방식과 개인적인 방식이 아직 불편 없이 결합되고 있는 상황은 아니지만 긴장된 사회적 관계에서는 얻을 수 없는 것들을 마실을 통해 느슨하게 풀고 자신의 삶 속에 디딜 언덕인 정서적 공간을 만들어 나가고 있음을 알 수 있다. 그 과정에서 공동체적 방식과 개인적인 방식 두 가지가 긍정적으로 결합될 가능성을 위해 의식적 노력을 기울이고 있는 상황이라고 볼 수 있다. 아이들 교육을 매개로 형성되고 있는 마실 문화는 같이 모여 어울리는 공동체적 삶의 방식 속에서 아이나 부모 모두 성장의 과정을 거친다는 점에서, 그리고 서로간의 삶에 영향을 준다는 점에서 볼 때, 개인주의와 공동체적 삶의 방식이 서로 교호하고 있다.

이렇게 보면 이들이 극복하고자 하는 것은 개인주의적인 삶 자체가 아니라 개인주의로부터 발생한 왜곡된 삶의 형태이다. 마찬가지로 공동체적 삶에서도 왜곡되지 않은 공동체적 삶일 것이다. 공동체적 삶도 왜곡될 가능성은 개인주의적 삶의 그것과 다르지 않기 때문이다. 따라서 왜곡되지 않은 개인주의와 공동체적인 삶의 방식은 서로 다른 것이 아닌 결합된 또 하나의 방식이라고 할 수 있다.

마실의 교육적 의미

지금까지 공동육아 부모들이 육아 공동체와 생활 공동체를 실천하는 데서 오는 애환과, 특히 자신들의 삶 속에서 생활 공동체를 구성하는 것의 내면적인 어려움을 알아보았다. 그리고 그 어려움을 극복하기 위한 부모들의 노력을 마실 문화의 형성 안에서 살펴보았다. 현대 사회가 요구하는 고립적인 생활 방식 안에서 공동체를 동경하고 타인과 어울리는 삶의 방식을 실현하려는 노력은 그 나름의 가치를 추구하는 행위이다. 특히 개인주의가 팽배한 현대 사회의 삶의 방식을 변화시키려는 공동체성은 개인주의의 반대 급부로서 주어지는 집단주의가 아닌 것으로, 개인주의가 파생시키는 문제점과 집단주의가 파생시키는 문제점을 극복한 공동체성을 말한다.

공동육아의 마실 문화에 내재해 있는 공동체성은 아직은 시작 단계이고 어떤 점에서는 그 유대적인 강도가 유약하다. 하지만 타인과 자신의 삶을 더불어 즐기는 마실이 향유되는 문화 안에는 개인의 내면적인 성찰이 타인과 교류되는 과정이 있어서 개인주의의 문제와 집단주의의 문제를 넘어선 공동체성을 획득해 나갈 잠재성이 엿보이기도 한다. 부모들의 공동체적인 노력 안에서 드러난 공동육아 구성원들의 일상적인 어려움과 기쁨에는 문제를 함께 찾아가는 과정이 있다는 점에서 의미가 있다. 아직은 공동체 의식이 낮지만 공동체 의식을 갖기 위한 전제를 실험하고 있다는 점과 마실을 통해 자신과 타자를 이해하고 함께 아이를 키우는 공동의 노력을 기울인다는 점에서 공동육아의 초보적인 공동체적 삶과

씨랜드 사건에 대한
공동육아 부모들의
사회적 목소리

의식은 교육적인 잠재성을 띠기도 한다.

그러나 공동육아 부모들의 마실 문화는 이를 통해 친밀해지고 강화되는 우리 의식이 그야말로 "우리" 안에만 머무를 때 자칫 폐쇄된 공동체가 될 우려도 있다.

이들은 자신들의 공동체를 지역의 공동체로 확대하고자 하는 지향을 갖고 있다. 그러나 이에 대한 구체적인 실천은 전체 공동육아로 펼쳐 보더라도 미미한 실정이다. 바위 어린집의 경우 방과후에 지역 어린이, 공동육아 경험이 없는 아이들을 적극적으로 받아들임으로써 지역성을 확보하고자 노력하고 있다. 그럼에도 구성원들 스스로 반성할 때 자신들의 노력이 많이 부족하다는 점을 인정하고 있음을 다음에서 알 수 있다.

용주 엄마__조합원의 자격 획득 과정은 돈을 내는 과정이다. 획득 과정상의 문제점이 있다. 외부와 교류하는 열린 조직이어야 하는 점이다. 정교수(현 공동육아 연구원 원장)가 지난 워크숍에서 조합 내부적 결속력이 배타적이고 이기적일 위험성이 있다고 말했다.40) 지역 사회와의 관계의 핵심은 지역 사회와 어떻게 교류하느냐인데 우리 자신이 어떤 집단인지, 우리의 이념 지향이 무엇인지, 우리는 협동 조합 형식의 운영인데 그것이 공동육아의 최선의 대안인지 등에 대해 이야기해야 할 것 같다.

민들레__지금의 일의 구조는 이사회에 집중되어 있다. 각자가 맡아도 하지 못하는 것은 다시 어떻게 배분할까라는 용주 어머니의 생각보다는 지금의 일들을 현실적으로 어떻게 처리해야 할 것인지 그 대안을 찾아야 한다.

하경 엄마__이렇게 힘든 게 각 이사의 역량이라고 할 수도 있지만 문제가 늘 반복되는 현상은 우리 공동체가 가진 한계일 수 있다. 민들레의 레지오 에밀리아 얘기처럼, 생활 전체가 공동체가 아니라 육아만 공동체일 때는 한계가 있다. 레지오 에밀리아는 지역 사회 내의 공동체로서 인정받았다는 얘기이다. 우리는 그렇지 못하다. 우리 내에서 모든 걸 해결해야 하는 구조이다. 이때 생기는 역할 갈등이 크다.

민들레__방과후가 지역 속으로 들어가 대안 기관으로 서려고 하는 것처럼, 공동육아는 지역 사회와는 먼 것처럼 느껴지지만 사실은 떨어질 수 없는 부분이다. 지금은 맞벌이 부부로 제한되어 있지만 맞벌이 부부 아니고도 할 수 있는 것을 포괄해 내지 못한다.

하경 엄마__공동체는 필연적으로 지역성을 가져야만 한다. 우리는 지금 조금 확대된 핵가족이다. 혼자 하던 것을 몇 사람이 같이 하는 것뿐이다. 그것은 사회적 육아로 받아들여질 수가 없다. 개인이 혼자서 느끼는 문제점들이 우리 조직에도 나타나지 않느냐, 지역 사회의 자녀를 생각 안 한다면 혼탁한 사회에서 우리 아이만 깨끗이 기르자는 이기적인 발상밖에는 안 된다.

— 참여 관찰, 1999. 3. 10 교육 소위

공동육아가 지역 안에서 뿌리를 내려 지역 공동체를 끌어내기에는 지금의 공동육아 구조(비용, 운영 구조)가 본질적인 한계일 수 있다는 지적과 함께 지역 연대를 위한 대안이 그렇게 멀리 있는 것만은 아니라는 이야기를 하고 있다. 즉 어린이집의 일상 생활에서 방법을 모색할 수도 있다는 것을 암시한다. 동네에서 어린이집 때문에 시끄럽고 주차난이 심각하다는 불만과 항의를 받고 교사들은 "3년째 우리가 이 동네에서 살고 있는데 우리가 정말 동네를 위해서 한 일이 있었나 따져 보니 별로 한 것이 없더라. 결국, 불편만 준 것이 되지 않느냐, 작은 것이라도 할 수 있는 것부터 시작해야 한다는 생각을 새롭게 하게 되었다"는 말은 일상에서 지역을 배려하는 노력을 구성원들이 구체적으로 했느냐에 대한 자기 반성이다. 또 방과후에 대한 지역적 지원을 받아 보려고 관공서를 이리저리 뛰어다닌 한 엄마는 "방과후 일로 여기저기 시청, 관공서를 뛰어다녔는데 나 같아도 시에서 돈을 지원 안 하겠더라. 가서 보니 우리가 공적으로 한 일이 없더라는 거예요"라는 말 역시 공동육아가 사회로부터 공공성을 확보하기 위한 노력을 얼마만큼 하고 있는가에 대한 자신들의 반성이다.

　공동육아 구성원들의 "우리" 의식을 형성하는 데는 여러 조건과 경험이 개입되는데, 이런 조건에는 공동육아 특유의 기준(새로운 교육에 대한 요구, 적극적인 참여 의식) 말고도 우리 사회에서 집단을 나누는 보편적인 기준도 포함되어 있다. 공동육아 부모들을 동질적으로 묶는 데 가장 강력한 보편적인 기준은 연령과 학력이다. 특히 학력은 부모들을 동질적으로 묶는 데서 벗어나 폐쇄성을 가져올 위험도 있다. 학력에 대한 무의식적 폐쇄성은 고학력자에서부터 저학력자에 이르기까지 나타나는 것으로, 학력 사회인 우리 현실의 부정적인 사회 문화적 현상이라고 할 수 있다.

　고학력 집단이 갖는 무의식적 폐쇄성을 다음의 교사의 말에서 알 수가 있다.

하진이 엄마 말이 "내 친구들 중에는 노동자이기는 하지만 성실하게 살아가는 사람들이고 그들도 아이들 교육에 대해 우리와 같은 꿈을 꾼다. 그런데도 내가 공동육아를 권유해 보면 곰곰 생각을 해보다 고개를 젓는다. 돈이 문제가 아니라 부모들의 고학력이 문제인 것이다. 그도 그럴 것이 신입 조합원이 들어오면 무의식적으로 '몇 학번이세요?'라고 묻는다. 그러면 학번이 없는 사람은 이미 그 물음에서 소외되는 것 아닌가?" 하진이 엄마 말을 듣고 생각해 보니 우리가 좀더 조심해야 되는데 그렇지 못한 것 같아요. 그런 부모들의 문화에서 대학을 나오지 않은 교사는 또 얼마나 스트레스를 받는데요.

— 면담, 1999.6.5

공동육아 부모들을 전형적인 386세대라고 할 때 이 숫자가 대변하는 것은 출생 년도와 현재의 나이 그리고 대학을 입학한 학번이다. 특히 학력을 상징하는 학번은 무의식적인 배타성을 가져올 가능성이 있다는 것이다.

어린이집에서 공동체 형성에 대한 고민을 논의하는 특성을 보면 체제적인 면, 지금의 어린이집 상황으로는 연결되기 어려운 광범위한 행위에 초점이 주어져 있어 원론적인 얘기만 반복되는 경향이 있다. 그러나 위의 사례들에서 보듯 현재 어린이집 생활과 부모들의 삶의 경험에 스며 있는 의식과 무의식적 폐쇄성을 점검하고 이를 일상에서 극복해 나갈 수 있는 것이 무엇인지를 탐색함이 고려되어야 할 필요성이 있다. 이런 맥락에서 긍정적인 활동 모습의 하나가 아빠들의 축구 모임이다.

이 축구 모임은 작년 가을부터 공을 찼던 푸른 어린이집에서 같이 하자고 제안을 받았던 것인데 작년 하반기 우리 터전 상황이 워낙 복잡해서 같이 못하다가 올 봄에 합류하게 되었죠. 그런데 지금은 바위, 푸른, 의왕의 하늘 어린이집, 뒷골 주민 몇 분이 함께 하지만 시간이 좀 지나면 같이 크는 (초기 조합원들이 우면동에 세운) 어린이집까지 합해서 하나의 벨트를 형성해 보려고 해요.

— 면담, 1999.4.3

1998년 10월 보라매 공원에서 있었던 전국 공동육아 대회

축구 모임의 구성을 보면 바위 어린이집 아빠들(10~13명 정도)과 같은 과천 지역에 있는 푸른 어린이집 아빠들 그리고 의왕시에 있는 하늘 어린이집 아빠들, 과천의 뒷골(바위 어린이집 동네) 주민 몇 명이다. 이 모임 구성 면면을 보면 지역 연대의 가능성이 엿보이고 일상적이고도 지속적인 노력이라는 점이 돋보인다.

이와 같은 맥락에서 하나의 제안을 해보자면,『인간 발달 생태학』의 저자인 브론펜 브렌너(1992)는 "남을 돌보기 위한 교육 과정 curriculum for caring"이라고 명명한 교과목을 저학년부터 시작하여 계속해서 학교에 개설하라고 주장해 오고 있다. 공동육아 내에는 이러한 교육 과정이 잠재적으로는 있다. 예를 들면 큰 아이들이 자연스럽게 동생을 돌보는 일과 같은 것이다. 이런 경험의 손길을 지역으로 아주 조금씩 확대해서 공동육아의 7세 정도의 어린이에서부터, 방과후, 부모 참여 및 부모 교육 활동들을 통해 "남을 돌보기 위한 교육 과정"과 같은 개방적인 공동체 프로그램을 개발해 볼 수 있다.

공동육아의 지역 연대를 통한 공동체 형성의 방향에는 밖으로의 방향과 안으로의 방향이라는 양방향적 개방성을 고려해야 되는 섬세함이 요구된다. 그래서 밖을 향해 들어가는 것에 대한 고민과 함께 안으로부터의 폐쇄성의 문제를 일상적으로 점검해 들어가야 하는 것이다. 이 지점에서 지역 사회와 유기적인 연대를 맺고 있는 레지오 에밀리아의 유아 교육 담당관인 스패쥐아리(1993)의 "지역 사회 중심의 운영은 운영되는 체제라기보다는 교육 경험의 모든 측면에 스며 있는 철학적 이상 같은 것입니다"41)라는 말은 특별한 의미를 갖는다. 공동육아가 삶과 육아의 가치와 의미의 문화 공동체로서 개방성을 갖고 "차이 속의 연대"와 "연대 속의 차이"를 추구하여 이러한 가치와 의미가 사회적으로 확산되어야 함을 주장한 이기범(1995) 역시 이러한 가치와 의미가 공동육아 공동체의 정념ethos이요 삶의 방식이라고 보고 있다. 따라서 공동육아 어린이집에서 공동체성이 내부에서 지역으로 확산되는 데, 일상의 생활 안에 공동체성의 가치와 의미가 문화로 자연스럽게 자리잡아 나가는 과정은 중요하다고 할 수 있다.

공동육아 문화의
교육적 해석

공동육아 어린이집 구성원들의 삶에서 발견할 수 있는 별명과 반말, 나들이, 날적이, 마실은 공동육아 특유의 문화적 현상이다. 이러한 공동육아의 문화적 현상은 공동육아 구성원들의 생활 세계적인 체험으로부터 나온 것들이다.

홋설에 의하면, 생활 세계는 이미 과학 이전에 동일한 보편적 구조를 가지고 있는 것이다. 살아 있는 시간 공간 자체에 생활 세계 본래의 존재 의미에 속하는 성질이 있고, 여기에 자아와 타자가 나누는 상호 교제 즉, 상호 주관성이라는 주제가 있다 (조관성, 1995 ; 이종훈, 1999).

아이들과 생활하며 교육학적 입장에서 반성할 때 공간성, 시간성, 관계성과 같은 실존체가 자각되는데, 이를 통해 생활에 내재하는 현상학적 의미의 헤아릴 수 없는 풍부함을 인식할 수 있게 된다고 교육 현상학자들은 말하고 있다. 여기서 알 수 있듯이, 교육이 삶의 근원적인 문제들에 올바르게 접근해 가도록 도와주는 일이라면, 생활 세계의 근본적인 규정들과의 관련 속에서 삶의 의미를 구성하는 일은 중요하게 다가온다. 이러한 맥락에서 교육학적인 궁구窮究가 이루어져 왔다(Bollnow, 1971; Buber, 1977).

여기서는 생활 세계적 삶의 경선적 구조인 시간과 위선적 구조인 공간, 그리고 이 둘의 교차 안에서 짜여지는 인간의 관계성을 통해 공동육아의 문화를 해석하고자 한다. 이는 공동육아의 문화를 교육적으로 탐색하고 그것의 의미를 이해하기 위한 방법이다. 삶의 근저에서 연결되고 있는 근본적인 규정들에 대한 교육적 물음은, 공동육아의 독특한 생활과 문화를 현상학적으로 이해하는 순환적 과정으로 드러난다.

내가 논의를 전개시킬 공동육아의 문화적 현상들과 공간, 시간, 관계 간의 교차적인 내용을 표로 제시하면 다음과 같다.

〈표 4〉 "공동육아" 문화적 현상들과 공간, 시간, 관계 간의 교차적인 내용

	별명과 반말	나들이	날적이	마실
공간	어린이집	어린이집↔자연	집↔어린이집	집↔동네
시간	어린이집	어린이집↔자연	집↔어린이집	집↔동네
관계	교사↔어린이 어린이↔어린이	인간↔자연	교사↔어린이↔부모	부모↔부모

별명과 반말, "나들이", "날적이", "마실"의 네 가지 문화적 현상들은 공간, 시간, 관계에 모두 관련된다. 하지만 그 관련성이 나타나는 정도는 각 현상의 특수성에 따라 다르다고 할 수 있다. 별명과 반말은 어린이집에서의 공간, 시간, 관계를 아우르는 현상이지만 특히 관계와 밀접한 현상이다. 나들이는 어린이집과 자연 사이에서 일어나는 공간, 시간, 관계적 경험이다. 날적이는 집과 어린이집 사이에서 일어나는 공간, 시간, 관계적 경험인데 특히 시간과의 관련성이 두드러진다. 마지막으로 마실은 어린이집을 중심으로 연결된 집과 동네에서의 공간, 시간, 관계적 경험으

로 공간과 관계에 독특한 의미를 부여할 수 있다. 내가 파악한 공간은 어린이집, 자연, 집들이 모여 있는 마을에서의 공간의 교육적 의미이다. 시간은 어린이집과 자연, 그리고 가정에서의 시간이다. 또 관계는 어린이집에서의 교사와 어린이들의 관계, 자연과의 관계, 그리고 어린이를 사이에 둔 교사와 부모의 관계, 그리고 부모들의 관계이다.

공간의 교육적 의미 42)

공동육아 구성원들에게 어린이집이라는 공간은 아이들이 살고 자라나야 하는 곳으로 단순한 학습 공간이 아닌 삶의 공간이다. 그리고 이 공간은 아이들만의 전유 공간이 아닌 구성원들의 공동체적 공간이다. 이런 점에서 공동육아 구성원들이 체험하는 교육의 공간은 실존적으로 접근해서 이해할 수 있는 바탕을 갖고 있다.

실존주의의 영향을 받아 교육을 인간학적 관점에서 고찰하는 볼노프 (1971)는 교육에서 공간이 갖는 의미를 근본적으로 조망하고 있다. 그는 인간에 의해서 체험되는 구체적인 공간, 실제로 인간의 삶이 이루어지고 있는 공간을 중요하게 본다.

그는 거주함의 의미를 교육학의 본질적 목적과 부합시킨다. 인간이 "산다는 것"을 배우는 일을 곧 교육으로 규정한다. 여기서 "산다"는 것은 근본적인 형태로서 "집"에서 일어나고 또한 "집"을 매개로 하여 세계 내에서 일어나고 있다는 것을 의미한다고 파악한다. 그가 교육학적 관점에서 공간에 대해 관심을 갖는 이유는 공간 안에서 올바르게 존재하는 방식 또는 공간에 대해 올바르게 관계하는 방식을 모색하기 위함이다. 그가 천착하고 있는 공간 안에 올바르게 존재하거나 관계하는 방식이란 진정한 "거주함"을 통해 인간이 세계 속에 온전하게 존재하는 것을 이른다.

이는 결속감을 느끼면서 비로소 "집에" 있을 수 있는 특별한 영역을 마련하는 것이다. 즉 거주함의 안정됨을 기반으로 더 넓은 세계로 나갔다가 그 곳에서 삶의 긴장에 직면했을 때 다시 안정된 공간으로 돌아가는 것을 말한다.

인간에게 공간이란 삶이 일어나는 실존의 장소이다. 여기에는 지금 내가 사는 장소를 중심으로 기억의 공간과 소망의 공간도 포함된다. 우리는 보통 살면서 자기가 사는 공간을 일일이 인식하지는 않는다. 그러나 어떤 경험은 공간에 대한 구체적인 생각과 소망을 그리게 한다. 그 중 하나가 "내 아이를 키우고 싶은 공간"이다. 부모의 소망을 통해 공동육아 구성원들이 중요하게 생각하는 공간 의식이 어떠한지 다음에서 볼 수 있다.

> 저희는 새내기 부부로서 건강한 생활인이 되기 위한 자녀의 미래 근간이 되는 육아 환경에 대해 고민하던 중 내 아이만이라도라는 다소 이기적인 욕심이 있겠지만, 왜곡된 생태 환경과 자연 파괴적인 회색빛 도시의 인간성 상실을 완화시킬 수 있는 터전을 대준에게 안겨줄 수 있게 되어 조금이나마 위안을 삼고 있는 현이헌, 임형숙, 현대준 가족입니다. 반갑습니다…
>
> 저희는 혈육을 중심으로 한 세대와 이웃이 공동체가 되어 땅을 일구되 땅과 숲과 물과 동물이 함께 하는 자연 환경 속에서 그 일부가 되어 버린 어린 시절을 보냈기에 자연 친화적이고 공동체적인 삶에 대한 향수를 간직하고 있습니다. 뿐만 아니라 땀의 결실인 소득의 기쁨이나 슬픔도 함께 간직하게 되었습니다. 그러나 대준이의 육아 문제에 있어서 생활 환경이 콘크리트나 아스팔트 등 인스턴트적인 요소에 갇혀 있어 부모의 노력에도 불구하고 공간적인 제약에 부딪치고 사회 활동과 충돌하여 부모가 가지고 있는 유년기의 향수나 추억의 공유는커녕 자연 생태계, 인간성, 사회 정의의 지킴이가 아닌 자연과 그 자연에 기대어 사는 생명을 정복하고 지배함으로써 필요한 것을 얻고 향유하는 것을 당연히 여기는 사고의 소유자로 길들여지면 안 되겠다는 바람을 가지고 있습니다…
>
> ─「함께 크는 우리 아이」 1998년 11월호, "오며가며" 중에서

이 예에서 보면 어린 시절 부모가 체험한 자연 친화적이고 공동체적인 공간이 왜 자기 아이의 교육 공간으로 자리잡아야 하는지, 그 속에서 아이에게 소망하는 것은 무엇인지가 잘 드러나 있다. 그리고 지금 현재 부모 자신이 우리 사회 내의 삶의 공간을 어떻게 느끼고 체험하는지, 또 그에 따른 문제 의식까지도 드러나 있다. 부모가 경험한 자연 안에 인간이 포함되는 관계, 그 속에서 형성된 공동체적 인간 관계는 공동육아 구성원들이 아이들에게 선사해 주고 싶어하는 공간 세계이다. 그러나 오늘날의 도시 공간에서는 이런 삶의 공간을 찾기가 어렵다. 따라서 아이들의 교육 공간에서 자연 친화적이고 공동체적인 공간 관계를 구축하려는 공동육아의 노력은 그들 나름의 공간 안에서 합당하게 존재하는 방식을 추구해 가는 삶의 과정이다. 또한 부모가 자식을 제대로 기르기 위한 공간에 대한 소망은 부모 자신의 체험적인 공간과의 관계 방식이 아이의 현재와 미래와 연결된다는 점에서 지속성의 한 계기를 부여하는 과정이기도 하다.

공동육아 구성원들이 중요하다고 생각하는 공동체적인 삶과 자연 친화적인 삶의 방식을 익히는 공간은 어린이들의 경우 어린이집과 나들이를 나가는 자연이다. 그리고 부모들에게는 어린이집으로 비롯된 마실을 꼽을 수 있다. 아이들에게 있어 어린이집은 내적 공간에 해당되고 나들이는 외적 공간에 해당된다. 외적 공간은 더 넓은 세계로서, 자신의 이웃들과 친구들, 또는 적들과 더불어 자신의 작업을 성취해야 하는 공간이다. 반면 내적 공간은 삶에서의 긴장 후에 다시 자신에게 돌아올 수 있는 자리이다. 볼노프는 이 두 영역에서 특히 아늑한 공간에서의 안정된 거주의 의미를 더 강조하였다. 집은 인간의 불변적인 본질에 기초한 것이기 때문이다. 인간이 자신의 삶의 발달 과정에서 어떤 특정한 공간 안에서의, 예컨대 부모의 집에서 안정을 잃어 버리게 될 때에 안정을 획득할 수 있는 공간을 새롭게 만들어 내지 않으면 안 된다. 볼노프는 이때에 인간을 돕

해마다 열리는
개원 잔치

는 일이 바로 교육의 본질적인 과제가 된다고 말했다. 이와 같은 지적은 어린이집 교육에서도 매우 큰 의미를 확보하는데, 이는 다음의 예를 통해 볼 수 있다.

> **하진 엄마__**구성원들이 가질 가치관으로서 공동체성이 체화되어야 한다. 하진의 경우 우리 개원 잔치 때의 하루의 경험 이후 달라진 모습을 본다. 그 전에는 터전에 올 때 자기를 누군가가 안아 줘서 맞아야만 했다. 그런데 전체가 모여 어우러진 총회 풍경이 아이에게 인상적이었는지 전체가 모자이크되어 아이 머리 속에 남아서 모두를 신뢰하게 되었는지 그 날 이후 터전을 내 집인 양 그냥 쑥 들어가더니 지금까지도 그렇게 들어간다.
> — 참여 관찰, 1998.11.11 교육 소위

개원 잔치(1998년 10월 18일)를 치른 하루는 어린이집 식구 모두가 아이들의 건강한 성장과 어린이집의 미래, 그것과 연결된 자신들의 삶을 정성스런 마음으로 기원하는 특별한 날이었다. 그날 하루를 사진에 담은 나는 하진이와 하진이 어머니에 대한 기억을 갖고 있다. 교사들과 부모들이 풍물을 치고 아이들은 나머지 어른들의 손을 잡거나 아빠 무등을 타고 동네 한바퀴를 길놀이로 돌았다. 그때 하진이 어머니는 앞에서 장구를 쳤고 하진이는 아빠와 함께 뒤에서 따라갔다. 동네 어귀까지 갔다가 돌아오는 길에 어린이집 골목에서 잠시 멈춰 풍물을 즐길 때였다. 이때 맨 뒤에 있던 하진이가 맨 앞에 있는 엄마를 향해 쭉 걸어들어 갔고 이를 본 엄마가 장구를 치며 하진이를 기다리는 2~3분 정도의 짧은 시간 동안, 양 옆으로 길게 늘어선 모든 사람들이 손뼉을 치며 두 모녀의 만남을 성원해 주었다. 이 장면이 그날 하진이 모녀에 대한 기억이다.

어린이집을 내 집인 양 쑥 들어갈 수 있었던 아이의 행동에 대해 하진 엄마는 어린이집 전체 식구가 모여 함께 어우러지는 모습이 결국 아이에게 신뢰를 줄 수 있는 공간이 된 것 같다고 추측하고 있다. 아이가 세상에 대해 안정과 신뢰를 구축하기 위해서는 우선 어린이집에서의 신뢰가 중요한데 여기에는 어른들의 체화된 공동체적 삶의 방식이 요구된다는 사실 또한 알 수 있다. 여기서 어린이집이라는 공간 안에서 함께 어우러지며 그 속에서 아이들이 얻게 되는 신뢰는 바로 "집"에서의 기본적인 아늑함에서 오는 것임을 알 수 있다.

하진이가 축제 다음날 어린이집에 쑥 들어갈 수 있었던 것은 신뢰를 획득한 자기 몸의 지향성과 어린이집 공간에 새겨진 삶의 무늬를 스스로 의미화할 수 있었기에 가능했다. 인간이 거주한다는 것은 반성 이전의 자세에서 공간과 친숙한 대화를 할 수 있을 때를 말한다고 한다. 이제는 누가 나와서 자기를 반갑게 맞아 주지 않아도, 그리고 자기를 어르는 엄마의 온갖 소리가 없어도 어린이집을 그냥 내 집같이 쑥 들어갈 수 있었던 것은 그가 비로소 거기에 거주한다는 느낌을 가질 수 있기 때문이다. 그래서 하진이는 그의 시간과 공간 속에 놓여 있었던 것이 아니라, 그의 시간과 공간을 살고 있기에 즉 거주하고 있기에 그런 행동을 할 수 있다고 볼 수 있다. 이에 대해 우리는 "거주함은 세계라는 존재와 직물을 함께 짜는 것을 뜻한다"고 말할 수 있다.

아이들은 어른들이 마련해 준 어린이집에서 그들의 방식으로 공간을 체험한다. 어린이집이라는 공간은 어린이가 하루에 약 10시간 정도를 사는 제2의 집과 같은 공간이므로 어린이집은 아이들에게 충분한 안정과 신뢰를 주는 곳이어야 한다. 거주지에 대해 많은 사고를 한 바슐라르(1948)는 집에 대해 "하늘과 삶의 어떠한 폭풍우 속에서도 인간을 똑바로 서 있도록 지탱시켜 준다. 집은 우주에 맞서기 위한 하나의 도구이다"라고 강조하였다. 현대 사회에서 제2의 집과 마찬가지인 어린이집은 어린이에게 "우주에 맞서기 위한 또 하나의 도구"가 될 수 있어야 한다. 어린이집에서의 안온함과 신뢰를 획득하는 것은 집에서의 근원적인 안정과 아이가 세상에 우뚝 서 있도록 지탱하는 힘을 지지해 주는 것이다. 따라서 어린이집이라는 공간은 아이가 세계와 마음 놓고 마주할 수 있는 내집 같은 믿음을 주는 공간으로 존재한다. 그것은 단순한 물리적인 공간이 아니라 그 곳의 삶 속에서 아이가 신뢰를 체험하는 공간인 것이다. 세계 내에서 자기 존재의 정체성을 형성하는 데 공간에서의 자기 위치를 인식하는 일은 중요하다. 이는 곧 내적 공간과 외적 공간과의 관계를 형성하는 것으로 외적 공간으로 활동 영역을 확대한다는 것은 자기 존재의 성장이다.

어린이집에서 가정과 같은 아늑함을 경험하는 아이들은 매일 자연으로 나간다. 집에서의 아늑함과 자연에서의 자유로움은 아이가 세계라는 존재와 직물을 함께 짜는 씨실과 날실과 같다. 거주의 의미는 단순히 집 안에서만 웅크리고 있는 것이 아니다. 그렇기 때문에 볼노프는 공간의 두 측면, 곧 집의 내적인 안전한 영역과 자유로운 공간, 넓은 세계, 유혹하는 먼 곳 등 더 큰 영역을 서로 떼어놓을 수 없는 상대적인 짝으로 파악했고 이 둘이 함께 할 때에만 완전한 인간의 삶이 전개된다고 하였다. 그래서 인간은 집의 보호 속에서 확고한 근거를 발견한 후 개방적인 삶의 넓은 세계로 다시 나가지 않으면 안 된다고 하였다. 여기서 교육은 그 중요성 면에서 다시 인식하고 의식적으로 발전시키지 않으면 안 되는 전혀 다른 덕목들을 요청하게 되는데 특히 용기, 확신 그리고 자기 자신의 능력에 대한 신뢰가 그것이다.

매일 가는 나들이는 일상적인 삶 안에서 특별하게 주목됨 없이 지속적으로 경험되는 밥 먹는 일과 같다. 하지만 거기에는 집 안과 밖을 넘나드는 공간의 이동과 확장이 있다. 특히 나들이를 통해 경험하는 자연의 세계는 아이들과 자연이 지속적인 만남의 관계를 포괄적으로 형성함으로써, 아이들의 세계를 확장시켜 준다. 자연은 모든 생명체가 함께 어울려 이루어진 세계로 모든 것을 포함하는 포괄적이고도 근원적인 것이기 때문이다. 따라서 집 밖의 공간, 자연은 언제나 인간의 마음을 당기고 있다.

자연은 아이들이 자기 존재의 전체성을 갖고 관계를 맺는 곳이며 자신을 마음 놓고 드러내는 공간이다. 그 곳에서 아이들은 발산을 통해 공간을 확대한다.

자연은 무한히 펼쳐지는 공간으로서 아이들로 하여금 우연성, 또는 순간성에 자신을 내맡기게 허락한다. 또한 무한한 공간인 자연 안에는 다양한 생명체들이 저마다 자기에게 알맞은 삶터를 찾아서 둥지를 틀고 있어서 아이들이 스스로 자기에게 알맞은 삶의 형태를 찾아 내도록 하는 교육의 장소가 된다. 자연이 인간과 무한하게 관계 맺는 장소라면 집은 안정적 관계를 맺는 장소이다. 그래서 아이들이 한껏 자연에서 뛰어올랐다 내려오는 공간은 어린이집이 될 수 있다. 이때 집은 언제나 돌아올 수 있는 안전한 곳으로 인간과 자연의 중개자이다.

한편, 어린이집이 아이들에게 진정으로 거주의 공간이 되어 갈 때, 부모들의 거주 공간은 집과 집들이 모여 사는 마을이 된다. 현대 사회에서 공동체적 삶이 유지되는 마을은 사라진 지 오래이다. 마을이라는 말이 한 동네 사람들이 어울려 사는 공간 자체로서 정적인 의미를 내포한다면, 마실은 마을보다는 동적이어서 사람들이 이 집과 저 집을 오고가는 동선이 생동적으로 살아난 공간적 어휘이다. 공동육아 부모들이 마을보다 "마실"이라는 말을 선호하는 데는 마실의 역동성과 그것의 교육적 기능을 알고 있기 때문이기도 하다. 즉, 신뢰 속에서 동네 사람이 툭툭 던지는 덕담으로 컸기 때문에 그렇게 아이를 키우고 싶다는 것이다. 이런 마실 문화에서는 부모만이 자기 아이를 교육하는 것이 아니고 마을이 아이를 교육하는 장소가 된다고 할 수 있다.[43] 부모들에게 아늑한 공간은 어린이집을 중심으로 이웃한 집과 마실이다. 아늑한 공간의 기본 형태는 집과 나란히 마을이나 도시, 고향과 국가와 같은 넓은 영역도 해당된다는 말에서 알 수 있듯이 이때 공간을 안과 밖으로 가름하는 준거는 물리적인 거리에 따른 공간적 범주라기보다는, 공간 안에서 이루어지는 생활 속에서 지각되는 상황적 경험과 관련된 것이다. 따라서 어린이집과 마을을 단순히 거리로만 보면 외적 공간이지만 공동육아 구성원들이 그곳에서 존재하는 방식과 관계 자체를 보게 되면 내적 공간의 의미와 더 가깝다고 할 수 있다.

인간은 세계 내에 "던져져 있다"는 말 속에는 공간에 대한 인간의 아주 특별한 관계가, 다시 말해서 모든 지속적인 관련들로부터 내던져진 근거 없고 고향 없게 되어 버린 관계가 포함되어 있다고 볼노프는 해석하고 있다. 공동육아 부모들이 낯선 동네에서 낯설게 사는 것이 늘 허전했고 또 아이들을 데리고 여러 번 이사를 하는 이동이 언제나 싫었다고 말하고 있는데, 이는 마치 현대 사회의 "정주하지 못한 인간"의 내면의 모습을 보여 주는 듯하다. 인간이 정주하기 위해서는 공간 안에 있는 어떤 특정한 자리에 정착해서 그곳에다 어느 정도의 뿌리를 내릴 수 있어서 그곳에서 너무 쉽게 다시 벗어나지 않을 필요가 있다. 이 자리는 공간 안에 있는 임의의 어떤 자리가 아니라 인간이 거기에 속해 있고, 또 그곳과 결속감을 느끼며 비로소 "집에" 있을 수 있는 장소인 것이다.

동네에 내 집 하나 달랑 있는 것하고 마실을 통해 사람들과 소통하고 정서적 유대를 확인하는 동네의 의미는 다르다. 거주 공간이 친근성을 그 특성으로 갖는다고 할 때, 동네가 정이 들고 친숙해져 존재적으로 젖어들게 되면 비로소 내 집도 진정한 거주의 의미를 준다고 할 수 있다. 공동육아 부모들은 어린이집을 중심으로 자기 삶의 확고한 지점을 확보하는 것을 두고 자기 존재의 뿌리를 내릴 수 있는 터전을 잡는 일이라고 했다. 이들이 말하는 "존재의 뿌리를 내린다 함"은 비로소 "집"에 있을 수 있는 가능성을 확보하는 일이다. 이 확고한 중심점이 공동육아 부모들에게는 어린이집이었는데 그럴 수 있었던 이유는 거기에 아이들의 미래가 있었기 때문이다. 즉 가능하면 아이들이 청소년기까지는 어린이집과 늘 다니던 산과 마실이라는 공간과의 친숙한 관계 속에서 성장하기를 바라는 소망 때문이다. 현재 뿌리 내린 삶의 공간이 아이의 미래의 고향이 되기를 희망하는 것이다. 이 희망 안에서 어린이집과 늘 다니는 산과 집들이 모여 사는 마실은 "거주"의 의미가 담겨 있는 삶의 공간이 된다.

그러나 그 희망을 아이들에게 선물하는 일은 저절로 이루어지는 것이 아니다. 엄연한 노력을 기울여야만 한다. 자식을 정성스럽게 교육해야 함은 물론이고 부모로서의 지속적인 노력이 자신의 실제 삶과 괴리되지 않도록 해야 하는 것이다.

> **나**_아이들 교육이 대안으로 떠올라서 여러 가지 전망을 갖게 되고 부모들끼리의 유대도 갖게 되었는데 이런 삶의 형식들이 혜진 아빠 본인의 삶에 영향을 준다거나 의미를 줍니까?
>
> **혜진 아빠**_그렇죠. 여기(어린이집)의 경험과 생각들이 생활의 많은 부분으로 찾아 들어와요. 부모들과 만나는 시간이 잦아지고 또 우리 사회가 좁다 보니 한 다리 건너 연줄연줄 아는 사이가 많더라구요. 그 동안 세상일이 바빠서 놓았던 문제들, 학교 시절 생각했던 고민들이 또는 사회 생활을 하면서도 조금씩 했던 부분적인 고민들이 먹고사느라 뒷전으로 밀렸었는데 그 부분들이 나 자신에게 다시 정리가 되죠. 결국 이런 일은 우리의 나이나 조건에 맞게 할 수 있는 일 아닌가 생각하면서 개인적으로 자기 정리가 됩니다. 그런데 이렇게 자기 정리를 하면서 모임의 부류 속에서 같은 고민들이 있음을 발견하게 돼요. 예전에 학생 운동에 관심 있다가 각자 생존과 삶의 역할로 돌아갔지만 마음속에는 그때의 가치 기준 이상들이 남아서 작게나마 각자 하든가, 아쉬워했던 부분이며 흩어졌던 부분인데 아이들 교육으로 만났고 문제가 제기되고 대안적인 의견들을 모으면서 예전의 고민들이 아이들 문제로 부각되는 과정에서 각 개인의 삶의 문제들에 영향을 주죠.
>
> — 면담. 1999. 4. 8

이 예에 대한 해석은 프뢰벨(1951)의 깊은 의미에서의 "삶의 쇄신"에 대한 언급을 통해 이해가 가능하다. "아버지들이여, 부모들이여… 우리가 더 이상 소유하고 있지 않은 모든 것을 생기 있게 하고 어린이의 삶을 형성하는 힘이 어린이들에 의하여 우리들의 삶 안으로 다시 들어오게 합시다… 왜냐하면 어른들은 어린이들과의 이러한 교제 속에서 다시 젊어지게 되고 그리하여 자신의 삶의 근원성에로 되돌아오는 길을 발견하게 되기 때문입니다."

이러한 쇄신은 교육을 통해서 얻어지는 것이며 따라서 교육은 문화가 언제나 다시 젊어지게 되는 "자리ort"가 된다고 했다. 교육은 한 인간에게 일생이라는 시간을 요구하는 장기적인 작업이다. 교육은 엄숙한 삶의 자리와 만나는 것으로 삶의 쇄신을 위한 향상의 의지와 같다. 그러나 인간의 향상 의지는 직선적으로 뻗어만 가는 것이라기보다는 부침이 있는 포물선을 그리며 나아가는 것이다. 하강과 상승의 부침 속에서 향상의 지향을 갖기 위해서는 항상적인 자기 성찰이 요구된다. 공간은 세계를 발견하고 자기 존재와 삶의 의미를 탐구하는 영역이다. 부모가 되기 전, 청년적인 이상이 생존의 자리에서는 뒤로 물러났지만 부모가 되어 아이들의 교육을 구체적으로 고민하고 실현하는 만남의 장소에서 자신들의 옛날 이상을 현실적으로 조정하는 노력은 지속적인 자기 성찰의 과정이며 이것이 확인되고 교류되는 마실은 교육의 자리가 된다고 할 수 있다. 따라서 아이들에게 고향을 선물하려는 부모들의 엄연한 삶의 노력은 자신의 내면적인 성찰과 타인과의 연대를 통해 삶의 지평을 확장하려는 교육적인 노력이며 고향을 찾는 일이다.

볼노프는 거주의 교육학적 의미를 다음과 같이 말하였다.

거주는 그 공간 안에서 인간이 그것을 근거로 하여 자신의 삶을 여러 가지 지속적인 관련 속에서 구축할 수 있는 하나의 확고하고 지속적인 근거를 발견하는 것을 의미한다. 그러나 이러한 거주는 본래부터 어떤 자명한 능력으로서 인간에게 주어진 것도, 또 집이나 혹은 그 밖의 거주 공간의 외적인 점유를 통해 이미 보증된 것도 아니다. 오히려 이는 인간의 엄연한 노력에 의해서 비로소 획득되지 않으면 안 되는 것이다. 이렇게 하여 거주는 특정한 공간 안에서의 체류를 의미할 뿐만 아니라, 또한 동시에 인간이 그 안에서 자신의 공간과 관계하는 어떤 특정한 인간의 내적 상태를 의미한다. 그러므로 하이데거는 자신의 후기 저작에서 자신의 초기 견해를 확실히 정정하여 이렇게 강조할 수 있었다. 사람임은 거주함을 의미한다. 그러나 인간은 거주함을 먼저 비로소 배우지 않으면 안 된다. 이렇게 하여 이제 현대의 혼란 속에서 고향을 잃어 버리게 된 인간에게 다시금 거주하는 것을 가르친다고 하는 교육의 본질적인 목적이 확인되었다.

공동육아 구성원들이 거주하는 것을 자신들의 잃어 버린 습관 속에서 살려 내고, 부침하는 삶의 공간에서 자기 존재의 뿌리를 내리고, 아이들의 교육을 통해 삶의 근원성을 회복하는 모습은 공간 안에서 거주한다는 의미를 스스로 가르치고 배우는 교육의 과정이다. 이는 세계 또는 삶에 대한 궁극적인 신뢰인 "존재의 신뢰 Seinsvertrauen"를 획득하는 과정으로, 아이, 어른 모두에게 교육의 본질적인 목표를 이루는 실존의 공간을 구성한다.

시간의 교육적 의미 44)

인간에게 시간은 삶의 근본적인 조건으로 주어지는데 여기서 시간이란 체험된 시간 lived-time을 말한다. 현상학적 시간론에서 의미있게 거론될 수 있는 유일한 데이터는 "구체적인 경험의 구조 속에 각인되는 시간성 the temporality embedded in the structure of concrete experiences"일 수밖에 없다고 한다. 공동육아 구성원들이 체험하는 시간 역시 어린이집 생활에서 이루어지는 일상적인 경험을 통해 지각되는 시간과 부모가 아이를 키우는 체험 속에서 의식되는 것이라고 할 수 있다.

시간과 교육학의 관계를 탐색한 볼노프는 인간의 삶 속에서 구체적으로 경험하는 방식으로부터 시간에 대한 고찰을 할 수 있다고 했다. 그는 공간에서 주장했던 바대로, 시간과의 올바른 관계에 대한 문제가 성립되면, 이로부터 바로 교육학적인 과제가 근본적인 의미를 지니게 된다고 했다. 그는 이 문제를 교육학적으로 접근하는 데 몇 가지 단서를 제공해 준다. 시간에 대한 올바른 관계란 인간으로부터 독립되어 있으면서도 인간에게 미리 주어져 있는 시간의 흐름 속에 자기 자신을 바르게 집어 넣는 일로서 시간의 흐름과 조화를 이루는 문제를 언급한다. 시간에 대한 올바른 관계에는 어떤 단일한 형식만이 있는 것이 아니며 부분적으로는 모순되는지도 모르는 매우 다양한 여러 가지의 형식들이 있는데, 이러한 모든 형식들을 적절히 분배함으로써 형식들이 그들의 권리를 차지하도록 놓아 두는 일이 중요하다는 것이다. 마지막으로 과거와 미래와의 올바른 관계 맺음을 문제 삼고 있다. 과거와의 올바른 관계란 과거의 삶을 현재의 삶 안에 끊임없이 의미 있게 변형시켜 집어 넣음으로써 가능하다. 특별히 미래와의 올바른 관계를 맺는다는 것은 궁극적인 희망을 갖는 것으로, 거주와도 같이 인간은 희망하는 것 또한 배우지 않으면 안 된다고 강조하고 있다. 볼노프가 말하는 과거와의 관계, 미래와의 올바른 관계란 과거, 현재, 미래라는 시간 양태들의 통합성을 의미한다고 할 수 있다.

공동육아 구성원들의 생활 세계에도 그들이 경험하는 시간의 속도와 형식들이 있는데 이는 특히 "아이를 낳아 키운다"는 현상학적 사건이 갖는 체험적인 시간과 관련된다. 따라서 공동육아 구성원들이 삶의 경험 속에서 구성하는 시간의 흐름과 형식들 그리고 과거와 미래와의 관계 방식에 대해 교육적으로 접근해 볼 수 있다.

어린이들이 어린이집에서 생활하면서 시간의 흐름을 지각하는 일은 일상의 흐름과 밀접하게 관련된다. 인간이 체험하는 시간이란 일상의 경험과 연관된 것이지만 특히 어린이들은 자신의 일상적인 삶의 패턴에 익숙해짐에 따라 시간의 흐름을 경험한다. 시간에 대한 올바른 관계로 규정되는 것 중의 하나가 속도에 관한 것이다. 곧 서두름과 꾸물거림 사이에서 시간과 적절한 조화를 이루면서 사는 것이 중요하다. 그러나 어린아이의 성장과 같이 유기적인 발달은 시간과 조화를 이루는 일이 쉽지 않다.

공동육아 어린이집에서 이루어지는 하루의 흐름은 완만한 속도로 이루어진다. 하루가 완만하게 이루어지는 일과 안에서 자연으로의 나들이가 매일 반복된다. 아이들은 먹고 자고 깨고 놀고 하는 등의 생물학적이고도 신체적인 리듬으로 형성된 습관을 통해 세상에 적응하므로 이 리듬에 순응하는 일을 배우는 일은 아이에게나 아이를 키우는 어른들 모두에게 매우 중요하다. 어린이가 살아가는 삶의 중요한 공간에서(가정, 어린이집, 사회) 아이들이 생활적인 시간을 충분히 누리며 살 수 있도록 환경을 마련해 주는 것은 아이가 세계와 안정된 관계를 맺는 데 중요하다. 공동육아에서는 산업 사회의 분리되고 조각난 시간이 아닌 자연의 시간 감각으로 하루하루 사는 것을 중요하게 여긴다. 그리고 집단을 다루는 통제의 개념이 아니라 아이 하나하나가 자신의 내면을 충분히 표현할 수 있는 개별적인 시간을 중요하게 여겨서 나들이의 경험과 함께 아이가 자신의 세계에 몰입할 수 있는 놀이 시간을 충분히 허락한다.

아이들이 시간을 대하는 태도는 창조적인 반복에 몰입하는 것으로, 어른들에게는 낯선 방법이다. 아이들은 어른 눈에는 늘 똑같기만 한 모래와 물과 상상이라는 재료를 갖고 끊임없이 새로움을 창조해 가며 놀이에 빠져든다. 아이들은 반복의 도움으로 안전, 지속, 원칙에 충실하게 적응, 발전해 나간다. 그러므로 시간적인 무제한성을 확보받는 놀이의 세계는 아이들이 경험하는 중요한 성장의 세계이다. 공간에서 신뢰가 담긴 안정감을 획득해야 하는 것처럼, 아이들은 완만한 생활의 흐름 속에서 필요한 시간을 허용하는 능력과 시간적인 안정감을 획득할 수 있어야 한다.

아이들의 하루 일과 중 매일 아침에 이루어지는 두 시간의 나들이는 아주 어린 시절부터 시작되어 3년 이상을 지속하는 짧지만 긴 여정이다. 자연 안에서 어린이는 뛸 수 있는 시간, 걸을 수 있는 시간, 침묵하는 시간 등 다양한 형태의 시간을 부여받는다. 자연은 언제나 변화를 보여 줌으로써, 시간의 변이를 생생하게 포착하게 해주는 존재이다. 작고 부드럽기만 하던 연초록의 어린 잎들이 다 자라 무성해진 산길에서 어린이들은 달라진 나뭇잎의 색깔과 크기를 자기 손에 대보며, 나무의 성장을 느낀다. 또 매번 다니던 산길이 진달래꽃에서 철쭉꽃으로 또다시 하얀 싸리꽃으로 바뀌어진 산을 보며 생태계의 변화를 경험한다. 봄, 여름, 가을, 겨울을 지나 다시 새 봄에 찔레순을 따먹으며 작년에 따먹었던 찔레순의 맛을 기억하는 일 또한 자연에서 일어난다.

생태계의 변화가 드러내는 사태는 매일 다른 반복으로써 시간의 흐름을 지각하게 한다. 자연이 드러내는 색깔, 자태, 소리, 냄새, 온도의 변화와 이에 대한 인간의 반응이 곧 그것이다. 이런 점에서 자연이 어린이에게 보여 주는 매일 다른 반복은 놀이 세계에서 경험하는 창조적인 반복과 닮아 있다. 자연적 질서의 순환성이 삶의 질서에 영향을 미칠 때 시간에 대한 올바른 관계로의 교육은 더 깊은 의미 규정을 지니게 된다.

자연의 변화 안에는 인간의 생로병사도 포함되어 있다. 살면서 특히 인간이 태어나고 죽는 문제가 시간을 연속적으로 지각하고 진지하게 인식해 보게 하는 특별한 사건이라고 할 수 있다. 그래서 아이를 낳고 키운다는 것은 인간에게 있어 내 존재가 어디에서 왔고 지금은 어디에 있으며 앞으로 어디로 갈 것인지에 대한 특별한 물음을 제기하고 이 물음에 답하는 데는 자기 존재의 영속성을 지각하는 시간 의식이 발생한다. 즉 독특한 체험은 시간을 특별히 의식하게 할 동인을 갖는다고 할 수 있다. 아이를 낳고 키우는 삶은 보편에 가까운 인간 존재의 실존 양태이지만 개인에게는 삶을 지속적으로 체험하고 인식하는 특별한 시간적 사건이다. 아이가 태어나서 부모의 삶에 들어오면서부터 시작되는 부모로서 사는 삶, 다시 말해 아이를 키운다는 사태 속에는 부모가 시간을 지각하는 체험적 구조가 있을 수 있다.

다음은 부모로서 사는 삶에, 시간에 관한 통찰이 어떻게 개입되는지를 볼 수 있는 예이다.

제 존재의 영속성을 생각해 보게 되었어요. 부모—나—아이로 연결되는 거죠. 물론 생물학적 연속성도 있지만 의식 세계에서는 별로 중요하게 여기지 않았던 것 같아요. 또 존재만의 지속성뿐만 아니라 자연적 차원과의 지속성도 생각했죠… 그래서 유한이를 낳았어요. 모든 것이 다 의미가 있고 아이도 나에게 엄청난 의미로 다가오더라구요. 제가 그린 이 그림처럼 이어져 있다는 걸 깨달았어요… 유한이가 장가가서 죽는 것도 저한테는 중요해요. 저는 세영이와 세영이 할머니를 보면서 나한테도 세영이와 세영이 할머니 같은 관계의 손자가 있을 수 있다는 게 너무 황홀해요.

아이와 부모의 관계를
그린 유한이 엄마의 그림

인간이 태어나고 죽는 문제가 시간을 연속적으로 지각하고 그것에 대해 진지하게 생각해 보게 하는 특별한 사건이라고 할 수 있다. 그래서 아이를 낳고 키운다는 것은 부모 자신에게 있어 자기 존재를 부모—자신—아이로 연결되는 순환적 관계성으로 인식하게 하며 이것은 시간의 지평을 확대함으로써 자신이 속한 세계와 삶의 의미가 달라짐을 체험하게 한다.

226

다음은 아이를 키우는 일상적 체험 속에서 과거, 현재, 미래가 어떻게 통합적으로 지각되는지 그 단서를 볼 수 있는 예이다.

주민이를 육아 조합에 보내야만 되겠다고 생각한 것은 내 꿈 때문이었다. 많은 세월이 흘렀음에도 불구하고 지금까지 내 꿈의 배경은 언제나 어렸을 때 뛰어 놀던 외갓집이다. 마을 앞으로 냇물이 흐르고, 마을 뒤로 산이 지키고 서 있는 곳. 그곳에 외갓집 마을이 내려앉아 있었다. 때로는 같이 놀던 친구들도 나오고 예쁘게만 봐주던 동네 아줌마 아저씨들, 자전거 타고 출퇴근하시던 할아버지, 수건 쓰고 밭일 하시던 할머니, 마을 안팎으로 졸졸 따라다니던 늙은 강아지 해피, 그리고 내 공포의 대상이었던 사나운 수탉까지. 내가 외갓집에서 보낸 시간은 길어야 한 3년을 넘지 않았을 텐데, 꿈속에서 "가만, 여기가 내가 어디서 본 곳이더라" 생각해 보면 그건 영락없이 바로 외갓집이었다.

내가 외갓집에서 살던 때가 바로 주민이 나이만 할 때였다. 문득 "주민이는 나중에 어떤 꿈을 꾸게 될까" 고민이 되기 시작했다. 엄마 손 잡고 슈퍼마켓, 은행, 백화점에 다니고 엄마 한 번 졸라서 꼬마 기차 한 번 타고 다시 킴스클럽에 가고. 생일날엔 장난감 가게에 가서 자동차 한 대 사고, 케이에프씨에 가서 치킨 먹고 떼를 부려서 아이스크림도 하나 먹고.

내가 주민에게 줄 수 있는 꿈은 그런 것들이 전부였다. 가끔은 동물원이나 놀이 동산도 가겠지. 차가 많아서 주차하느라 진 빼고 사람 많아서 어쩌다 부모 노릇 잘해 보겠다고 나온 것이 고작 사람 구경이고. 나이 들어서도 주민이가 간직할 수 있는 꿈이 그런 것뿐이라니. 그래도 당장은 내 일이 바쁘고 급해서 그럴 때마다 자동차 한 대 더 사주고 꼬마 기차 한 바퀴 더 태워 주고 스스로 위안을 삼았다. "그래, 나는 어렸을 때 갖고 싶은 것 한 번도 사달라는 소리 못 해보고 컸는데 너는 원하면 내가 언제든지 사주지 않느냐" 하면서.

주민이를 더 이상 집에서 키우기 힘들어진 건 주민이 동생을 갖게 되면서부터였다. 내가 학교 가는 날 주민이가 집에 있게 되면 아줌마가 주민이와 갓난아기를 한꺼번에 돌봐야 하는데 아무리 생각해도 좋은 방법이 아닌 것 같았다. 주민이는 날이 갈수록 활동력이 왕성해지고 친구를 찾게 되는데 동생 때문에 집안에만 있다면 아이가 무척 힘들 것만 같았다. 돌보는 엄마나 아줌마도 너무 힘들고. 그래서 주민이가 다닐 만한 곳을 찾아보기 시작했다…

바위 어린이집에 처음 가보던 날, 세상에 이런 곳도 있구나. 이런 이상한 동네에 어린이집이 있다니. 묘한 기분이었지만 머리 위에 하늘을 이고 있는 느낌이었다. 나에게 이런 호사가 있다니. 몇 번의 망설임이 있었지만 역시 주민이가 꾸게 될 꿈 때문에 포기할 수는 없었다.

감 따먹고 밤 까먹는 주민이를 볼 때마다 나는 내 어릴 적 외갓집으로 달려간 기분이다. 잊혀졌던 내 고향으로. 나는 요즈음에 외갓집에 거의 가지 않는다. 내가 이렇게 커버린 사실이 그곳에 가면 너무 낯설기 때문이다. 지금의 내 나이쯤이었던 아줌마 아저씨들은 어느새 할머니 할아버지가 되었고, 시집가서 아이까지 낳은 나를 더 이상 옛날의 어린 계집아이로 여겨 주지 않는다. 그런데 어린이집을 오가면서 나는 잠시 잠깐씩 외갓집에 온 기분이 든다. 일부러 차를 천천히 몰아가며 떨어진 감도 보고, 벌어진 밤송이도 보고, 고개 들어 하늘과 산도 본다. 아이들 키우느라 힘든 일은 잠시 잠깐의 호사로 즐겁기까지 하다. 주민이가 없었으면 이런 호사도 없었을 테니까.

어느 날 주민이가 무덤가에서 논다는 이야기를 들었다. 남의 무덤에서 놀아도 될까 하는 걱정과 함께. 외갓집에도 뒷동산에 무덤들이 있었다. "멧동"이라고 불렸는데 그곳은 누구의 묘인지 모르지만 우리들 놀이터 가운데 하나였다. 그런데 주민이도 무덤가에서 논다니. 무슨 계시가 아닐까? 이젠 주민이의 꿈에 대해 더 이상 내가 고민하지 않아도 될 것 같다.

— 「함께 크는 우리 아이」 1998년 10월호, "오며가며" 중에서

위의 예를 보면 아이의 유아기를 부모 자신의 유아기와 가능하면 밀착되게 하기 위해 부모는 실제로는 회귀할 수 없는 자신의 과거를 꿈과 기억을 통해 회복하고 있다. 여기서 부모가 체험하는 시간에 관한 직관 같은 것이 읽힌다. 바슐라르(1978)는 꿈을 통해 유년기라는 원형을 되살려 놓으면, 아버지의 힘, 어머니의 힘이라는 온갖 대원형들이 활동을 재개한다고 하였다.

부모가 아이를 키우면서 이 아이를 어떻게 키울 것인가에 대한 고민을 재생이 가능한 자신의 유아기적 기억으로 거슬러 올라가 그것과 연결시키고자 하는 의식, 무의식적 회귀는 단지 정신 작용으로만 끝나는 것이 아니고 자신의 과거의 삶을 비슷하게 제공해 주는 현재 삶의 공간 즉 아이의 터전을 드나들며 재경험하고 있다. 따라서 자신의 유아기와 아이의 유아기를 맞물려 놓은 삶의 형식이 가져다 주는 체험은 부모만이 갖는 독특한 시간 체험 구조이다. 어떤 부모는 어린이집을 드나들며 아이의 삶의 모습을 보면서 기억나지 않는 자신의 유아기적, 잊혀진 세월을 아이의 유아기를 통해 다시 사는 느낌이라고 이야기한다.

이처럼, 부모는 아이와 자신의 삶을 연결하는 데 자신의 과거와 아이의 현재를 밀착시킴으로써 자신의 현재를 구성하는 시간 체험 구조를 갖고 있다고 할 수 있다. 부모가 갖는 이러한 시간 체험 구조 속에서 각인되는 시간성이란 부모와 아이의 과거, 현재, 미래가 의미 있는 통합체로 구성될 가능성을 갖고 있다. 특히 과거와의 올바른 관계를 맺는다는 것은 과거의 삶을 현재의 삶 안에 끊임없이 의미 있게 변형시켜 집어넣는 것을 의미하는 것이라고 할 때, 부모가 자신의 유아기를 삶의 근원적인 형태로 끌어내어 아이와의 현재적 삶에 집어넣는 것은 과거와의 관계를 맺는 형식을 갖추게 한다.

인간이 살면서 과거와 미래와의 관계를 올바르게 맺는 데는 현재적 삶을 상실하고서는 불가능하다. 즉 과거, 현재, 미래라는 시간의 양태를 통합한다는 것은 현재라는 지점을 벗어나서는 어려운 것이다.

다음의 예에서는 부모가 현재라는 시점에서 자신과 아이 그리고 자신의 부모님의 변화를 동시에 연결하면서 시간을 반추하고 있는 것을 볼 수가 있다. 우리는 일상 생활을 영위해 가는 과정에서 시간에 관한 통찰을 하게 되는 사건에 종종 부딪치곤 하는데 시간을 관통하는 가족 관계가 이런 경우라고 할 수 있다.

외할머니 집에 가자고 노래를 부르더니 할머니 집에 가서는 잠도 많이 자고 별로 놀지도 못했다. 시간이 가는 것을 도훈, 유리의 변화된 모습을 보며 느낀다. 작년의 6월을 생각해 보면 으아~~끔찍! 화장실도 마음 놓고 못 가지 않았는가? 더 나아진 여건을 한걸음 성숙해지는 나의 모습을 찾도록 노력해야겠다. 몸만 더 편해지는 생활이 아니고 아이들을 보면서 인생 철학을 고민하게 된다. 나날이 인간으로서의 자리 매김을 위해 성장하는 아이들, 하루하루가 다르게 쇠약해 보이는 시아버지, 이런 시간의 흐름 속에 나의 모습은 어떻게 변화하고 있을까?

● 다음날, 교사의 답변

아이들 크는 것 보면 그 동안 나는 뭐했나 하는 생각이 듭니다. 하지만 하루하루를 보내며 갖는 느낌—그 느낌이 특별하지 않다 하더라도—그것들이 지금의 나를 만들어 가는 것이라는 것을 굳게 믿으며 웃 · 지 · 요…하루…

— 1996.6.2, 6.4 날적이 중에서

부모는 성장하는 아이들과 쇠잔해지는 시아버지 즉, 미래를 지향하는 아이와 과거를 회상하는 시아버지를 통해 시간의 흐름을 의식하며 거기에 비추어진 자신의 과거, 현재의 모습과 미래를 향한 변화에 대해 고민하고 있다. 이에 대한 교사와의 대화는 부모와 교사가 교호하는 삶에서 체험되는 시간 의식이다. 부모가 느끼는 시간 의식과 교사가 느끼는 시간 의식의 연결 고리는 역시 아이이다. 그래서 지금 현재가 얼마나 중요하고 지금 발을 딛고 사는 삶의 건강함이 곧 미래를 구성한다는 이야기 속에서 과거, 현재, 미래의 상호 침투성을 볼 수가 있다. 자신이 서 있는 자리인 현재 삶의 의미는 과거, 현재, 미래를 통합하는 데 중요성을 살려 준다.

부버(1977)는 모든 참된 삶은 만남이라고 하면서 현재란 단지 생각 속에서 그때그때 "지나가는" 시간을 고정시킨 종점으로서의 하나의 점이라든가, 또는 겉보기로만 고정시킨 경과를 가리키는 하나의 점 같은 것이 아니라 참되고 충만한 현재는 현전하는 것, 만남, 관계가 존재하는 한에서만 존재한다고 하였다. 이는 현재에 대한 의미화는 과거와 미래의 연결이 만남의 관계 속에서 구성될 때 충만한 현재가 된다는 것으로 관계 속에서 과거, 현재, 미래가 통합되는 것이라고 할 수 있다. 가정에서의 삶과 어린이집에서의 삶이 교류하면서 부모와 교사가 공감하는 시간 의식은 개별적으로 느끼는 것보다 현재 삶에 대한 성찰의 가능성을 확대해 준다.

볼노프는 과거와의 올바른 관계를 맺기 위해서는 과거를 끊임없이 현재 속에서 재구성하는 일이 중요하다고 하면서도 특히 미래에 대한 올바른 관계를 희망이라고 강조하고 희망을 통해 교육학적 의미를 부여하였다. 조용환(1997)은 교육의 속성을 설명하면서 "인간은 누구나 '향상'의 의지를 가지고 있고 이 향상의 의지는 과거—현재—미래의 시간적 흐름 속에서 과거보다 나은 현재, 현재보다 나은 미래를 소망하는 실존의 모색이다"라고 했다. 이렇게 볼 때, 교육에는 과거보다는 미래 지향적인 특성을 갖고 있다 할 수 있는데 어린이를 교육하는 교사에게는, 성장하는 아이를 통해 교사들만이 가질 수 있는 시간적 체험이 있다.

● **터전에서**

안녕? 유리야!

오늘도 유리의 허스키한 목소리를 듣는구나. 아직 너의 세계는 아주 작지만 네가 이 날적이를 읽을 수 있을 때 즈음이면 지금의 일은 까마득한 먼 옛날 이야기가 되겠구나. 그때 즈음이면 넌 무지무지 커 있겠지. 그때는 땡깡쟁이 유리가 어떻게 변해 있을까? 숙녀라고 새침부리고 있으면 내가 너 맨날 똥 싸고 코 묻히고 다닌 이야기해 주면 얼마나 재미있을까? 아직 넌 너의 존재나 이 세상에 대해 고민 같은 것은 할 수 없지만 지금은 신나게 놀고 먹고 싸는 것이 너에게 가장 중요한 일이지만 언젠가 너도 네가 앞으로 살아갈 세상을 느낄 수 있는 나이가 되겠지.

유리야, 넌 얼마나 희망이 넘치는 아이인지 모르겠지만, 어른들에겐 너의 모습이 얼마나 커다란 "용기"인지 모른단다. 유리야, 오늘은 중훈이를 자장자장 해주며 작은 손으로 토닥여 주는구나. 너보다 더 큰 중훈이를

재워 주겠다고 중훈이 옆에 쪼그리고 앉아 자장자장 해주는 모습이 귀엽
구나. 그리고 정말 많이 컸다. 이 모습 그대로 무럭무럭 자라거라.

1월 어느 날 땅콩이

— 1996.1.29 날적이 중에서

인간이 체험하는 시간은 동질적으로 수학화할 수 있는 시간 단위들의
총체가 아니라고 했다. 즉 시간을 객관화하기 어렵다는 말이다. 그래서
이렇게 아이의 성장을 부쩍 느끼는 날은 1월〇〇일이 아닌 "어느 날"로
시계와 달력이 알려 주는 객관적인 시간이 아닌 교사의 예민함만이 포착
하는 주관적인 시간이다. 이러한 시간적 체험은 아이들을 생각하고 그 아
이들이 어떻게 될지를 그려 보게 되는 교사의 교육적 체험이기도 하다.
교사는 부모와는 달리 아이와 자신을 밀착시키는 체험적인 실존의 양상
이 다르고, 인간의 교육 행위에는 미래적인 시간의 지평을 구성하는 특수
성이 있다. 부모는 아이를 매개로 자신의 과거로 회귀함과 동시에 그것을
아이의 현재와 미래로 연결하는 시간적 지평을 구성했다면 교사는 지금
성장하고 있는 아이의 미래에 대한 상상, 그리고 그 미래 시점에서 보는
현재의 과거화라는 상상을 그리면서 그 아이가 지금 현재라는 시점에서
주는 희망을 통해 시간적 경관을 구성하고 있다고 할 수 있다. 이는 아마
도 교육이 과거 지향적이기보다는 미래 지향적인 데서 오는 독특한 특성
이라고 할 수 있겠다.

한편, 아이를 키우고 교육하는 경험이 부모와 교사에게 과거, 현재, 미
래를 연속적으로 맞물리게 하는 시간 체험을 제공해 준다면, 이러한 체험
을 구체적인 삶 속에서 고찰하도록 해주는 공동육아의 문화적 장치가
"날적이"이다. 이 날적이는 시간적 지평을 구성하는 데 사진첩과 같은 매
개 기능을 한다. 지난날 사진첩을 들추어봄으로써 회상에 젖어듦과 동시
에 지금의 자신을 정리하고 반성하는 기회를 갖는 것과 같다. 사진이 자
신의 모습을 순간적인 현상으로 포착한 것이라면, 일상의 삶을 날적이에

쓰는 행위는 삶의 체험을 지속적으로 잡아주는 하나의 틀을 구성하는 것이다. 시간 의식의 원초적 연속성은 조각난 시간들의 모음이 아니라 경험된 것의 의미를 통합적으로 구성해야 하는 것이라고 할 때, 이는 반성적 성찰을 통해서이다. 자신의 삶에 대한 반성적 성찰은 지나간 삶에 대한 경험 세계를 재구성하는 것이며 이는 과거의 중요한 부분이 현재에도 지속되며 현재의 것에서 미래가 전개된다는 것을 의미하기도 한다. 이런 점에서 현재 순간의 삶에 대한 기록 날적이는 과거와 미래에로 이르는 통로이며 시간의 양 차원을 넘나들게 해줄 수 있는 하나의 장치이다.

다음은 원조 부모를 인터뷰할 때, 원조 아빠가 2년 전에 쓴 3박 4일간 부자의 귀향을 여덟 장에 빼곡이 쓴 내용이 아주 백미였다는 소감을 전하자 그 날적이를 자신도 또 한번 보자고 해서 일어난 상황이다.

원조 아빠__날적이가 어딨어?

원조 엄마__저 방에.

원조 아빠__저 방으로 가보자. 춘천 갔다온 거 그거 백미라고 했던 게 어떤지 봐야지 기억나지.

원조 엄마__나중에 봐.

원조 아빠__아니 내 생각이 있었을 테니까.

원조 엄마__나는 많이 봐서 다 기억해.

원조 아빠__내 생각이 있을 테니까 보자구.

나__지금 갔다 한 번 보시죠.

원조 아빠__(잠시 후 원조 엄마가 날적이를 갔다 주며 부부가 함께 날적이를 넘겨 본다) 이게 도토리 글씬가?

원조 엄마__다람쥐 아냐?

원조 아빠__다람쥐 이렇게 안 써.

원조 엄마__어, 싱글벙글이다.

원조 아빠__맞다.

원조 아빠가 고향 방문했던 그 부분을 읽고 있을 때

나_생각나세요?

원조 아빠_그럼요, 나는 이 모든 게 영상으로까지 남아 있는데요. 그때 나는 내 고향에 가서 원조와 내가 놀 때 어떤 차이가 나는지 보고 싶고 알고 싶은 목적도 있었어요.

나_차이가 나던가요?

원조 아빠_그럼요, 나는 과거 내 삶의 터전이었고 원조는 이방인이었는데요.

— 면담. 1998.10.20

고향이란 현재를 과거의 시간으로 채워 주는 근원적 공간이다. 그만큼 고향 방문이란 지나간 자기 삶에 대한 재방문이면서 아들과 함께 하는 귀향은 현재의 삶 속에서 과거를 재구성하는 독특한 시간 체험이다. 여기서 날적이는 그때의 고향 방문을 또다시 방문하는 기억의 장을 형성하면서 과거를 찾아 들어갈 때 기억을 생생하게 도와 영상의 파노라마를 펼칠 수 있게 도와주고 그때 자신의 생각이 무엇이었는지를 재방문하도록 해준다.

여기서 원조 아빠에게 영상으로 남아 있는 기억은 과거 그의 삶의 터전인 고향과 연관된 것으로, 자신의 존재에 자취를 남기고 있는 거의 잊혀진 경험과 같은 기억이다. 날적이는 들러붙어 있는 기억의 결을 세세히 드러내 주는 시각 언어로서, 다시 읽기를 통한 재방문의 반복이 가능하다는 점에서 과거를 회상하는 시간적 체험을 가능하게 한다. 과거의 사건을 거듭 떠올려 보는 것은 그때 내 생각은 무엇이었으며 지금은 무엇인가로서 바로 현재에서 과거에로 거듭 되돌아가 보고 그때마다 더 큰 깨달음을 얻는 과정에서 내면의 나선형적인 발전 양상을 창조해 내는 행위이다. 볼노프는 과거에 대한 몰두에서부터 언제나 현재를 위한 새로운 힘들이 성장하게 된다고 하였다. 그래서 과거는 현재의 삶이 가능하도록 지탱하여 주는 근거인 것이다. 지나간 삶의 경험과 기억은 현재의 삶에 영향을 미치며 현재는 또한 미래에 영향을 미친다. 그렇다면 지나가는 삶을 기록한다는 것은 단순히 과거를 남긴다는 의미만이 아니라 지금의 삶과 미래의 삶을 연결하는 것이다. 조금 더 시간이 지난 후 원조 아버지가 이 날적이를 다시 보게 되면 또다른 의미를 얻을 수도 있다. 이는 날적이를 통해 경험을 재방문할 때마다 달리 구성되는 의미의 생성성으로 날적이가 단순히 기억을 확인시키는 검증 자료가 아닌 현재적 삶의 재구성력 reconstructive power을 소유하고 있다고 할 수 있다.

공동육아 구성원들은 어린이집과 자연에서 이루어지는 삶 그리고 가정에서의 삶과의 교류 속에서 과거, 현재, 미래라는 시간적 양태들을 하나의 지각된 통일체로 지속적으로 경험하고 적응하고 있음을 알 수가 있다. 경험이 재구성되는 현재 속에는 과거의 기억과 미래에 대한 기대가 함께 통합되어 있다. 특히 현재의 삶의 모습을 기록하는 날적이가 이후에 아이들이 생생하게 그리워할 수 있는 고향이 되길 소원하는 희망에서 과거와의 관계를 통한 미래와의 올바른 관계를 볼 수 있다. 먼 훗날 날적이 속에서 아이가 자신을 만나면서 시간은 지속성을 드러낼 것이고, 그때에 아이에게 날적이는 자기 자신이면서 부모님이고 선생님이고 그리고 고향이 될 관계의 가능성을 갖고 있는 것이다.

시간과 관련해서 볼 때, 과거에 대해 스스로 성찰할 수 있는 능력과 미래에 대한 비전을 가질 수 있는 능력의 바탕 안에서 스스로에게 필요한 학습 욕구가 무엇인지를 끊임없이 재규정할 수 있는 학습의 장이 바람직한 교육 기관이라고 할 수 있다. 이런 점에서 볼 때, 공동육아 어린이집의 생활은 시간의 완만함과 연속성 안에서 삶이 지속성을 가질 가능성을 갖는다. 그리고 사회적 망각의 그늘 속[45]에서 사는 오늘날, 공동육아 부모와 교사들이 아이의 미래를 향해 궁극적인 희망을 기대하고 체험하는 과정 안에서 시간의 교육적인 의미를 발견할 수 있다.

관계의 교육적 의미 46)

인간은 태어나면서 이미 관계 속에 던져진 존재로서, 어떤 형태의 삶이든 타자와의 관계 속에서 살아간다. 이러한 관계적 삶 속에서 인간은 서로의 삶에 참여하고 간섭한다고 할 수 있다. 이렇게 체험되는 관계를 두고 선험적 주관성으로서의 상호 주관성이라고 한다. 결국, 나의 주체성이라는 것도 상호 주관성의 세계 위에서 형성된다. 인간 관계의 상호 주관적 세계란 생활 세계의 근원적 관계인 것이다.

인간 세계의 관계적 질서의 본질을 탐색한 부버(1977)의 만남의 사상은 실존주의의 단속성斷續性을 배경으로 형성된 것이다. 즉, 만남은 단속적이며 이러한 만남을 통해 사람은 비약적인 삶의 변화를 가져오게 되어 사람임 Menschsein의 존재에서 사람됨 Menschwerden의 존재로 변모하게 된다는 것이다. 그는 실존주의자들과는 달리 인간을 고립된 존재로 보지 않고, 인간은 항상 다른 인격과의 관계 속에서 사회적으로 실존한다고 보았다. 그는 인간 세계의 두 가지 근본적인 질서를 "나—너"의 관계와 "나—그것"의 관계로 파악하였다. 즉, "나—너"의 근원어에 바탕을 둔 참 대화가 이루어지는 인격 공동체와 "나—그것"의 근원어에 바탕을 둔 독백만이 이루어지는 집단적 사회가 그것이다. 근원어 "나—너"는 온 존재를 기울여서만 말할 수 있는 것으로 관계의 세계를 세우는 것이다. 그러나 근원어 "나—그것"은 결코 온 존재를 기울여서 말할 수 없으며 경험으로서의 세계인 것이다. 관계의 세계가 세워지는 세 개의 영역이 있는데 자연과 더불어 사는 삶, 인간과 더불어 사는 삶, 정신적 존재들geistige Wesenheiten과 더불어 사는 삶이다.

공동육아 구성원들이 소중하게 여기는 삶의 태도는 관계 맺음이다. 여기에는 자연과의 관계와 인간 관계 두 가지 차원이 있다. 구체적으로 자연과의 관계는 어린이들의 나들이를 통해 형성되며 인간 관계는 어린이집 생활을 중심으로 형성된다.

어린이집에서 이루어지는 나들이 활동은 자연에서의 직관의 세계와 상호 주관적인 문화 세계를 동시에 경험하는 활동이다. 어린이들은 자연이라는 확장된 세계와의 만남을 통해 확대된 관계를 맺는다. 그 만남은 어린이들의 끝없는 발산과 욕구의 표출과 침묵의 다이나믹한 교류 과정이다. 어린이들은 자연과의 관계를 심미적으로 표출하기도 한다. 자연에 놓여 있는 사물을 살아 있는 존재로 그리는 어린이들의 표현에서 어린이들이 자연과 맺는 관계를 알 수 있다. 자연은 인간의 "나-그것"의 관계 방식에도 언제나 온 존재를 기울이는 근원적인 세계이다. 그래서 인간으로 하여금 "나-너"의 관계를 맺도록 도와주는 큰 선생님이다. 그러나 인간 관계에서는 참으로 "나-너"의 관계란 어렵다. 교육에서의 참다운 인간 관계란 "나-그것"의 관계를 극복하고 "나-너"의 관계로 지향해야 하는 것이다. 이러한 관계는 하나의 인격과 다른 하나의 인격 사이의 관계이거나, 하나의 나와 하나의 너의 사이의 관계를 말한다. 공동육아는 부모와 교사들이 함께 아이를 기르는 참여 시스템으로 어린이, 교사, 부모가 주체와 객체가 아닌 주체와 주체로 결합될 관계의 가능성을 갖고 있다. 교육은 궁극에 가서는 이러한 관계의 상호성을 엄격하게 요구한다고 할 수 있다. 공동육아 구성원들이 사람들과 더불어 사는 삶의 관계 속에서 "나-그것"의 관계를 극복하고 "나-너"의 관계로 지향하려는 의지가 있다면 그것은 교육의 본래적인 의미를 구성하는 과정이고 모습이라고 할 수 있다.

공동육아 어린이집에서의 반말 문화는 아이와 교사 간의 진정한 대화의 가능성과 상호간에 자유롭고도 평등한 관계를 확보해 준다는 점에서 교사와 아이 간 상호 주관적인 관계의 토대를 구축할 수 있는 가능성이 있다. 이 상호 주관적인 관계의 토대란, 어린이집 현장을 중심으로 일어나는 공동체적 삶의 관계의 양상에서 "나-그것"의 관계로부터 "나-너"

로의 지향의 모습이라고 할 수 있으며 내가 남을 향하고 남이 나한테 향하는 체험을 할 수 있는 만남에서 발견할 수 있다. 이를 다음의 예를 통해 볼 수 있다.

> 오후 간식이 끝나고 2층 도글방을 올라가자 나를 본 싱글벙글이 약간 흥분된 목소리로, "복숭아, 내가 올라와 보니까 미경이가 하진이 똥을 닦아 주고 있는 거야. 이 변기가 인기는 인기야.[47] 애들이 어린이집에 와서 공동체 생활을 안 하고 집에서 자기만 컸더라면 똥 닦아 주는 모습을 보았겠어. 어떻게 친구 똥을 닦아 주겠다는 생각을 했는지, 또 친구를 믿고 엎드려 있는 모습이 참." (이때 싱글벙글의 표정은 아이들에게 홀딱 반한 표정이었다.)
> 　이때 밀가루 점토를 만지작거리며 우리 얘기를 듣고 있던 두 아이는 우리가 자기들을 대견스럽게 얘기하고 있음을 알았는지 아주 자랑스런 표정을 지으며 하진이가 "미경이가 나 똥 닦아 줬다"고 말한다. 그래서 내가 "미경아, 니가 하진이 똥 닦아 줬어?" 하니까 미경이도 "응" 하고 힘을 주어 대답한다.
>
> — 참여 관찰, 1999.4.17 [48]

타인의 똥 닦는 모습(어른이 닦아 주는 관계적 모습)을 직접 본 경험이 결국 어른이 없는 상황에서 친구의 똥을 닦아 주게 했다는 교사의 해석은 아이들이 타인과 맺는 지속적인 관계성을 의미한다. 이런 행위는 나와 타자를 살갖으로 느끼는 체험으로 이는 인간에게만 있을 수 있는 신체를 통한 체험적인 관계이기도 하다. 나에게도 아이의 똥을 닦아 주는 일은 특별한 느낌을 주는 일이다. 나는 20대 중반에 처음 그 경험을 했는데 느낌이 이상했지만 불쾌하지는 않았다. 그 이후 종종 그런 일을 할 때마다 내가 그 아이의 부모가 아니고 부모됨의 체험이 없음에도 불구하고, 그 순간만큼은 그 아이에 대한 애정이 생겨남을 느끼곤 한다. 위 사건은 하나의 작은 행위로 나타났지만 두 아이에게는 자신들의 존재를 상대에게 기울이는 결코 작지 않은 행위이다. 이러한 관계는 하나의 인격과 다른 하나의 인격 사이의 관계의 발로일 수 있다. 아이들 나름의 인격과 인격이 만나는 관계의 모습일 수 있다는 것이다. 그리고 어른들이 아이들의 얘기를 하면서 특히 교사가 아이들을 보는 시선에서 아이들은 자신들의 존재가 빛나고 있음을 느끼고 이 느낌은 그들의 충만한 낯빛과 반응에서 볼 수가 있다. 이러한 선생님의 눈빛 속에서 아이들은 자기 자신에 대한 가능성과 힘을 얻는다. 신체가 어떤 사람의 눈길의 대상이 될 때, 신체는 자연스러움을 잃거나 아니면 존재 양상에서 점차 고양되는 일이 있을 수 있다. 예를 들어 비판적인 눈길을 받게 되면 신체는 어색해질 수 있고 동작은 서투르게 보이는 반면에 감탄하는 눈길을 받게 되면 신체는 보통 때의 품위와 정상적인 능력을 능가한다(Sartre, 1956; van Manen, 1990에서 재인용). 이런 만남의 가치를 아동 현상학자인 랑게벨트는 육체의 "거울에 비친 鏡映的 만남 가치"라고 하였다. 다시 말하면 어린이는 신체 덕분에 단지 타인과 만나는 것만 아니라, 남의 눈에 비친 자신의 모습과도 만난다는 것이다. 교사와 아이들의 이런 만남은 예측하지 못한 단속적인 것으로 교사는 어린이를 새로운 차원의 시선으로 보게 되며, 자신과 아이들의 관계를 더 깊이 멀리 내다보게 한다. 그래서 아이들은 교사에게 특별한 의미를 차지한다. 교사가 존재를 기울여 나-너의 근원어를 말할 때 그 아이는 교사에게 온전한 의미를 전달하는 관계의 빛과 같다. 그래서 똥을 닦아준 친구, 친구를 믿고 엎드린 아이, 그리고 이 아이들을 기특하게 여기는 선생님 모두는 서로에게 작은 선생님이다. 이러한 상호 존재적 의미는 체험적 관계를 통해 만나고 교류되는 것이다.

교사와 어린이가 서로에게 선생님일 수 있는 것은 어린이와 교사가 삶 앞에서 동반자적 관계를 가질 수 있을 때이다. 그래서 자기 자신과 관계하는 동시에 타자와 관계하는 실존적 계기 속에서, 즉 자기 공명적인 관계에서 타인 공명적인 인격 대 인격의 만남 속에서 참다운 교육 작용이 이루어진다고 볼 수 있다. 하나의 인간, 하나의 인격체인 너를 만남으로

써 너는 나의 선생님이 되는 것이다. 이처럼 진정한 교사와 아이 관계는 나—너의 관계에서 나타난다.

> **나__**아이들 존재가 진달래한테 어떤 의미인가요?
>
> **진달래__**어떤 의미인가 하면 어떻게 대답해야 할지 잘 모르겠는데, 당실 방을 맡으면서 자기 생각을 많이 가지게 돼요. 아이들은 다 나를 대하는 방식도 틀리고 하루 삶의 모습도 틀리고. 그런데 내가 하루를 잘지내는 경우, 또는 엉망인 경우 그 원인을 생각해 보면 사실 아이들은 무관해요. 내가 원인인 거예요. 그런 내 원인의 한 절반쯤은 내가 나를 잘 모른다는 부분이고, 그 나머지는 아이들과의 관계에서 꼬인 생각을 내 스스로 풀지 못하는 거예요. 어떤 생각을 옹졸하게 하기 시작해서 그것 때문에 내 스스로 화가 나게 되는 거죠. 아이들은 내 삶의 그런 것을 깨닫게 해줘요. 아이들이 나를 가르치는 거죠. 아이들은 순간에 그런 거를 나한테 주고 가는 존재예요. 그것 때문에 항상 나는 놀라죠.
>
> — 면담, 1999.7.28

이 예는 부버가 말한 "관계는 상호성"이라는 맥락에서 이해가 선명해 진다. "내가 나의 '너'에게 영향을 주듯이 나의 '너'는 나에게 영향을 미친 다. 우리의 제자들이 우리를 가르쳐 주며 우리의 작품들이 우리를 세워 준다. '약한 자'라도 저 성스러운 근원어에 접하면 그의 진실을 드러내게 된다. 참으로 우리는 어린이들이나 동물들에게서도 배울 것이 있다! 우 리는 도도히 흐르는 '일체—상호성' 가운데 신비하게 포괄되어 살고 있는 것이다."

교사는 자기 존재에 대한 탐색을 자기 자신과의 관계 속으로 던져 넣음 으로써 자신의 불완전성을 드러낸다. 용기가 필요한 인격적이고도 실존 적인 관계는 언제나 자기 내부로부터 시작된다. 그러면서 자신에게 스스 로 주체로 설 수 있는 것이다. 교사가 아이들과의 관계에서 아이들을 객 체로 대상화시킬 때는 자기 자신도 관계에서 객체가 됨으로써 관계의 심원함을 상실하는 반면, 자신이 인격적인 주체가 될 때만이 비로소 타자와의 상호 주관적 관계가 성립된다고 볼 수 있다. 이런 인격적인 만남은 찰나의 가르침을 가져다주는 비약적인 만남이다.

이러한 단속적 만남은 우리의 삶에서 우연적이며 비연속적이다. 그러나 우리 삶의 관계적 모습에는 "나-그것"의 관계적 모습과 "나-너"의 관계적 모습 모두 존재한다. 다만 교육적 관계라면 또 인격적인 교사-어린이 관계라면 "나-그것"에서 "나-너"로의 변화하려는 의지가 있어야 한다. 하지만 인격적인 만남은 계획할 수도 그리고 만들 수도 없는 것이다. 이는 교사가 어린이의 삶에 직접적이고도 꾸밈없이 참여함으로써 그리고 이러한 참여에 대해 책임을 짐으로써 얻어진다고 하였다. 어찌 보면 "나-너"의 관계를 위해서 교사에게는 근원적이고도 본질적인 인간 관계를 엄격하게 요구한다고 할 수 있다.

그러나 교육 현장에서 이런 관계의 엄격함을 교사 혼자서 걸머지기에는 힘들고 버겁다. 이는 도덕적 순례자인 성직자의 고행스러움과 크게 다르지 않다. 그러나 동료 교사들과의 신뢰적인 관계 속에서라면 자신을 드러내는 용기와 타인을 받아들이는 포용으로 책임을 공유할 수 있다.

어린이집의 생활 속에 비추어지는 어린이와 교사의 관계에는 "나-그것"의 관계를 넘어서지 못해 서로가 힘들고 어려워하는 갈등의 관계도 있다. 이런 상황은 특히 교사들에게는 진정한 교사-아이 관계는 무엇이냐, 아이를 어떤 존재로 볼 것이냐 하는 본질적인 질문을 스스로에게 던지는 교육적 사안이 된다. 이런 경우 교사들은 부모와의 잦은 의사 소통과 함께 전체 교사 회의에서 문제를 제기하고 교사들간의 토의를 통해 일정 정도 문제를 해결한다. 여기서 문제가 해결된다 함이란 어떤 구체적인 방식을 아이한테 직접적으로 행사한다는 뜻이 아니라 교사들이 아이의 문제를 논의하고 고민하는 긴 시간 동안 아이가 변하는 것을 말한다.

다음에서 교사들의 고민이 논의되는 그 과정 자체가 어떻게 아이에게 영향을 미칠 수 있는지를 볼 수 있다.

우성이를 다루는 것이 오뚜기에게 대단히 부담이 되고 교사, 아이 모두가 스트레스를 받는다고 오뚜기가 전체 교사 긴회의에서 문제를 제기하였다. 교사와 아이와의 관계 개선을 위해 교사는 이런저런 방법을 동원해서 애써 보았지만 아이의 변화가 전혀 없으니 언제까지 이 관계를 지속해야 하는지 교사인 자신이 무기력함을 느낀다고 말하였다. 밥 안 먹고 교사의 통제권 밖에 있고 우발적이고 공격적인 아이의 행동을 교사가 어디까지 어떻게 감당해야 할지 모르겠다는 심정을 동료 교사들에게 토로하고 도움을 요청하였다.

아침햇살__우성이의 경우 따뜻하게 대해 주어야 한다고 생각한다. 내용은 엄하지만 그 방식이 강하면 안 된다고 본다.

호랑이(오뚜기와 공동 교사)__우성이가 사람을 힘들게 하는 것은 사실이다. 우성이의 경우 인내하고 기다려야 한다.

오뚜기__그게 언제까지냐. 나는 다른 아이들과의 관계에서도 공평해야 한다고 생각한다. 우성이만 언제나 특별히 대하면 다른 아이들에게 내가 요구하고 취하는 행동이 공평한가? 얘는 왜 그래야 하는가 하지 않겠나?

진달래__얜 왜 그래야 돼가 타당한 연령과 그렇지 않은 연령이 있다. 우성이 같은 경우는 그 아이의 특수성을 훨씬 더 고려해야 할 나이이지 공평을 고려할 연령은 아니다. 내 생각도 호랑이와 마찬가지로 기다려야 한다고 생각한다.

아침햇살__그러니 이 문제를 대하는 데 있어 오뚜기 자신을 너무 자책하지 말아라. 어쩌면 그런 것이 또 다른 스트레스가 되어 관계를 더욱 힘들게 할 수도 있다.

진달래__나는 우성이 문제가 오뚜기에게 이 정도로 심각한지는 모르고 지나다가 우성이가 일을 저질렀을 경우 혼냈다.

민들레__그것과 관련해서 우리 나머지 교사들도 우성이에게 일관성 있게 대할 필요가 있다. 누구는 따뜻하게 대하고 누구는 혼내면 더 어렵지 않은가?

아침햇살__그건 아니다. 오히려 따뜻하게 대해 주어야 한다고 생각한다…

아이들과 함께 놀고
교감하는 선생님

까마귀와 노는 아이들

호랑이__우성이의 습관은 한 번에 바뀌지 않는다. 그러니 변화가 없다고 오뚜기 자신을 자책하지 말고 대단한 인내가 필요하다. 아이는 표정으로 안다.

오뚜기__혼내는 것 타이르는 것 다 안 된다.

호랑이__혼낸다는 개념이 다른 것 같다.

싱글벙글__아닌 것은 아닌 것으로 분명히 말해 주어야 한다고 생각한다.

오뚜기__언제까지 우성이를 그래야 하느냐 역시 형평성에 있어 갈등을 느낀다.

아침햇살__나도 재연이의 경우 다른 아이보다 안기는 것을 훨씬 많이 요구하고 아시겠지만 유한이도 얼마 전까지 보통이 아니었지 않느냐. 나도 사람이기 때문에 어떨 때는 많이 받아 주기도 하고 엄할 때도 있고 짜증을 냈을 때도 있다. 그때그때마다 교사가 판단해야 할 선이 있는 것 같다.

오뚜기__판단하는 그 선이 어느 선이냐?

아침햇살__그건 결국 오뚜기가 판단해야 하는 거다.

민들레__오뚜기가 판단해서 하더라도 나머지 교사들은 우성이를 매일 보는 것도 아니기 때문에 일관되게 할 필요가 있다. 사실, 악역도 필요한 것 아닌가.

오뚜기__우성이가 문제를 일으켰을 때 얘기로 타이르려고 붙잡아도 붙들려 있지조차 않는다. 그래서 강하게 뭔가 해보고 안 되면 재수정해 보자는 것이다. 그런데 나만 그렇게 하고 다른 선생님은 안 그러면 뭐하나?

진달래__여기서 강하게가 서로 뜻이 다른데 나 같은 경우 옛날에 어린방 아이들 맡았을 때 말 안 들어서 벽에 서 있게 한 적이 있는데 지금 후회하고 있다. 내가 벌이라고 주지만 그 아이들은 벌로 인식하지 못한다. 그렇게 되면 내 감정이 올라가게 되고 내 스트레스가 많아지면서 오히려 아이들과도 문제가 더 생긴다고 생각하게 되었고 이후 그 일을 많이 반성했다.

호랑이__우성이가 문제를 발생시켰을 때 우성이에게는 감정의 상승이나 흥분을 보이지 않고 차분하고 침착하게 대해야 한다.

진달래__그렇게 하는 데는 연륜의 차이가 확실히 있는 것 같다.

민들레__우성이 개인 특성을 충분히 고려하더라도 우성이는 자기 잘못을 알고 있다고 생각한다. 그런데 그것을 다 좋게만 받아 주면 변화가 어렵지 않은가?

진달래__알고 있다기보다 우선 행동 먼저 하고 일 벌어진 다음에 생각이 든다고 보인다. 일이 벌어졌을 때 어떻게 하느냐?

민들레__물었을 경우 "호" 해주라고 하고 오뚜기도 절차는 다 한다. 그래도 안 되니까 오뚜기는 더욱더 강하게를 원하는 것이다.

호랑이__교사가 차분해야 한다.

오뚜기__친구를 때려서 내가 우성이를 잡으면 몸부림을 친다. 너무 심해서 나중에 하지 하고 우성이를 놓았다. 그리고 나중에 우성이 기분이 괜찮을 때 얘기를 하니 이미 잊어 버려서 소용이 없었다. 그럴 땐 어떻게 하나?

아침햇살__그럴 때는 우성이를 잡는 것보다 다친 애를 먼저 안아 주면서 약간의 과잉 표현으로 "얼마나 아프니, 많이 아프지"라고 위로하는 것이 우선이다. 아이를 키워 본 경험에서도 그랬다.

민들레__그것은 아이를 키워 본 경험이라기보다는 교사의 방식 차이 아닌가…

호랑이__오뚜기 우리 언젠가 얘기했지만 오뚜기 말투가 좀 억압적일 때가 있다.

진달래__나 역시 연륜도 짧고 아이를 낳아 키워 본 경험이 없어 아이들에게 그럴 때가 있다.

아침햇살__우리도(결혼을 해서 아이를 키워 본 경험을 가진 교사들을 지칭) 마찬가지다. 다만 좀 덜하다. 그러나 수시로 우리도 그런 갈등을 느낀다. 오뚜기는 상황을 너무 마음에 담아 두는 것 같다. 민들레하고 얘기를 많이 하는데 옆에 있는 우리들에게도 말해 달라.

민들레__그것은 아마 사실 터전에서 이야기할 시간도 제대로 없다. 그러니 나하고는 밤늦게라도 전화 통화가 가능해서일 거다.

호랑이__아이들 키워 봤지만 사실 우성이 같은 아이는 처음이다.

― 참여 관찰, 1998.9.26 교사 긴회의

　　교사는 전문화된 지식과 기술을 모든 어린이에게 공평하게 적용하는 보편적 윤리를 지켜야 된다는 전문가적 윤리감이 교사들의 직업적 의식의 한 부분을 이루고 있음을 알 수 있다. 그리고 이 윤리 의식에 근거한 똑같은 평등과 개별성 사이의 긴장은 아이를 키워 본 경험 및 삶의 연륜이 서로 다른 교사들의 합의 과정에서 다른 아이와의 공평성과는 별개로 한 아이를 독특한 존재로 보아야 한다는 결론으로 방향을 잡아 나가고 있다. 교사가 한 아이를 독특한 존재로 본다 함은 특별한 의미를 갖는다. 교사와 아이 간의 관계에서 교사로서의 애정과 윤리는 양으로 달아서 공평하게 똑같이 나누어 줄 수 있는 무엇이 아니다. 교사가 한 아이를 온전하게 볼 때 교사는 진정한 교사의 "눈"으로 아이를 볼 수 있으며 이런 눈길을 받는 아이는 자기가 또다른 한 사람에게 온전히 받아들여지는 "특별한 존재"라는 것을 몸으로 느끼며 의미있는 타자와의 관계를 체험하게 된다. 이런 체험적 관계에서 아이가 선생님에게 "특별한 존재"라고 느끼는 것은 아이의 성장과 배움에 교육적으로 중요하다고 할 수 있다.

부버는 이 세상의 모든 참된 관계가 개별화에 근거해 있다고 하였다. 개별화되어 있기 때문에 서로 다른 사람끼리 알게 되며 또 만나기도 하는 것이다. 동시에 개별화된 상태에서 우리는 상대를 완전히 알기도 어렵다. 이처럼 우리는 개별화로 인해 너가 나와는 다름을 알게 된다. 즉 타자성을 인정하게 된다. 그래서 교사는 아이들의 독자적인 타자성을 인정하며, 진리에 대한 자신의 관계를 아이들에게 강요하지 않는다고 한다. 이는 "나ー그것"의 관계에서 "나ー너"의 근원적 관계로의 전환이 요구되는 것으로, 거기에는 존재를 기울이는 과정이 있어야 하는 것으로 이 온 존재를 기울인다 함은 교사의 끊임없는 자기 반성에 다름 아니다.

교육학은 이 자기 반성을 통해 자기(부모, 교육자)와 타자(아이)를 인정하려고 한다. 다시 말해 자기 반성은 교육학이 타자에게 봉사하면서 자신에 관해 반성하는 방법이다. 여기서 "자기"와 "타자"는 좀더 깊은 의미를 지닌 기본 범주라고 했다. 이는 어떠한 조건도 개입되지 않는 나ー너의 심원한 관계를 말함이다.

지속적인 삶의 과정에서 생기는 갈등의 관계를 이해의 관계로 풀어나가려는 과정은 "나ー그것"의 관계에서 "나ー너"로의 관계로 나아가는 상호 주관적인 관계의 방향과 일치한다. 이러한 일상의 포괄적인 도야가 있는 곳에서 생기는 만남은 하나하나의 우연적인 만남을 넘어서 완전한 만남이 된다.

어린이집에서의 어린이들과 교사와의 만남이 일상의 포괄적인 도야가 있는 만남이라면 부모와 교사 사이의 만남은 "날적이"를 통해서도 이루어진다. 어린이, 교사, 부모의 관계는 양자가 아닌 삼자로서의 입체적인 구도를 갖고 있다. 교육의 장에서 교사와 부모가 맺는 관계의 본질은 삶의 체험 속에서, 가능한 한 아이에게 다가가려는 노력을 기울이는 관계적 만남이어야 한다. 그것을 서로 확인할 수 있는 날적이는 아이를 직접적으로도 만나고 상대의 눈을 통해서도 만남으로써 아이를 깊이 있게 이해하게 되는 상황을 제공한다. 아이와의 이러한 만남의 과정을 통해 부모와 교사는 자기 자신을 성찰적으로 만나면서 타자인 상대를 이해의 눈으로 만나는 상호 주관적인 "나―너"의 관계로 나아간다고 할 수 있다. 상호 주관적 관계는 서로의 생각과 의견을 주고받으며 상호 공감할 수 있는 두께가 있는 관계를 만들어 나가는 체험적인 관계를 말한다.

한편, 공동육아 부모들은 단순한 교육에의 참여자라기보다는 공동체적 삶 속에서 참다운 교육을 실현해 보려는 실천 의지를 갖고 있다. 그러나 그들이 체험하고 있는 공동체적 삶의 내막에는 집단성과 공동체성의 본질적 차이에서 오는 육아 공동체와 생활 공동체 사이에 벌어진 틈새가 있다.

이 틈새는 바로 부버가 근본적으로 집단collectivity과 공동체 community를 구분한 것으로 설명이 가능하다. 집단주의란 개인으로부터 책임감을 박탈하는 것이며, 인간 상호간에 결정적인 인간 관계를 상실한 채 병렬적으로 존재하는 별개적 개인들의 "꾸러미"라는 것이다. 따라서 집단 구성원들의 관계는 형식적일 뿐이며, 공동 과업이 요청될 때만 인간 관계가 존재한다. 따라서 이들의 결합은 실무적이다. 그리고 집단에서의 책임은 총체적이며, 공동 사업을 위하여 공동 사업의 이름하에 책임이 존재한다. 이런 식으로 집단은 그 구성원들로 하여금 인격적 책임으로부터 벗어나게 해준다.

이것이 바로 공동육아 구성원들이 두려워하는 현실이며 단순한 육아 공동체로만 존재할 때의 모습이다. 그래서 그들은 생활 공동체를 추구한다. 즉 자신들의 삶 속에서 진정한 공동체적 관계를 구축하려는 것이다. 그들이 지향하는 공동체적 관계의 모습을 마실이라고 표현할 수 있는데 마실의 관계적 모습은 부버가 설명하는 공동체적 인간 관계의 모습에 다가가려는 노력의 한 형태이다.

공동체는 인간과 더불어 존재하는 인간 관계를 근본으로 하는데 여기에서의 각 개인은 병렬적이지 않고 각각 독립되어 있다. 이들은 공동의 목표를 추구하지만, 이것이 공동체의 주요 관심사는 아니며 또한 개인의 인격적 책임을 면제시켜 주지도 않는다. 공동체의 구성원들간에는 공감적인 친화력sympathetic affinity이 면면이 흐른다. 부버는 진정한 공동체가 두 가지 사실로 성립된다고 보았다. 즉, 사람들이 우선 하나의 살아 있는 중심적 존재living center와 살아 있는 상호 관계를 맺은 후에 그 사람들끼리 서로 살아 있는 상호 관계를 맺음으로써 진정한 공동체가 성립된다는 것이다. 따라서 인간의 공동 생활의 조직은 그 조직의 각 부분까지 침투하고 있는 관계를 맺는 힘이 충만한 데서 그 생명을 얻는다. 다시 말해 공동체의 생명력은 "나—너"의 관계가 충만할수록 강해진다는 것이다.

공동육아 구성원들은 자신들의 삶의 터전 마을 안에서 마실을 통해 상호 친화력을 생성하고 오고가는 정을 나눈다. 그리고 타인과 나누는 삶 속에서 삶의 깨달음을 발견한다. 그러나 공동육아 구성원들이 이러한 마실 문화를 형성하는 데 끊임없이 갈등과 어려움을 던져 주는 내면적 조건에는 개인주의와 공동체적인 삶의 방식 간의 갈등이 자리잡고 있다. 그리고 이 갈등이 마실의 언저리에 남아 있어서 부모들은 아직은 이 두 가지 방식의 상호 결합을 위한 의식적인 노력의 과정에 있다고 할 수 있다.

개인주의적인 것과 공동체적인 것의 결합에 대해 부버는 더욱더 명료하게 대안을 제시한다. 그는 개인주의와 집단주의를 모두 부정한다. 개인주의는 전체적 인간의 한 일면만을 보는 데 국한되어 있는 반면에, 집단주의는 인간을 단지 더 큰 실체의 한 부분으로 생각하기 때문에 이 둘 다 인간의 전체성을 제대로 파악하지 못하고 있다. 따라서 부버는 "개인주의는 인간을 단지 그 자신과 관련하여 인식하며, 집단주의는 그와 반대로 인간을 단지 사회와 관련하여 인식한다. 전자는 인간의 이미지를 곡해하고 있으며, 후자는 인간의 이미지를 감추고 있다"고 논한다. 개인주의와 집단주의 모두를 거부했던 부버가 제시한 진정한 대안은 "사이 between" 이다. "사이" 속에서의 인간은 그 자신의 자아 속에서 그 자신을 격리시키지도 않으며 그 자신을 집단 속으로 던져 넣지도 않는다. 인간이 그 자신과의 만남이 가능한 것은 단지 개인적 인간으로서 그의 동료들과의 만남이 있을 때라고 한다. 개인이 타인의 타자성을 인정하면서 타인을 인격체, 인간적 존재로서 인식하고 그 같은 인식의 결과가 그에게 영향을 미쳤을 때 비로소 그는 고립적 장벽을 돌파할 수 있게 된다. 인간 실존의 기본 사실은 인간이 인간과 더불어 실존한다는 데서 발견된다는 것이다. 따라서 그가 제안한 사이의 대안은 "나-너" 관계에 근원을 둔 진정한 인간 공동체를 의미하는 것이다.

공동육아 구성원들이 생활 공동체를 형성하려는 데 어려웠던 내면적 갈등에는 부버가 말한 개인주의적 삶과 집단주의적 삶의 형태를 상호 배제적으로 선택하려는 것이 원인으로 작용하였다. 그러나 삶의 정서를 나누는 디딜 언덕, 마실을 통해 이 둘의 삶의 방식을 통합적으로 결합하려는 점진적인 노력은 부버의 "사이"의 방법과 일맥 상통하는 점이 있다.

공동육아에서의 공동체적 체험의 의미는 부모와 교사가 공동으로 아이를 키우고 아이 또한 그것을 자연스럽게 신뢰하게 되는 관계 속에서 서로에게 소중한 인연을 만들어 가고자 함이며 이는 공동육아라는 교육 공동체가 다다르고자 하는 관계적 지향이라고 할 수 있다. 그리고 이런 관계성에서의 교육적인 만남은 사람됨의 변화를 가져온다. 이는 어린이, 교사, 부모 모두의 변화이다. 이 세 주체가 더불어 변화하고 성장할 수 있는 공동육아의 관계적 체험은 '나-그것'의 관계를 극복하고 "나-너"의 관계를 지향한다는 점에서 교육의 본래적인 의미를 구성할 가능성이 있다.

공동육아의 오늘과 내일

공동육아의 오늘과 내일을 조망하는 일은 내게 과분한 일일 수도 있다. 하지만, 이 책을 마무리하는 시점에서 이 문제를 에둘러 갈 수는 없다. 그런 만큼 이 내용은 나의 주관적인 생각이라는 테두리 내에서 이해되길 바란다.

공동육아는 현재 양적으로 확장되어 가고 있다. 이 공동육아의 확장의 의미를 사회와의 관계 안에서 냉철하게 생각해 볼 필요가 있다. 양적인 팽창이란 어린이집이 빠른 속도로 늘어가고 있으며, 공동육아에 대한 이미지가 사회적으로 확산되어 가고 있음을 말한다. 그런데, 이러한 가시적인 측면이 곧 공동육아의 질적인 발전을 의미하지는 않는다. 공동육아 구성원들은 예상보다 훨씬 빠른 양적인 팽창 속도 때문에 당황하는 한편, 이러한 사회의 요구에 응하지 않을 수도 없다. 즉 사회적 요구는 현재는 공동육아가 불완전하기는 하지만 같이 가야 한다는 주장인 셈이다. 이는 우리 사회에 건강한 유아 교육을 실현할 다른 대안이 없음을 반증하는 것이다.

공동육아에 더 많은 실험과 경험이 필요하다는 사실은 공동육아 구성원들 스스로가 잘 알 것이다. 하지만 공동육아 만 6년 간의 세월에 비하면 그 소득을 폄하해서는 안 된다. 그 소득은 단순한 매스컴의 덕이 아니라 쓰디쓴 경험의 소산이다. 이 힘든 경험의 과정에는 공동육아의 한계에 절망하여 구성원들끼리 갈등하고 떠나는 극한 상황도 있었고, 그래도 같이 부대끼면서 문제를 극복하고 새로운 시도를 한다는 자긍심과 연대감, 더불어 사는 데서 오는 일상의 작은 행복도 있었다. 다시 말해 희로애락이 교차되는 삶의 과정이 공동육아를 모색하는 과정에 그대로 드러났다고 할 수 있다. 이러한 복잡한 과정을 평면적으로 파악했을 때는 공동육아에 대해 지나치게 낭만적으로 보거나 부정적으로만 보는 오해가 생길 수도 있다. 사실 공동육아에는 오해를 떨치기 어려운 구조적인 측면도 있다. 계층의 문제, 교육에 대한 질적인 논의가 여기에 해당된다. 나는 여기서 공동육아에 대한 가장 일반적인 오해를 언급하는 과정에서 자연스레 공동육아의 현재를 진단하고, 앞으로의 방향성에 대한 개인적인 생각을 덧붙이고자 한다.

중산층의 또다른 과외 유아 교육인가?

공동육아 그거 따지고 보면 좀 산다 하는 사람들이 제 자식들 잘 키우자는 거 아냐? 이것이 바로 공동육아에 쏟아지는 대표적인 의심의 시선이다. 표면적으로 보았을 경우, 그럴 것도 같다. 우선 조합 가입비가 꼬마를 교육하는 데 드는 비용으로는 너무 크다. 또한 월 보육료가 다른 보육 또는 유아 교육 기관의 교육비에 비해 비싸다. 절대적 비교를 했을 때 이런 지적은 틀리지 않다. 어린이집 전세 비용 및 기본 시설 투자비로 사용되는 공동육아 조합 가입비는 지역에 따라 가구당 1백만 원에서부터

500~600만 원 정도에 이르기까지 편차가 크다. 예를 들어 서울 및 수도권 지역에서는 약 25가구 30~40여 명의 어린이들이 교육받을 수 있는 공간을 전세로 마련하자면 가구당 이런 비용이 든다. 이때의 조합 가입비는 탈퇴할 때 반환받는다. 그 다음으로 월 보육료를 보자. 이 보육료의 대부분은 교사 인건비와 식품 구입비, 운영비로 지출된다. 특히 공동육아는 교사 한 명이 맡는 어린이의 수를 국가가 제시한 비율보다 낮게 조정하기 때문에 인건비 지출이 높다. 또한 가능한 유기 농산물로 어린이들의 식사와 간식을 만들어 먹이기 때문에 식품 지출비도 높다.

아이러니하게도 각 가정의 지출은 높지만 어린이집은 언제나 가난하고 재정 위기에 시달린다. 그래서 공동육아 어린이집은 유치원처럼 화려하기는커녕 오히려 소박하다 못해 남루한 곳도 있다. 또 교육 공간을 전세로 얻기 때문에 2년마다 공간을 이동해야 하는 불안감을 안고 있다. 이런 재정적 모순에도 불구하고 이들은 왜 이 일을 하는 걸까? 그것은 운영과 교육에서 그만큼의 반대 급부가 주어지기 때문이다. 교사 인건비는 조합원들의 지출 한도 내에서 비교적 합당하게 지출되며, 투명한 자치 운영, 자율적인 교육 실험 등이 그러한 모순을 상쇄하는 것이다. 이러한 교육 자치를 시민의 자발적 힘으로 운영하기 위해서 우리 사회에서 선택할 수 있었던 유일한 방법은 협동 조합을 통한 출자 방식이었던 것이다.

우리 나라의 유아 교육 및 보육 기관은 민간 또는 국·공립 체제로 이루어져 있고, 취원 비율로 보면 민간 부문이 훨씬 많다. 사립의 경우, 유치원 공간과 기본 설비를 개인이 하고 그 운영은 어린이의 교육비를 통해 이루어진다고 할 수 있다. 국가적 지원이 없는 상태에서 적자 운영이 되지 않으려면 "어린이 1인당 교육비×어린이의 수"로 운영 상태가 조정된다고 할 수 있다. 자본주의 사회에서 적자가 나는 사업은 유지 발전되기 어렵다. 아무리 교육적인 목적을 가진 것이라 할지라도 예외일 수는 없다. 여기에 우리 교육의 자본적 논리에 따른 영리화의 근본적인 문제가 있는 것이다. 국·공립 체제는 시설비, 교사 인건비를 정부가 제공하기에 사립에 비해 교육비가 저렴하기는 하나, 통제의 문제가 남는다. 국가나 개인이 교육의 행정적·재정적 주도권을 가졌을 때, 교육에 관한 학부모의 자발적 참여는 그만큼 제한적일 수밖에 없다. 경우에 따라 학부모의 참여를 교육 기관이 유도하더라도, 그 효과는 참으로 낮다. 이미 교육 전반에 대한 주도권이 학부모 손을 떠났을 때 형성되는 소외와 참여하지 않을수록 편하고 좋다는 기능적인 분위기 자체가 참여를 가로막고 있기 때문이다.

공동육아 부모들은 그 비싼 돈을 내고도 보통의 유치원 학부모에 비해 엄청난 정신적·육체적 노동을 감당해야만 한다. 부모는 어린이집의 중요한 운영 주체이기 때문이다. 참여하지 않는 부모는 공동육아에 적응하기가 어렵다. 참여 민주주의 원리로 어린이집 하나 운영하는 것이 보통 힘든 일이 아니다. 왜 이 부모들은 시쳇말로 돈 쓰고 몸 쓰는 밑지는 장사를 해야만 하는가? 그런 점에서 공동육아는 결코 어린이만 교육을 잘 받게 하려고 하는 것이 아니다. 즉, 공동육아는 어린이의 교육에 대한 참여를 통해 부모의 삶의 방식 변화까지를 유도하고 전망하는 것이다. 따라서 여기서 돈은 투자의 수단이라기보다는 참여의 방식 중의 필수적인 한 가지에 불과할 따름이다. 돈의 참여는 그래도 간단한 편이다. 조합비를 냄으로써 시작되는 조합원으로서의 참여 활동은 더욱 복잡하고 힘들다. 어떤 경우에는 대단한 심적 고통도 따른다. 어린이들보다 어른들이 조화롭게 어울려 공동체적으로 살기가 더 어렵기 때문이다. 따라서 이들이 이러한 어려움을 감당하고 지속하는 데는 공동육아야말로 가치로운 교육을 실천할 수 있는 대안이라는 믿음이 요청될 수밖에 없다. 그 믿음 가운데 자기 삶의 긍정적인 변화를 꾀하고 어린이가 밝고 건강하게 자란다는 확신과 여럿이 함께 같이 간다는 위안이 깃들어 있다.

조기 교육의 열풍과 특수 계층의 교육 과소비를 비판하는 까닭은 사회를 경쟁의 구도로 파악하기 때문이다. 이에 따라 아이는 어려서부터 경쟁력을 갖춘 지식 전사로 키워지고 사교육의 시장 논리와 이에 부응하는 부모의 과욕, 이로부터 발생되는 계층간 불화, 계급 재생산의 논리는 더욱 공고해진다. 따라서 대학을 가야만 하는 우리 교육 사회의 현실을 전제한다면, 모든 책임을 부모들에게만 전가하는 것은 한계가 있다. 오히려 이런 현실 속에서 자식을 대학에 보내고자 하는 열망은 모든 계층의 부모들의 신념이 되었다고 해도 과언이 아니다.

공동육아는 사교육 시장에 얽매인 자녀 양육과 교육의 문제를 부모 개별적으로 해결해야 하는 고립된 방식을 지양하는 것이다. 즉 이런 잘못된 교육 사회적 풍토를 바꿀 수 있는 대안을 여럿이 함께 찾고자 만들어진 것이다. 이런 점에서 볼 때, 공동육아는 중산층의 과외 조기 교육 현상과는 이념, 실천적인 면에서 분명히 구분된다고 할 수 있다.

그럼에도 공동육아 구성원들의 건강성이 사회로 환원되기 위해서는 그 자신들이 앞으로 더 확대된 노력을 기울여야 한다는 점은 분명하다. 그나마 이렇게라도 할 수 있는 공동육아 부모들은 우리 사회에서 혜택받은 집단이라는 점을 부인하기는 어렵다. 이 점을 공동육아에서는 공공성 확보를 통한 사회적 공동육아라고 한다. 이 점에 대해 정병호 교수는 다음과 같이 말하고 있다.

공동육아 운동은 공동체적 삶의 영역을 이 사회 안에서 넓혀 나가는 일이다. 공동육아 운동은 사회의 새로운 구성원으로서 삶을 시작하는 아이들과 가족이란 사회적 단위로서 새로운 삶을 시작하는 젊은 부모들이 그 출발점에서부터 공동체적인 삶의 방식을 경험하고 내면화하여 장기적이고 점진적이긴 하지만 그들의 사회적 성장과 함께 본질적인 사회 문화 변화를 이끌어 내기를 바라는 운동이다.

좁은 의미의 "우리"끼리 "우리들의 아이"만 돌보는 움직임이 될 때에는 계층적으로 분할된 소집단 운동이 되고 말 위험이 있다. 이는 곧 스스로 좁은 구역을 만들어 몇몇 당사자만의 영세하고도 한시적인 생존 전략이 되어버릴 것이다. 무엇보다 먼저 필요한 것은 거시적 사회 운동으로서의 자기 인식과 공공성의 확보이다. 처음부터 지금 아이들뿐만 아니라 다음 아이들을 위한 경험을 축적하는 노력과 함께 주변의 아이들에게 문호를 개방하고, 다른 지역, 다른 계층의 자구적인 노력과 연대하여 서로 지원하는 일이 필요하다.

이와 같은 노력의 일환으로 공동육아연구원에서는 해송 어린이집을 비롯한 네 군데 빈민 지역의 방과후 학교를 교육 네트워크로 묶어 지원하고 있다. 대표적으로 교사 교육, 교육 프로그램, 재정 지원을 꼽을 수 있다. 그러나 이런 노력은 공동육아연구원 차원에서만이 아니라 각 어린이집의 공동육아 구성원들의 일상성 안에서 좀더 구체적으로 이루어져야 할 필요가 있다. 개별 어린이집 운영에 빠지다 보면 내 아이, 우리 어린이집 이상을 보기가 어렵다. 따라서 공동육아 구성원들은 늘 자신의 시선을 멀리 두고자 하는 긴장을 놓지 말아야 한다. 그럴 때 사회도 공동육아의 건강성을 의심 없이 확신하고 지지해 줄 것이다.

공동육아 교육은 과연 바람직한가?

공동육아에서 이루어지고 있는 교육의 특성을 요약하면, 생태적이고 체험적이며 통합적이고 관계적이라고 말할 수 있다. 자연과의 접촉과 친화를 염두에 둔 교육 활동 나들이, 오감과 자기 몸을 직접 사용하게 하는 자발적 놀이, 다양한 표현 활동, 사회·문화적 경험을 통해 사물과 세상에 대한 지식을 익히는 학습 활동, 연령과 공간과 교육 활동의 유기적인 통합, 아이들간의 관계, 교사—어린이의 관계, 교사들의 관계, 교사와 부모들의 관계, 부모들의 관계를 가능한 한 긴밀하고 협력적으로 만들기 위한 작은 학교의 이미지가 이런 것들에 해당된다. 어찌 보면 낯설 수도 있다. 평소 듣도 보도 못한 것들이어서 생소한 것이 아니라, 우리 모두 지향하지만 사회에서 이루어지고 있는 교육 실제와 달라서 낯선 것이다. 그래서 공동육아 구성원들은 가끔씩 자신들의 생활이나 활동에 대해 섬에 떠 있는 느낌을 받는다고 한다. 또한 공동육아를 통해 성장하더라도 결국 사회로 나가 경쟁적이고 이질적인 사회 문화와 맞대면해야 할 터인데 과연 아이들이 적응하겠는가 하는 의심이 들기도 한다. 조기 과외 교육을 특별히 하지 않는 공동육아 부모들에게는 늘 아이들을 잘못 교육하고 있는 것이 아닌지에 대한 잠재적 불안도 있다. 그것은 공동육아 부모라 하더라도 이 땅에 사는 한 대한민국의 부모를 완벽하게 부정할 수 없는 까닭인 것이다. 그들의 불안은 충분히 이해할 수 있다. 투자한 만큼 뽑는다는 자본주의적 신화, 신화는 그것을 거부하는 사람에게는 불안을 주게 마련이다. 그래서 신화에 자신을 덧대면 안심할 수 있게 된다. 자녀의 미래의 인생을 상대로 이러한 신화를 거부하고 다수로부터 소수가 된다는 불안이 얼마나 크겠는가? 따라서 이러한 불안은 일시에 없어질 수 없다. 그래서 공동육아 안에도 이로 인한 불안이 문제점으로 툭툭 불거지곤 한다. 특히 아이가 점점 커서 초등학교에 입학하기 직전에 심각해지고, 학교 교육과 일직선에 놓인 방과후에서는 특기 교육 논쟁이 늘 있게 마련이다. 하지만, 특기 교육을 왜 안 해야 되는지, 한다면 어떻게 하는 것이 바람직한지를 둘러싼 논쟁이 공동육아 정신을 변질시킨다고 보지는 않는다. 공동육아의 원리는 불변의 법칙이 아니고 구성원들의 협의에 의해 언제든지 조정 가능해야 하는 것이다. 다만 절차적인 민주주의 원리에 충실하다면 말이다. 문제는 변화 자체가 아니라 절차를 무시한 결정 과정이다. 이것이 오히려 공동육아의 정신을 변질시킨다고 할 수 있다. 아직 공동육아 구성원들의 의사 소통 구조와 능력은 미숙한 편이고 이로 인해 많은 문제점들이 발생한다는 것이 공동육아의 자체 진단이기도 하다. 이런 점에서 변질의 우려가 전혀 없는 것도 아니지만, 중요한 것은 이런 문제점들을 감추기보다는 드러내어 진단을 하고 새로운 방안을 끊임없이 찾아가는 공동체적 노력이다.

나는 일반 유치원 교사, 원장, 보육 교사, 공립 유치원 교사들을 이런 저런 일로 비교적 많이 만나는 편이다. 그들은 그들 나름의 고충을 안고 살아간다. 우리 사회 전체가 유아 교육 또는 보육, 더 크게는 어린이의 세계를 귀하게 여기지도 존중하지도 않기 때문이다. 그럼에도 현장의 교사들은 더 나은 교육을 위한 열정과 의지를 가지고 있다. 이들의 열정이 교육 시스템의 한계로 인해 벽에 부딪치는 것을 볼 때마다 나는 속으로 공동육아를 떠올리게 된다. 공동육아는 인간의 열정과 그것을 받쳐줄 수 있는 지원 체계가 같이 가기 때문이다. 그 점 때문에 공동육아의 교육적 변화는 총체적이고, 유연하고 신속한 편이다. 교육적 변화를 꾀하는 데 교사들의 소명만 부르짖기에는 정말 한계가 있음을 느낀다.

결론적으로 말해, 공동육아 교육의 질은 타 교육과 비교를 통한 상대적 우위나 열등으로 나타나는 것이 아니다. 그럴 수 없는 것이 교육의 본질적 특성이다. 교육은 변화하는 과정 자체이기 때문이다. 공동육아 교육의 의미는 우리 아이가 얼마나 똑똑해지느냐에 있지 않고 건강하게 남과 더불어 잘살 수 있는가에 있다. 그리고 부모가 자본주의 신화에 아이의 인생을 걸지 않고 어렵지만 뜻을 같이 하는 사람들과 주어진 현실 안에서 문제의 매듭을 그때 그때 하나씩 풀어 가는 데 있다. 그래서 미래를 위해 지금을 희생하는 것이 아니라 현재를 성실하고 행복하게 살려고 노력하는 모습에 공동육아 교육의 가능성이 있다고 할 수 있다.

공동육아는 앞으로 어떤 방향으로 나아가야 하는가?

이 점을 논의하기에 나의 능력은 한없이 부족하다. 그럼에도 나름의 견해를 제시하는 것은 이를 계기로 앞으로 누군가가 이 부족함을 채워 주길 바라기 때문이다. 공동육아는 크게 교육 운동체, 새로운 교육 형태의 모델, 교육 공동체라는 세 가지 차원에서 그 정체성을 논의해 볼 수 있다. 교육 운동체라면 제도 권력의 문제점을 사회에 고발하고 교육의 제 주도권을 합법적으로 획득하는 일을 말한다. 제도 바깥에서 제도 권력에 대항하여 적극적으로 실천하는 성격이라 할 수 있다. 새로운 교육 형태의 모델은 우리 사회의 일반적인 교육의 형태를 벗어나, 교육 철학이나 실제를 새로운 시각으로 실천해서 사회에 하나의 전형을 제시하는 성격이라고 할 수 있으며, 교육 공동체란 부분 공동 사회라고 할 수 있는 두레마을, 풀무학교, 간디학교나 도시 전체가 생산과 소비를 함께 하는 스페인의 몬드라곤의 교육 기관과 어린이 공화국인 벤포스타 같은 것이다. 공동육아는 이 세 형태에 조금씩 다 걸쳐 있다. 따라서 공동육아의 정체성은 아직 결정되지 않았다고 할 수 있으며, 그것을 발현시킬 가능성이 남아 있다고도 볼 수 있다.

지금까지 공동육아의 경험을 근거로 파악한다면, 공동육아는 새로운 교육 형태의 모델을 중심축으로 설정하면서 사안에 따라 나머지 두 가지가 유기적으로 접합될 수 있을 것이다. 왜 새로운 교육 형태의 모델을 중심축에 놓는가 하면, 그것이 수용할 수 있는 사회적 포괄성 때문이다. 우리 사회는 연동적이라기보다는 경직된 사회이다. 특히 교육은 비교적 보수적 영역에 해당된다. 공동육아가 대안 교육의 한 형태에 해당되지만 제도권에 대하여 자유로울 수 있었던 이유는 초등 교육 이상의 공교육 시스템과는 상대적으로, 자율적인 유아 교육 영역이었기 때문이다. 그런 상황에서 공동육아의 실험은 이제 나름의 경험을 역사적으로 축적한 하나의 교육 사회 단위가 되었다. 이 결과를 단지 공동육아가 독자적 단위로 성취한 것으로 보기보다는 우리 사회와의 관계 속에서 얻은 것으로 보는 시각이 필요하다. 우리가 성장하게 된 데는 사회의 부정적인 면, 또 음으로 양으로 우리를 지원하는 잠복된 사회적 힘이 도움을 주었기 때문이다. 따라서 공동육아는 바깥 사회를 부정하기보다는 포용하는 것이 필요하고 그러기 위해서는 새로운 교육 형태의 모델이 효과적이라는 것이다.

김희동 선생은 한국의 대안 교육 형태를 크게, 제도 밖, 제도 곁, 제도 안으로 구분했고 한 연구는 공동육아를 제도 곁으로 분류한 바 있다. 공동육아와 같은 시스템은 제도 곁이 적절하다고 나 역시 동의한다. 그렇지만 초등학교의 방과후 공동육아가 확대되면서 대안 초등학교와 같은 문제가 제기되기도 하는데, 여기에는 공교육과의 관계 설정 문제가 가로 놓여 있으므로 아무래도 교육 운동체적인 성격이 개입될 개연성이 있다. 그렇다 하더라도 직선적인 교육 운동 목소리를 내기보다는, 조심스럽게 준비된 새로운 교육 형태의 내용을 함께 제시할 수 있을 때 사회적 설득력이 크다고 할 것이다.

마지막으로 교육 공동체의 가능성을 살펴보도록 하자. 역사가 깊은 공동육아 어린이집에서는 조합 출자금의 상당 부분을 탈퇴할 때 어린이집 기금으로 기부해서 어린이집을 구입한다거나, 어린이집 조합원들이 함께 살 공동 주택 사업을 논의 또는 실제화시키는 단계에까지 들어섰다. 이 정도 되면, 공동육아의 공동체성이 점점 성숙되어 가고 있다고 할 수 있다. 생활 공동체의 응집력으로 총체적인 교육 공동체를 형성할 수 있기 때문에 공동체성의 실현을 생활화한다는 점에서 볼 때 발전적이라고 평가할 수 있다. 그러나 고도의 산업 사회인 오늘날, 모든 어린이집이 이 단계로 들어가기는 어렵다. 공동육아는 아이들이 자라기에 바람직한 삶의 터전을 만들기 위하여 가치와 의미를 교류하고 조정하는 공동체라는 것이 교육 공동체로서의 공동육아에 대한 현실적 판단이다. 다시 말해 공동체의 의미를 자신들의 삶의 조건에 맞게 재형성해 나가는 실현태라고 보는 것이 현재의 공동육아의 공동체성을 적절히 표현하는 것일 것 같다.

결론적으로 말하면, 이 시점에서 공동육아의 정체성은 새로운 교육 형태의 모델을 사회에 폭넓게 제시하면서 교육 운동과 교육 공동체로서의 성격을 부분적으로 결합하는 형태로 방향을 잡아나가야 할 것이다. 다음과 같은 부드러운 꿈 얘기는 그 어떤 보수적인 사람도 고개를 끄덕이게 할 내용이다.

> 요즘은 자주 밝은 꿈을 꾼다. 동네마다 제일 넓은 마당이 있는 집이 공동 육아의 터전으로 되어 있고, 그 옆에는 아이들이 웃고 우는 소리를 시끄러워하지 않는 어른들이 살며, 남자 선생님과 일일 참여를 나온 아빠가 아이들과 부엌일 하는 사이에 여자 선생님 손 붙잡고 바깥 나들이 나온 아이들이 뛰노는 골목길엔 차가 다니지 않고, 근처 야산 밑 빈터엔 아이들이 가꾸는 야채 밭이 있고, 맨발에 흙투성이 아이들을 미소로 반기는 노인들이 사는 곳. 일주일에 두세 번은 생활 협동 조합의 트럭이 무농약 쌀과 우리 밀, 싱싱한 무공해 야채를 날라 오고, 마지막 남은 선생님과 늦게 퇴근한 엄마가 아이 손을 붙잡고 울음을 터뜨리며 이야기하고 있고, 검게 그을린 아이들이 굵어진 팔다리를 마구 휘저으며 맨발로 뛰어다니다가, 장애가 있는 친구를 부축하여 함께 걷기도 하는…

대단히 소박하지만 일상의 변혁이 요구되는 꿈이다. 이 꿈을 실현하는 것은 정말 힘든 일이다. 얼마 전 사는 일에 다소 지친 내가 정병호 선생님께 공동육아 일을 잠시 쉬겠다고 얘기한 적이 있었다. 이 꿈의 당사자인 정선생님은 그렇게 하라며 나를 말갛게 쳐다보셨다. 그리고는 "나는 공동육아에서 어떤 일을 하면 좋을까요?"라고 질문을 하셨다. 그 순간 나는 당황하여, 이분이 원하는 대답이 무얼까? 뭐라고 말해야 하지? 이 일이 얼마나 어려우면, 20년 이상 이 일을 꾸려 오신 분께서 나한테 이런 말을 다 할까? 많은 생각을 했다. 하지만 그 자리에서는 아무 답변을 못

드렸다. 이 자리를 빌어 옹색하나마 답변을 드려야 하겠다. "혼자 꾸는 꿈은 꿈에 지나지 않지만 같이 하는 꿈은 더 이상 꿈이 아니다." 사실 이 답변은 갈 길이 먼 우리 모두에게 하고 싶은 말이기도 하다. 그렇다면 "나는 공동육아에서 어떤 일을 하면 좋을까?"라는 물음은 우리 모두의 질문이 될 것이다.

주

■■■■■■■ 1 레지오 에밀리아의 독특한 유아 교수—학습 방법을 일
컬어 "프로젝트Project"라고 한다. 이외 교육학에서 말하는 "구안법"이
나 유아 교육에서 말하는 "프로젝트"(Katz & Chard) 방법 모두 "한 주제
에 대한 깊이 있는 탐색 활동"을 뜻한다. 다만 레지오 에밀리아 방법의
특성은 학습 과정에 대한 철저한 기록 작업, 어린이들의 풍부한 표상 활
동, 학습 과정에서 시간을 순환적으로 경험시키는 재방문Revisiting 활
동이 독특하다고 할 수 있다.

■■■■■■■ 2 페다고지스타라는 용어는 이탈리아 레지오 에밀리아 교
육 체제에서 빌려온 것으로, 레지오 에밀리아 교육에는 원장과 원감이
없는 수평적 교사 조직이 특징이다. 페다고지스타는 우리말로 하면 "교
육 조정자"로 해석이 되는데 그 역할로는 교육 전반에 걸친 장학 지도
전문 위원 정도일 것 같다. 약 35개의 유치원을 운영하는 레지오 에밀리
아에는 10여 명 정도의 페다고지스타가 있어 한 사람당 3~4개 유치원
을 순회 지도하고 있다. 공동육아에서는 페다고지스타를 "현장 교육 지
원 전문가"로 부르기로 했다. 페다고지스타 제도가 생긴 지도 이제 3년
이 되어 간다. 현재 공동육아연구원에 소속된 페다고지스타는 6~7명이
되었고 공동육아 어린이집들의 교육과 운영에 대한 총괄적인 자문의 역
할을 실질적으로 해 나가고 있는 집단으로 자리를 잡았다.

앞으로도 이 책에서 레지오 에밀리아의 유아 교육이 종종 언급되는데
그 이유는 다음과 같다. 현재 레지오 에밀리아 접근법은 세계적으로 가
장 좋은 유아 교육 프로그램으로 각광을 받고 있고, 내 개인적으로 관심
이 높다. 그리고 공동육아에서 관심을 더 두는 이유는 레지오 에밀리아

교육이 지역 사회에 기반을 둔 총체적인 교육 시스템이기 때문이다.

3 문화 주제cultural theme는 한 문화의 특성을 일반적, 압축적, 반복적으로 구성하고 표현하는 서술적 명제이며, 한 문화의 다양한 규범, 제도, 관행들을 통합하는 상위의 원리이다. 그것은 한 생활 세계의 대다수 영역과 상황에 적용 가능한 보편적인 설명 원리라고도 할 수도 있고, 한 집단 사람들의 생활(말과 행동) 속에 "공표되거나 함축된 가정 또는 입장"(Opler, 1945)이라고도 할 수 있다(조용환, 1999b).

4 교사 긴회의는 매달 마지막 주 토요일 어린이집 외부에서 갖는다. 대개는 한 교사의 집에서 회의를 하는데 각 방의 그 달 교육 평가와 다음 달 교육 계획이 이루어지고 어린이집 전체의 한 달 계획이 수립된다. 그리고 특별히 시간을 내어 논의해야 될 사안(대개는 교사의 교육적 고민, 어린이들의 문제 등)이 집중적으로 논의된다. 이 날은 부모들이 책임지고 아이들을 어린이집에서 돌본다.

5 공동육아의 역사는 정병호(1994 : 215~243)의 『대안 교육의 길을 찾아서 : 야학에서 공동육아까지』를 요약 정리하였다.

6 헤드 스타트 운동 Head-start : 미국 존슨 대통령이 재직하던 1964~1968에 "빈곤과의 전쟁 The War on Poverty"이 선포되었다. 빈곤과의 전쟁에서는 인종 차별, 실직, 주택난, 의료 혜택, 사회적 서비스 등의 문제가 개인적인 문제라기보다는 사회 구조적인 차원에서 해결되어야 할 것으로 보았다. 경제적으로 열악한 사람들을 "문화 실조 상태"에 빠진 것으로 파악했으며, 헤드 스타트는 그러한 결함을 개선하기 위한 여러 가지 정책 가운데 하나의 교육 정책이었다. 1964년에 실시되기 시작하여 지금까지 시행되고 있는 헤드 스타트 프로그램은 많은 국가적 재정과 지원을 받아왔다. 초기의 목적은 빈곤의 악순환에서 벗어나지 못하고 있는 저소득층 자녀의 인지적 결함을 해소하기 위한 것이었으나, 현재에는 미국 내 모든 계층 가정에서 자녀가 유치원에 들어가기 이전에 유아 교육의 혜택을 받기를 원하는 계기가 되었다.

1994년 10월 헤드 스타트 운동의 주창자였으며 현재도 그 운동을 하고 있는 브론펜 브렌너가 한국에 왔었다. 그때 내가 일하는 재단에서 국내 학자들과 브론펜 브렌너와의 만남을 주최하였는데 정병호 교수도 초청되었다. 그 때 정교수는 브론펜 브렌너와의 대화에서 자신이 대학생

때 만났던 헤드 스타트는 한줄기 빛과 같다는 말을 했었다. 그 당시 나는 그 말의 의미를 잘 몰랐다. 그러나 이 글을 쓰는 지금은 이해가 가고도 남는다.

7 "영유아 보육법"이 제정된 지도 10여 년이 지난 지금은 대학교 또는 전문 대학의 부설 기관(평생 교육원, 산업 교육원 등)에서 보육교사를 양성하고 있고, 교육 기간도 1년 과정으로 정착이 되어 있다. 또한 교육 내용도 초기보다는 구성력을 갖추어 나가고 있다. 그러나 양성원에서 보육 교사 교육을 해본 경험자의 입장에서 볼 때, 여전히 중요한 문제점은 남아 있다. 예를 들면, 90년대 초기에는 이 분야에 진지한 관심을 가진 사람들이 학생으로 많이 왔다. 그래서 나이가 든 사람들도 많았고 학습 열기는 진지했다. 시간이 갈수록 이 분야에 대한 진정한 수요자가 줄어들면서 자격증 하나 얻는다는 기분으로 들어오는 가벼운 풍토는 강의를 하는 사람으로서 수업을 진행하기가 힘이 든다. 교육원이나 학생 모두에게 공식적 자격이 주어지지 않는 데서 오는, 제도의 어정쩡한 책임의 방기가 결국은 문제가 되는 것이다. 이는 어찌 보면, "통제 없는 지원"을 교묘히 피해 가려는 제도적 딜레마인지도 모른다.

8 이때 공연을 도와준 문화 운동가들은 김민기, 김영동, 이상우, 임진택, 채희완 등이었다고 한다.

9 해송 유아원은 그후 YWCA의 위탁 체제로 운영되다가 1998년 3월 지역 내 수요자가 없다는 이유로 폐쇄되었다. 폐쇄되기 전까지 해송 보육 학교 출신의 교사가 원장을 맡았으므로 해송 보육 학교부터 시작된 역사적 맥이 미약하나마 이어져 왔다고 볼 수 있다. 관악구청으로부터 폐쇄를 최후로 통보받던 날, 나는 우연히 해송 유아원 설립에 참여했던 몇 사람과 함께 유아원에 가게 되었는데 가서 보니 약 15년 전 대학 2학년 때 전공 수업의 일환으로 방문해서 아이들과 하루를 보냈던 그곳이었다.

10 『탁아 제도와 미래의 어린이 양육을 걱정하는 모임』이 1990년 연세대에서 주최한 세미나에 참여했던 나는 당시 석사 과정 학생으로 그들의 시각을 신선하게 받아들였던 기억이 있다.

11 나는 연구가 끝난 뒤에도 어린이집에 어려운 일이 발생할 때는 옵서버로 참여하였다. 나에게 그런 기회를 준 교사, 부모들에게

고맙게 생각하며 자주 찾지 못하는 미안함도 있다.

내 연구가 끝난 뒤, 어린이집은 활발한 공동체적 운영을 위해 그 규모를 점차 줄여 나가고 있다. 지금 현재는 약 40명의 어린이를 7명의 교사가 교육하고 있다.

12 보통의 유아 교육 현장에서 연두반, 진달래반 등으로 부르는 데 비해, 공동육아 어린이집에서는 어린 순서에 따라 까꿍방, 도글방, 도란방, 소근방, 당실방, 끼리방으로 반class 대신 방room으로 부른다. 이런 명칭이 생긴 데는 공동육아가 지향하는 집단의 규모, 공간적 특성 등이 개입되었다고 보인다. 방 명칭은 어린이집에 따라 조금씩 다르기도 하다.

13 이야기 할머니(76세)는 과천 지역에 사시는 분으로 과천에 있는 바위 어린이집과 다른 공동육아 어린이집을 일주일에 하루씩 다니며 아이들에게 옛날 이야기를 들려주는 분이다. 아이들은 이야기 할머니를 낮잠 자기 전 10~20분 정도 만난다.

14 교사 회의는 시기에 따라 일주일에 한 번 있을 때도 있고 두 번 있는 때도 있다.

15 아마(아마는 엄마 아빠의 준말) 활동은 교사들의 토요일 격주 휴무, 월차, 교사 긴회의(매월 마지막주 토요일)로 교사가 터전에 안 나오는 날 부모가 교사를 대신하여 하루종일 어린이들을 돌보는 일과 아이들이 먼 나들이를 갈 때의 차량아마 같은 것이다.

16 공동육아 어린이집 전체적으로, 함께 생활하는 장애우 어린이는 약 10여 명 정도 된다. 장애의 종류는 크게 정서 심리적 장애와 신체적 장애가 있고 대개는 장애의 정도가 심하지 않은 편이나 심한 경우도 있다.

17 햇살 어린이집(1995)에서 차등 보육료 제도 확립을 위한 각 가정의 소득 조사 결과, 소득 자체가 상대적으로 높다기보다는 보육의 절실성, 교육에 대한 투자 의욕 등을 더 중요하게 본다는 결과가 나왔다.

18 이사회 구성은 어린이집에 따라 약간의 편차를 두고 있다. 이사의 수가 조금 더 많을 수도 있고 어린이집 사정에 따라 홍보 이사, 조직 이사를 둘 수도 있다. 또 이사회 구성 방법도 모든 이사진을 조

합원이 선출하는 방식도 있고 조합원이 이사장을 선출하면 선출된 이사장이 이사회를 구성하는 방법도 있다고 한다. 선출된 방식에 따라 이사장이 갖는 힘의 경중이 조금씩 다르다고 한다.

19 교사를 채용할 때 공동육아연구원에 의뢰해 현장 학교 이수자 중에서 찾기도 하고 적절한 사람이 있는데 현장 학교를 이수하지 않았을 때는 채용 후 현장 학교를 이수하게 한다.

현장 학교는 한 강좌에 3시간씩 22강좌가 열리고 2박 3일 워크숍과 40시간 공동육아 어린이집에서의 현장 실습을 원칙으로 한다. 현장 학교 교육 대상은 일반인에게 개방되어 있다. 지금까지 현장 학교 교육을 이수한 사람은 약 400명 정도이다. 현장 학교 1기에 수강할 수 있는 총 인원은 20명 내외로 제한한다.

20 공동육아의 영양 교사들은 주로 어린이집의 먹거리를 책임지는 중요한 구성원이지만, 특히 현장 학교를 마친 사람도 있어 공동육아적인 방식에 깊이 있게 적응해 가는 사람들도 많다.

21 아주 특별하게는 까마귀(남자 교사)와 같은 이유를 가진 사람도 있다. 까마귀는 책상에 앉아 있는 일이 너무 싫어서 스스로 고등학교를 뛰쳐나온 사람이다. 그 후 산을 7년 간 타고 서울에서 잠깐 사회생활을 하다 적응을 못해 다시 산으로 들어가기 전, 우연한 기회에 "또 하나의 문화"에서 실시한 캠프의 자원 봉사를 하게 되었다. 일주일 간 초등학교 아이들과 시골에서 산을 누비며 신명나게 같이 뛰어놀다 아이들은 모두 서울로 가고 자신은 텅 빈 시골 초등학교 운동장에 누워 하늘을 바라보다 갑자기 아이들이 보고 싶어 울었다고 한다. 그 자신도 아이들 때문에 자신이 울 줄은 몰랐다고 한다. 그리고 한 달 후 산 생활을 정리하고 서울로 가면 아이들을 만날 수 있다는 생각만으로 서울을 오게 되고 그리고 공동육아를 소개받아 들어오게 된 의식적이기보다는 우연적인 필연을 가진 사람도 있다.

22 대부분의 교사들이 그 어느 것도 직접 할 줄은 모르고 그것에 대해서만 아는 데 비해 대안 교육을 하는 선생님들은 직접 할 줄 아는 것이 다르다고 한다(조용환, 1998). 대부분의 유아 교육 현장에서 아이들에게 아주 중요하다고 여기는 놀이에 대해 교사들은 많이 안다. 그러나 정작 아이들과 놀 줄 아는 교사는 별로 없는 것과 같다.

23 이 책에서 인용되는 어린이집이나 사람의 이름은 가명을 썼다. 그러나 교사의 별명은 가명을 쓰게 되면 연구자가 전달하려는 의미가 상실되므로 교사들에게 허락을 받아 별명 그대로 쓰게 되었다.

24 이 어린이는 어린이집에 온 지 한 달 정도 되었던 시점으로 반말과 존대말을 섞어서 쓰고 있었던 기간이다. 나중에 새로 들어 온 친구가 교사에게 존대말을 쓰자 그 아이만 알아들을 수 있는 목소리로 "여기서는 그런 말 안 써도 돼. 반말 써도 돼"라고 알려 주는 장면을 본 적이 있다.

25 예전에 있었던 교사들 별명이다. 항아리는 10개월 후 다시 이 어린이집에 오게 된 교사이다.

26 김광명(1996)은 경험과 체험의 구분이 미와 예술의 구분만큼 복잡하고 미묘한 것이라면서 다음과 같이 기술한다. "경험Erfahrung이라는 말은 객관적인 시도와 확인의 뜻을 함축하고 있다. 다시 말하자면 경험주의나 경험 과학에서 말하는 경험이란 객관적인 실행이나 현상적인 시도와 관계되는 것이고 일상 생활 속에서의 확인이나 검증이 어느 정도 가능한 경우이다. 반면에 체험Erlebnis은 주관적이고 개별적이며 대체로 일회적일 수밖에 없는 인격적인 만남이며 구체적인 향수享受라는 점이다."

한편, 서명석과 김종구(1998)의 "독일어처럼 체험 Erlebnis과 경험 Erfahrung을 구분할 필요가 있다. 전자는 몸에 배는 경험을 말하는 것으로 후자에 비해 '몸소, 친히'라는 의미가 강하게 배어 있다. 그러므로 이는 존 듀이류의 실용주의에서 주장하는 '경험'과는 다르다"는 설명에서 경험보다 생생한 체험의 의미를 알 수 있다.

27 우리 나라의 야생 식물, 곤충명 중에는 사물을 직접 접한 보통 사람들의 감각적 체험으로 붙여졌다고 판단되는 재미있는 꽃, 풀, 곤충 이름이 많음을 알 수 있다.

레비스트로스Lévi-Strauss(1967)는 "참나무", "너도밤나무" 혹은 "자작나무"와 같은 말들이 "나무"라는 말보다 덜 추상적이라고 할 수 없다고 하였다. 그는 "'나무'라는 어휘 하나만을 갖고 있는 언어는, '나무'라는 어휘는 없지만 그 대신 수많은 개별종과 변종에 대한 명칭을 가진 언어에 비해 개념들이 풍부하지 못한 언어라고도 할 수 있다"고 했다.

28 언어적인 것과는 전혀 상관없이 부지불식간에 몸으로 익혀 호흡에 맡기는 지식을 가리켜 Polany는 "암묵적 지식 暗默的 知識 tacit knowledge"이라고 하였다(김재희, 1994).

메를로 퐁티 Merleau-Ponty는 반성된 언어는 이차적인 것이고 몸의 언어는 근원적인 것이라고 했다. 그는 몸에 의한 말의 표현은 "구성하는 언어"이고 과학과 객관성의 지식을 전달하는 말은 "구성된 말"이라고 했다. 이어 그는 애매하게 구성하는 몸의 말, 몸의 표현을 "암묵적인 cogito"라고 했다(김형효, 1996). 나는 나들이의 과정에 몸을 통한 지식 구성과 언어를 통한 지식 구성 과정이 다 들어 있다고 보되 나들이 특성상 전자에 더 비중을 두고 보는 관점에서 암묵적이라는 말을 사용하였다.

29 이 토의는 교사 회의 시간에 1998년 하반기 교육을 정리하자는 데서 나온 이야기이다.

30 기계론적인 세계관은 17세기에 걸쳐 주로 갈릴레이와 데카르트, 그리고 뉴턴에 의해 성립되었다. 유명한 그의 "사유"를 통하여 데카르트는 우선 세상을 정신과 물질, 이렇게 두 가지로 확연히 구분하였다. 그리고 이 두 가지 영역은 속성상 서로 완전히 독립되어 있는 별개에 속한다고 못박아 두었다. 물질적인 세계는 데카르트에 의해서 하나의 기계로 이해되었다. 자연이란 절대적으로 자연의 섭리, 즉 기계적인 법칙에 따라 움직이기 때문에 물질적인 환경에 속하는 것은 무엇이든지 그를 구성하는 작은 부품의 움직임과 그들의 인과적인 연결, 이렇게 두 가지만 정확히 관찰하여 기술하면 완벽한 이해가 가능하다고 보았던 것이다.

데카르트가 물질의 세계에서 추론해 낸 이러한 발상은 살아 있는 유기체에도 적용되었다. 동물이나 식물도 일종의 기계로 간주하여 보면 훨씬 효과적으로 "분석"할 수 있다고 생각했던 것이다. 우리 인간이 이성적인 영혼을 가지고 있긴 하지만 우리 신체는 따지고 보면 다른 동물의 경우처럼 기계로 취급할 수가 있다는 것이다.

데카르트식 인식론에서 가장 핵심적인 요소는 분석적인 사고 방식이었다. 이 말은 우리가 사유하는 모든 것은, 그리고 탐구하게 되는 모든 현상은 그 내용에 있어 결국 작은 조각으로 나누어 볼 수 있으며 이 조각들은 다시 논리적으로 정리하여 조목조목 묶어 볼 수 있다는 뜻이다. 이런 방법론은 바로 근대적인 과학 연구의 초석이 되어 자연 과학의 발달과 함께 더욱 세련되고 복잡해졌으며 과학의 응용과 그 기술의 실현을 통해 우수성과 유익함을 마음껏 과시할 수 있었다. 그러나 데카르트식 방법론이 지나치게 세력을 떨치게 됨에 따라, 바로 오늘날 우리 모두가 일상 생활에서나 혹은 학문을 하면서 끊임없이 부딪치는 "전체성의 단절"이라는 심각한 문제가 파생하였다. 아울러 데카르트식 사고 방법은 전 학문 분야에 걸쳐 여파를 미치며, 아무리 복잡한 현상의 다양한 국면도 결국은 모두 작은 단위로 나누어지며 그 단위는 다시 아래 단위로, 이런 식으로 하여 최소 단위까지 나누어서 기본 요소로 환원시켜 보면 그 진상이 아주 선명하고 간략하게 드러나게 된다는, 이른바 환원주의還元主義 reductionism를 확산시켰다(김재희, 1994).

31 조합원 교육 전반부에는 교사들이 슬라이드로 준비한 나들이 과정에 대한 상영과 설명이 있었다.

32 이 글을 쓴 엄마는 총회에 오지는 않았지만 남편이 그 당시 이사장이었으므로 총회 전후 사정을 소상히 안다고 할 수 있다. 여기서 데마고기demagogy는 인신 공격이라는 뜻으로 해석하면 무난하다.

33 그 후 바위 어린이집은 그 동안 있었던 문제들의 근본적인 측면을 재점검하고 정렬을 가다듬어 어린이집을 운영하고 있으며 우면동의 같이 크는 어린이집도 그 동안의 경험을 바탕으로 빠른 시간 내에 공동육아 어린이집의 위상을 갖춰 운영하고 있다.

34 교사들이 출퇴근 시간을 지키지 않는다는 말이 아니고 교사들은 2주일씩 돌아가면서 오전 8시부터 10시까지 30분 차이로 출근을 하고 퇴근은 오후 5시부터 7시까지 역시 30분 차이로 순환한다.

35 신입 조합원 교육에서 보면, 터전을 처음 방문했을 때 반겨서 대접하는 이가 아무도 없어서 당혹스러웠다는 얘기들을 많이 한다.

36 어린이집이 우면동에서 과천으로 이사오는 시점을 기점으로 그 전에 들어 온 조합원을 초기 조합원, 그 후에 들어온 조합원을 후기 조합원이라고 한다.

37 공동체성의 회복과 재형성의 차이는 회복이 과거의 눈으

로 현재를 보는 것이라면 재형성은 현재의 눈으로 과거를 보는 것이라는 데 있다.

38 이와 관련하여 안옥선(1999)의 논의는 도움이 된다. "21세기의 길목에 선 우리의 현재의 도덕적 상황은 어떠한가? 필자는 우리들이 처한 상황을 전통 윤리 이념인 공동체적 의식과 근대 자유주의의 개인주의 윤리가 갈등하는 상황으로 본다. 공동체적 삶을 지향하는 우리의 공동체적 의식은 오랜 역사 속에서 형성된 것이다. 우리 민족 고유의 신앙, 불교와 유교 사상에 근거한 공동체적 삶의 의식과 양식은 부족국가 시대, 삼국 시대, 고려 시대, 조선 시대의 전 역사를 통해서 우리에게 전승되어 온 것이다… 특히 역사적으로 가장 가까운 조선 시대 유교에 근거한 공동체적 삶의 의식 속에서는 '나'라는 개체와 '우리'라는 전체가 확연히 구별되지 않으며, 따라서 '나의 삶'과 '우리의 삶'이 별개의 것으로 지각되지 않는다… 이러한 가치 체계 속에서 사람들은 '내'가 '우리'이고 '우리'가 '나'인 삶을 살아가게 된다. 이러한 공동체적 의식이 우리의 전통이라는 것은 우리가 내적으로 이러한 의식을 지향하는 유전인자를 가지고 있다는 것을 의미할 것이다. 즉 공동체적 의식과 삶의 양식은 우리의 내적 정서이다. 그런데 이러한 우리의 내적 정서는 합리주의와 자본주의를 동반한 개인주의와 만남으로써 갈등을 겪게 된다. 서구 계몽주의 시대 이후 등장한 개인주의라는 근대 정신이 거부할 수 없는 우리의 외적 삶의 양식으로 다가온 것이다."

39 이 축구 모임은 현재 터전에 남아 있는 초기 조합원 아빠들이 열심히 참여하고 있을 뿐만 아니라 후기 조합원인 젊은 아빠들을 독려하고 있다. 혜지, 원조, 가은 아빠가 그들이다. 총 초기 조합원 중 6가구가 남았는데 3가구는 아빠 대신 엄마들이 조합원 활동에 적극적으로 활동하고 있다.

40 이 워크숍은 2박 3일 프로그램으로, 공동육아 정신의 재정비를 위한 자리였는데 공동육아연구원과 각 어린이집을 대표해서 조합원 1명, 교사 1명씩 참가하였다. 공동육아 출발 5년을 점검하고 향후 5년의 발전 방향을 논의한 자리로서 이때 공동육아의 공공성의 문제는 깊은 반성과 함께 심도 있게 토의되었다.

41 지역에 기반을 둔 학교 체제와 관련해서 레지오 에밀리

아가 자꾸 언급되는 것은 레지오 에밀리아가 지역 공동체에 기반을 둔 30년 역사를 가진 교육 체제이기 때문이다. 레지오 에밀리아의 풍부한 교육적 역량은 세계적으로 알려지고 있으며 현재 우리 나라 유아 교육 현장에도 많이 소개되고 있다. 그런데 대개는 그 관심이 프로젝트라는 독특한 그들의 교육 활동 방법과 관련된 측면에 주어져 있는 데 비해 공동육아에서는 이들의 교육 체계가 갖고 있는 관계 체계에 관심의 초점이 주어져 있다. 이는 교육을 변화시키고자 하는 점에서도 그리고 레지오 에밀리아의 근간을 이해하는 점에서도 매우 중요한 접근 방식이라고 생각한다. 한편, 공동육아에서 관심을 갖고 있는 또 하나의 외국 사례는 독일의 발도로프 자유 학교 교육이다.

42 공간을 교육적으로 해석하는 데는 주로 볼노프 Bollnow (1971)의 "공간과 교육"을 이론적 근거로 삼았다.

43 마을이 명사적 의미의 공간Space을 뜻한다면 마실은 동사적 의미의 관계망Network을 뜻한다. 인간의 삶이란 행위의 진행형으로 되어가는 또는 살아가는 상태를 말하는 것이며 교육 또한 성장해 가는 또는 변화해 가는 과정을 말한다. 특히 지역 사회라는 장소에서의 관계의 긴밀한 소통을 인간 삶의 중요한 양식으로 보는 탈근대적인 postmodern 시각에서 보더라도, 마실이 교육의 장소로 이야기되는 것은 무작정 과거로 회귀하는 것과 같은 부자연스러운 일이 아니다.

44 김영민(1994)의 『현상학과 시간』, 볼노프 Bollnow(1971) 의 "시간과 교육"은 연구자가 시간이라는 현상학적 주제를 교육적으로 연결하는 데 인식의 근간이 되었다.

45 서란스키 Suransky(1982)는 기술 발전이라는 이미지가 부모 자신의 아동기의 역사와 자녀들의 미래를 연결시키지 못함으로 개인을 역사에 무관심한 존재로 만들어 버린 세태를 일컬어 "사회적 망각의 그늘 속"이라고 표현하였다.

46 관계를 교육적으로 의미화하는 데 주로 부버 Buber의 관계의 철학을 근간으로 해석하였다. 주요 참고 문헌은 부버(1977)의 『나와 너』와 강선보(1992)의 『마르틴 부버의 만남의 교육』이다.

47 어린이집 영아방에는 방마다 변기가 하나씩 있다. 그런데 그즈음 한 어머니가 아파트 단지에서 주워온 보라색 변기를 도글방

에 갖다 주었는데 이 변기에는 특별히 바퀴가 달려 있어 아이들이 여기에다만 용변을 보고 싶어했다. 심지어는 다른 방 아이들까지 이 방에 와서 일을 보곤 했었다. 하진이와 미경이 역시 도글방이 아닌 도란방이다.

48 오후 간식은 1층 마루에서 전체 아이들이 다 모여서 같이 먹기 때문에 2층은 그 시간 동안 비어 있다. 그 당시 하진이는 34개월, 미경이는 30개월 된 아이들이다.

참고문헌

강선보, 1992, 『마르틴 부버의 만남의 교육』, 양서원.

강태중·이종태·이명준, 1996, 「'새 학교' 구상 : 좋은 학교의 조건과 그 구현 방안 탐색」, 한국교육개발원 연구 보고 PR96-16.

공동육아연구원, 2000, 『코뿔소~ 나들이 가자』, 도서출판 또 하나의 문화.

공동육아연구회, 1995, 『함께 크는 우리 아이』, 도서출판 또 하나의 문화.

김계현, 1991, 「Otto F. Bollnow 교육 사상에서 본 "집"의 교육 인간학적 기능」, 경상대학교 대학원 석사 학위 논문.

김광명, 1996, 『삶의 해석과 미학』, 문화사랑.

김영래, 1993, 「현상학적 교육학에 관한 고찰」, 고려대학교 대학원 석사 학위 논문.

김영민, 1994, 『현상학과 시간』, 까치.

김영옥, 1995, 『한국현대유아교육사』, 양서원.

김영철, 1999, 「질적 연구에 있어서 글쓰기」, 『교육인류학 연구』 2권 제2호, 71~96쪽.

김재희, 1994, 『신과학 산책』, 김영사.

김종서, 1983, 『교육과정과 수업』, 배영사.

김형효, 1996, 『메를로-뽕띠와 애매성의 철학』, 철학과 현실사.

나정·신동주·김재웅, 1996, 『유치원 교육의 공교육화』, 양서원.

문용린, 1998, 「유아교육기관의 공동협력체제 구축」, 『유아교육기관과의 공동협력체제』, 중앙유아교육학회, 7~18쪽.

박찬옥, 1998, 「반편견 교육과정의 정의 및 필요성」, 『반편견 교육과정을 통한 인간교육』, 한국어린이육영회, 15~34쪽.

서명석 · 김종구, 1998,『가르침과 배움의 현상학-선문답』, 경서원.

송혜정, 1999,「대안학교의 공동체 가치에 관한 연구」, 중앙대학교 대학원 석사 학위 논문.

안도현, 1998,『사진첩』, 거리문학제.

안옥선, 1999,「21세기를 위한 윤리의 모색: 불교 윤리의 관점에서」,『전통과 현대』제7호, 86~108쪽.

양옥승 외, 1998,『세계의 보육제도』, 양서원.

오인탁, 1990,『현대교육철학』, 서광사.

와다 슈우지, 1997,『어린이의 인간학』, 박선영 · 노명희 역, 아름다운 세상.

유정길, 1993,「자연과 인간이 하나가 된 삶을 추구하는 공동체—야마기시 가이,『녹색평론』9~10월호, 통권 제12호.

유혜령, 1999,「소수 민족 유아의 유치원 생활 경험: 현상학적 이해」,『교육인류학 연구』2권 제2호, 139~170쪽.

윤구병, 1995,『실험학교 이야기』, 보리.

이기범, 1995,「공동육아 공동체의 가치와 의미」,『함께 크는 우리 아이』, 도서출판 또 하나의 문화.

이돈희, 1992,『존 듀이 교육론』, 서울대학교 출판부.

이상금, 1990,『유아교육의 본질과 방향』, 양서원.

_____, 1991a,『아동의 권리—가정 · 교육 · 탁아』, 양서원.

_____, 1991b,『영유아를 위한 보호와 교육의 정책 방향』, 양서원.

이연섭, 1995,『유아교육과정』, 창지사.

이우경, 1995,『한국의 일기문학』, 집문당.

이종훈, 1999,「현상학은 왜 필요한가—에드문트 훗설(Edmund Husserl)의 사상을 중심으로」, 제22대 중앙대학교 대학원 동계 특강 자료집.

이창호, 1998,「공동육아협동조합 조합원의 참여과정과 집단 정체성의 형성—한 조합형 어린이집의 사례를 중심으로」, 한양대학교 대학원 석사 학위 논문.

이철국, 1998,『강아지똥 선생님의 공동육아 이야기』, 내일을 여는 책.

이청준, 1996,『축제』, 열림원.

임우연, 1996,「공동육아 협동조합의 부모참여 과정에 대한 연구」, 이화여자대학교 대학원 석사학위 논문.

임재택, 1998, 「유아교육기관과 지역사회」, 중앙유아교육학회, 『유아교육기관과의 공동협력체제』, 61~80쪽.

정갑순, 1996, 『부모교육론』, 창지사.

정병호, 1994, 「대안 교육의 길을 찾아서. 야학에서 공동육아까지」, 『내가 살고 싶은 세상』, 도서출판 또 하나의 문화.

_____, 1995, 「공동육아 운동론」, 『함께 크는 우리 아이』, 도서출판 또 하나의 문화.

_____, 1999, 「일본 교육개혁의 문화적 의미: 보육원과 초등학교 교육의 접점 연구」, 『교육인류학 연구』 제2권 제3호, 1~40쪽.

정은경, 1999, 「유치원 유아들의 실외놀이에 관한 문화기술적 연구」, 이화여자대학교 대학원 박사학위 논문.

조관성, 1998, 「자연과 문화의 만남―생활 세계 개념의 해석과 재구성」, 한국현상학회 편, 『자연의 현상학』, 철학과 현실사, 33~90쪽.

조순영, 1998, 「보육교사의 어린이집 생활사에 대한 질적 분석」, 부산대학교 석사학위 논문.

조용환, 1997, 『사회화와 교육』, 교육과학사.

_____, 1998, 「대안학교의 가능성과 한계에 대한 문화기술적 연구」, 『교육인류학 연구』 1권 제1호, 113~156쪽.

_____, 1999b, 「질적 연구의 동향과 과제」, 『교육인류학 연구』 2권 제1호, 91~121쪽.

_____, 1999, 「질적 기술, 분석, 해석」, 『교육인류학 연구』 2권 제2호, 27~63쪽.

조원경, 「보육체계의 대안가능성 모색―공동육아 방식을 중심으로」, 서강대학교 공공정책대학원 석사학위 논문.

진권장, 1999, 「교육경험의 의미에 관한 해석학적 이해」, 『교육인류학 연구』 2권 제1호, 123~169쪽.

차현진, 1997, 「공동육아 어린이집 나들이 활동의 교육적 의의」, 중앙대학교 대학원 석사학위 논문.

최봉영, 1998, 「한국교육의 본질과 오도」, 『전통과 현대』 제5호, 66~87쪽.

하나후스 토스케, 1998, 『새로운 공동체 이야기』, 이학선 역, 내일을 여는 책.

하이타니 겐지로, 1996, 『아이들에게 배운다』, 햇살과 나무꾼 역, 개마고원.

한송이, 1998, 「새로운 보육형태인 '공동육아'에 관한 연구—공동육아 부모들의 인식을 중심으로」, 서강대학교 교육대학원 석사학위 논문.

Bachelard, G., 1948, *La poetique de la reverie*: P.U.F(6éme édition), 김현 역, 1978, 『몽상의 시학』, 홍성사.

＿＿＿＿, 1990, 『공간의 시학』, 곽광수 역, 민음사.

Barritt, L. S. et. al., 1983, *A Handbook of Phenomenological Research in Education*, Michigan University Press, 홍기형 역, 1995, 『교육연구와 현상학적 접근』, 문음사.

Berk, L. E. & Winsler, A., 1995, *Scaffolding Children's Learning: Vygotsky and Education*, 홍용희 역, 1995, 『어린이들의 학습에 비계 설정(scaffolding): 비고스키와 유아교육』, 창지사.

Bollnow, O. F., 1971, *Padagogik in Anthropologischer Sicht;*, 오인탁 · 정혜영 역, 1999, 『교육의 인간학』, 문음사.

Bronfenbrenner, U., *The Ecology of Human Development;*, 이영 역, 1992, 『인간발달 생태학』, 교육과학사.

Buber, M., *Ich und Du*, 표재명 역, 1977, 『나와 너』, 문예출판사.

Cadwell, L. B., 1997, *Bringing Reggio Emilia Home*, 오문자 · 김희진 역, 1999, 『레지오와의 만남, 귀향, 그리고 적용』, 양서원.

Cobb, E., 1975, *The Ecology of Imagination in Childhood*, New York: Columbia University Press.

Crane, J. G. & Angrosino, M. V., 1992, *Field Project in Anthropology: A Student Handbook* 3rd ed., Waveland Press, Inc., 한경구 · 김성례 역, 1996, 일조각.

Dali, P. & Rust, V. D., 1996, *Towards Schooling for the twenty-first century*, London: Cassell.

Gatto, J. T., 1992, *Dumbing Us Down—The Hidden Curriculum of Compulsory Schooling*, New Society Pub., 김기협 역, 1994, 『바보 만들기—의무교육 무엇이 문제인가』, 푸른나무.

Geertz, C., 1973, *The Interpretation of Cultures.* N.Y.: Basic Books, 문옥표 역, 1998, 『문화의 해석』, 까치글방.

Grudin, R., 1985, 『시간 그리고 삶의 예술』, 박창옥 역, 정음사.

Joanne, H., 1997, *First Steps toward Teaching the Reggio Way*, 이연섭 역, 1998, 『레지오 접근법의 첫걸음』, 정민사.

Lévi-Strauss, C., 1996, 『야생의 사고』, 안정남 역, 한길사.

Lindenberg, Christoph, 1998, 『슈타이너』, 이정희 역, 한길사.

Malaguzzi, 1993, History, Ideas, and Basic Philosophy - An Interview with Lella Gandini, In Edwards, C., Gankini, L., Forman, G.(Eds.), *The Hundred Language of Children: The Reggio Emilia Approach to Early Childhood Education*, 김희진·오문자 역, 1996, 『어린이들의 수많은 언어: 레지오 에밀리아의 유아교육』, 정민사.

Nimmo, J. W., 1992, *The Meaning of Classroom Community: Shared Images of Early Childhood Teachers*, The University of Massachusetts, Doctoral dissertation, Unpublished.

_____, 1998, "The Child in Community: Constraints from Early Childhood Lore," in Edwards, C., Gankini, L., Forman, G.(eds.), *The Hundred Language of Children: The Reggio Emilia Approach-Advenced Reflections*, 2nd ed.

Picard, M., 1985, 『침묵의 세계』, 최승자 역, 까치.

Rankin, B. M., 1996, *Collaboration as the Basis for Early childhood Curriculum: a Case Study from Reggio Emilia, Italy*, Boston University, Doctoral dissertation, Unpublished.

Sapon-Shevin, M. & Avyres, B. J. & Ducan, J., 1994, "Cooperative Learning," Thousand, J. S. & Villa, R. A. & Nevin, A. I.(eds.), *Creativity and Collaborative Learning*, Poal H. Brrokes Publishing Co..

Schrumpf, F., 1994, "The Role of Students in Resolving Conflicts in Schools," Thousand, J. S. & Villa, R. A. & Nevin, A. I.(eds.), *Creativity and Collaborative Learning*, Poal H. Brrokes Publishing Co..

Sergiovanni, T. J., 1994, *Building Community in Schools*, San

Francisco: Jossey-Bass.

Spaggiari, S. 1993, "The Community-Teacher Partnership in the Governance of the schools - An Interview with Lella Gandini," Edwards, C. & Gankini, L. & Forman, G.(eds.), *The Hundred Language of Children: The Reggio Emilia Approach to Early Childhood Education*, 김희진·오문자 역, 1996, 『어린이들의 수많은 언어: 레지오 에밀리아의 유아교육』, 정민사.

Spradley, J., 1980, *Participation Observation*, 이희봉 역, 1998, 『문화탐구를 위한 참여관찰방법』, 대한교과서주식회사.

Suransky, V. P., 1982, *The Erosion of Childhood*, 윤종희·이재연 역, 1992, 『아동기의 실종』, 교보문고.

Thompson, J., 1993, *Creating Learning Communities: A Transcultural Critical Hermeneutic Study of Family-School Relations*, The University of San Francisco, Doctoral dissertation, Unpublished.

Thrap, R., 1993, "Institutional and Social Context of Educational Practice and Reform, Forman," E. A., Minick, N. & Stone, C. A.(eds.), Context for Learning: *Sociocultural Dynamics in Children's Development*, Oxford University Press.

Tobin, J. J. Wu, D. & Davidson, D., 1985, *Preschool in Three Cultures — Japan, China, and the United States*, 강득희·이경, 1993, 『비교문화적으로 본 유아교육기관 — 일본, 중국, 미국을 중심으로』, 서원.

Tristine, R., 1991, 『창조적인 삶을 위한 명상의 일기언어』, 장호정 역, 고려원미디어.

van Manen, Max, 1990, *Researching Lived Experience*, 신경림·안규남 역, 1994, 『체험연구: 해석학적 현상학의 인간과학 연구방법론』, 동녘.

Wertsch, J. B., 1985, *Vygotsky and the Social Formation of Mind*, 한양대 사회인지발달연구모임 역, 1995, 『비고츠키: 마음의 사회적 형성』, 정민사.

Zaner, R. M., 1993, 『신체의 현상학』, 최경호 역, 인간사랑.

Élisabath, C. et al., 1996, 『철학사전: 인물들과 개념들』, 이정우 역, 동
　　녘.

勅使千鶴, 1999, 「일본에 있어서 부모와 보육자에 의한 보육운동에 대
　　하여 — 나고야에 있어서 공동보육소 설립에서 인가보육소 될
　　때까지」, 『공동체를 위한 시민운동』, 99 서울 NGO 세계대회, 보
　　편적 교육분과.

찾아보기

간디학교 259

감성 교육 132, 135

감성적인 인지적 과정 116

개인주의 64, 189, 194, 198, 201, 202, 248, 249

거울에 비친 만남 가치 239

거주의 교육학적 의미 221

거주함의 의미 211

경험 160, 166, 169, 170, 177, 185, 186, 189, 200, 203
　　─의 계속성의 원리 141

공감적인 친화력 248

공동육아연구원 13, 14, 15, 16, 19, 25, 29, 39, 40-46, 68

공동육아연구회 40, 41, 42

공동체 문화 42, 179, 183, 185, 186, 197

공동체성의 재형성 192

공동체적 인간 관계 63, 64, 213, 248

관계적: ─ 맥락 19
　　─ 지향 95, 249
　　─ 토대 91

교사 협의회 41, 43, 44, 45

교사회 17, 18, 67, 69

교육: ─ 공간 47, 213, 253
　　─ 공동체 249, 259, 260, 261

교육 운동체 259, 260

근원어 "나-그것" 236
　　─ "나-너" 236

기계론적 세계관 134, 135

긴회의 25, 69, 75, 102, 242, 245

나들이 15, 20, 22, 24, 52, 54, 58, 60, 62, 63, 64, 86, 87, 88, 97, 98, 99, 101-142, 150, 151, 167, 169, 173, 209, 210, 213, 217, 224, 236, 237, 256, 261
　　─의 형태 98
　　긴 ─ 102, 103, 126
　　일상적인 ─ 98-102

난곡 해송 유아원 36, 37

날적이 20, 22, 27, 29, 56, 105, 106, 143-208, 209, 210, 230-235, 246, 247
　　─의 기능 154
　　─의 형태 144, 151, 154

남을 돌보기 위한 교육 과정
　　Curriculum for Caring 207

내부자 6, 22, 25

내적 공간 213, 217, 219

노동 야학 32, 33, 35
노작 교육 39

단속적 만남 241
대안적 보육 형태 66
동물 기르기 58, 60
두레마을 259
들살이 103

랑게벨트 239
레지오 에밀리아 Reggio Emilia
 13, 14, 15, 17, 18, 175, 204, 208

마실 문화 187, 190, 197, 198, 201, 202,
 203, 218, 248
말라구찌 Malaguzzi 134
몬드라곤 259
문화 기술적 연구 21
문화 주제 Cultural theme 19
문화적 현상 7, 19, 20, 23, 205, 209, 210
물활론적 사고 116

바슐라르 Bachelard 216, 228
발산적 체험 104
방과후 프로그램 47
방모임 25, 68
방장 68
벤포스타 259
별명과 반말 20, 22, 73, 74, 83, 86, 87, 91,
 95, 209, 210
보편적인 교육 20, 95

볼노프 Bollnow 211, 213, 217, 219, 221,
 222, 223, 231, 234
부버 Buber 230, 236, 240, 246, 247, 248,
 249
브론펜 브렌너 Bronfenbrenner 207

사고 패러다임 137
사이 between 249
사회적 공동육아 255
산업 시간 53
386세대 65, 66, 206
삶의 쇄신 220, 221
삶의 재구성력 235
상징의 다의미성 80
상호 주관적 관계 176, 178, 241, 247
상황적인 교육 과정 106
새로운 교육 형태의 모델 259, 260, 261
새마을 유아원 35, 36, 38
생활: — 공간 50, 185
 — 공동체 180, 182, 183, 184, 185, 186,
 187, 192, 195, 197, 198, 202, 247, 249,
 260
 — 교육 38
 — 세계 7, 20, 21, 22, 23, 177, 209, 210,
 236
 — 시간 47, 53
선험적 주관성 236
성찰 22, 96, 171, 176, 177, 178, 202, 221,
 231, 233, 235, 247
시간 의식 225, 230, 231, 233
심층 면담 21, 26

284

아마 활동 64, 168, 179, 181

암묵적인 교육 과정 118, 140

야간 학교 교과서 만들기 32

어린이 걱정 모임 31, 33, 34, 38, 40

언어 형식 95, 96

영양 교사 62, 69, 103

영유아 보육법 35

외부자 6, 25

외적 공간 213, 217, 219

유비 Analogy 116

육아 공동체 179, 180, 182, 183, 188, 192,
    195, 198, 202, 208, 247

은유적 해석 82

음식 만들기 60, 62

의인화 116, 138

이분법적 사고 136, 137

이사회 17, 18, 27, 67, 69, 204

『인간 발달 생태학』 207

인지 교육 135, 139

일감 교육 63

일상의 자유 128

일체-상호성 240

자발적 놀이 62, 256

자연 친화 57, 58, 70, 97, 136, 189, 191,
    212, 213

자유 놀이 53, 57, 111

자유 선택 놀이 57

자유의 왕국 111

자유의 판단 128

전통 놀이 56, 62

조기 교육 254, 255

조합 협의회 41, 43, 45

존재의 신뢰 222

존재의 영속성 225, 226

지역 공동체 183, 185, 205

지역 사회 탁아소 39

직장형 공동육아 42

질적 연구 26

집단주의 202, 247, 248, 249

참여 관찰 7, 21, 23, 24, 25, 26, 78, 79, 84,
    93, 110, 114, 120, 122, 127, 140, 150,
    153, 192, 196, 197, 204, 238, 245

창신동 해송 아기둥지 38

창조적인 반복 224, 225

체험 7, 20, 21, 22-57, 58-160, 177, 178,
    209, 211, 213, 216, 217, 222, 223, 225,
    226, 227, 229, 230, 231-256
    ― 교육 57, 58
    ―의 내적 구조 20, 22, 23
    ―적 관계 239, 246
    ―적 시간 134
    ―적 앎 134

침묵의 과정 104, 112, 114

타자성 246, 249

텃밭 가꾸기 58, 59, 60, 68, 179

텍스트 분석 21

통합 교육 57, 63, 64

특기 교육 257

특별한 나들이 98, 102, 103

판단 중지 22

페다고지스타 Pedagogista
  16, 17, 18, 19, 23, 24

페스탈로치 Pestalozzi 39

표현 활동 63, 256

풀무학교 259

품앗이 공동육아 42

프레이리 Paulo Freire 32, 39

프로젝트 Project 15, 16, 18, 63, 263

해송 보육 학교 33, 35, 36, 37, 42

해송 어린이 둥지 공동체 39, 40

헤드 스타트 Head-start 34, 36, 264

현상학적 과제 22

현상학적 접근 21, 22, 23

현장 교육 지원 전문가 263

현장 실습 68

현장 학교 68, 69

환원주의 137

공동육아❸
놀면서 자라고
살면서 배우는 아이들

초판 발행일
2001년 4월 19일
6쇄 발행일
2016년 2월 25일

지은이_이부미

그린이_한상미

발행인_유승희

발행처_도서출판 또하나의문화
04057 · 서울 마포구 와우산로 174-5 대재빌라 302호
전화 (02)324-7486 팩스(02)323-2934
tomoon@tomoon.com http://www.tomoon.com

출판등록번호
1987년 12월 29일 제9-129호